T0246267

A Hebrew Reader
for the Pentateuch

A Hebrew Reader
for the Pentateuch

40 Pivotal Narratives for Study & Teaching

Compiled and edited by
Jonathan G. Kline and Karen DeCrescenzo Lavery

HENDRICKSON
ACADEMIC

an imprint of Hendrickson Publishing Group

A Hebrew Reader for the Pentateuch:
40 Pivotal Narratives for Study and Teaching

© 2024 by Hendrickson Publishers

Published by Hendrickson Academic
Hendrickson Publishers, LLC
P. O. Box 3473
Peabody, Massachusetts 01961-3473
www.hendricksonpublishers.com

ISBN 979-8-4005-0038-1

Cover illustration iStock.com/Elena Shchukina.
Cover and wrap design by Karol Bailey.

Library of Congress Control Number: 2024933670

Printed in the United States of America

First Printing — August 2024

CONTENTS

ISRAEL IN THE WILDERNESS

Preface

After studying Hebrew for a year or two, readers often find it challenging to transition from their initial study of the language to working through extended passages from the Bible. The present book is meant to help you bridge this gap by presenting a curated selection of texts of varying degrees of length and difficulty from across the Pentateuch. We have primarily included passages that are well known to many readers and that, in our view, are pivotal for understanding the overall narrative arc of this foundational section of the Hebrew Bible.

How This Book Is Structured

The Sections

Our guiding principle in creating this book has been the time-tested pedagogical strategy of presenting material in discrete units that are manageable in terms of length and difficulty but sufficiently challenging that they stretch one's abilities and result in incremental growth over time. We have undertaken this curatorial task by dividing the biblical texts we included in this book into units of ever-decreasing size and by marking these divisions with various kinds of formatting. First, as stated above, this volume does not cover the entire Hebrew Bible, but focuses on a discrete portion of it—namely, the Pentateuch or Torah (to use the respective Greek and Hebrew nomenclature). The traditional division of this corpus into five books (as well as the traditional chapter demarcations) does not always align with major events or transitions in the story, at least as far as modern literary sensibilities might suggest; therefore, although we have broken up the readings in this book into five sections, we have done so not according to the traditional book divisions, but rather as follows. The first section presents passages from the primeval history (Genesis 1–11, which has its own unique character), and this is followed by four sections that reflect the different locations in which the people of Israel—or, earlier, their ancestors—find themselves (Canaan, Egypt,

Sinai, and the wilderness).[1] In this way, we hope that you appreciate the trajectory of the grand story of Israel's origins anew and see afresh how these stories, despite their diversity and often complex redactional history, can be seen to work together to form a narrative whole. Within each of the five aforementioned sections, we have provided eight passages that serve to propel this grand storyline forward and that develop many of its major themes (e.g., God's promises of land and descendants; humanity's hubris and rebellion; sibling rivalry in the covenant community; the Israelites' trust, or lack thereof, in God; God's provision and punishment; and the paradoxical interplay of divine transcendence and imminence). The result is a total of forty texts (a very biblical—and specifically, a very pentateuchal—number!) that we hope you will enjoy studying and, as opportunities may arise, teaching to others.

There are many important and fascinating texts from the Pentateuch that—due to space constraints and the limited scope of this book—we have not been able to include. Most obviously, this book contains no texts from Leviticus and only one from Deuteronomy. This is not at all because we view these books as less important than Genesis, Exodus, and Numbers—far from it! Rather, since this volume presents only narrative texts, and since Leviticus and Deuteronomy consist mostly of law and divine discourse (and occasionally poetry),[2] from the standpoint of genre these two books effectively fall outside the scope of this volume. Of course, understanding the intricate ways in which narrative, law, divine discourse, and poetry are stitched together in the Pentateuch is essential for appreciating the meaning of this corpus and for contextualizing its narratives and its laws alike. In the present volume, however, we have had to content ourselves with providing selected key moments from the early story of Israel, mostly taken from Genesis (18 texts), Exodus (13 texts), and Numbers (8 texts) and spanning from the beginning of creation to Israel's being poised, on the plains of Moab, to enter the promised land.

---

1. During the course of section 3 (Israel in Egypt), the Israelites flee from Egypt, cross the Red Sea (3.6), and enter the wilderness (3.7 and 3.8). Thus, they are not technically in Egypt for the entirety of this section, so its title would more precisely be something like "Israel in Egypt and on the way to Sinai."

2. Most notably, Deuteronomy 32 and 33.

The Passages

To set the stage for the narrative drama of each of this book's passages, we begin each one—much like in the script of a modern play—with a list of *dramatis personae*, in the order in which the characters appear in the narrative and with the names of those who "have speaking parts" marked in bold type. Note that not every person (or being) who is mentioned in the text is included in this list, but only those who are present as "actors" in the passage.

We then present the text of each passage, breaking it up into (often very) short paragraphs, being guided, first, by the presence of the Masoretic paragraph markers *setumah* and *petukhah* (ס and פ, respectively, which we mark in the left-hand margin), and then by our own subjective judgments about the presence in the text of discrete thought units, shifts in speaker, or (typically small-scale) narratival transitions.[3] Next, we have used line breaks, indents, and larger-than-normal spacing in certain places to divide the text further into prosodic units, in accordance with the syntactic understanding of the text recorded by the Masoretes in their cantillation marks (for more details, see below). Finally, after each paragraph, we have included an apparatus that focuses on select words found in the paragraph and their morphology. This apparatus typically consists of two parts (though occasionally one or the other is absent): (1) the first presents all verbs found in the text (indicating the root and *binyan* for each);[4] and (2) the second presents all non-verbs whose morphology we consider difficult enough that we think most second-year Hebrew

---

3. The Hebrew text used in this book is the WLC—i.e., the Westminster Leningrad Codex, or more officially, the Michigan-Claremont-Westminster Electronic Hebrew Bible—a popular electronic version that is based on the BHS and that has been revised by its creators on the basis of comparison with the Leningrad Codex. This electronic text is in the public domain and is made available courtesy of the J. Alan Groves Center for Advanced Biblical Research. Note that one small formatting change we have made to the WLC text is that in instances of *ketiv-qere*, we present the *ketiv* first, with no vowels, followed by the *qere*, in superscript.

4. The one exception is that we have omitted the extremely common form וַיֹּאמֶר (though we have included the byform וַיֹּאמַר, as well as all other verbal forms derived from the root אמר).

students would need help understanding it, as well as all personal names (marked "PN"), geographical names (marked "GN"), and gentilics (i.e., references to an ethnic/people group; marked "GENT").[5]

The Glossaries

The book closes with a glossary of verbs and a glossary of non-verbs. The former presents all the verbal roots found in this book and, for each root, includes one or more glosses for every *binyan* in which the root is attested in this book. The latter glossary presents all non-verbs found in this book, with the exception of personal names and geographical names, since these are marked in the apparatuses. All the glosses in both glossaries are (except for very high-frequency words) contextual to the passages in this book.

Clause- and Phrase-Level Formatting

As mentioned above, we have used special formatting in this volume to help you quickly and easily grasp how the Masoretes understood the relationships between the words, phrases, and clauses in the biblical text. This formatting was developed by Pete Myers and Jonathan for their book *A Hebrew Reader for the Psalms* (Hendrickson Academic, 2021), in which they applied it to a selection of forty psalms in order to help make the Masoretic cantillation (a.k.a. accent) marks—a basic knowledge of which can go far in increasing one's reading comprehension and speed—more accessible to present-day readers. In this volume, we have adapted the formatting that Pete and Jonathan developed, applying it to the cantillation/accent system the Masoretes employed for the majority of the biblical books (including the books of the Pentateuch), which differs slightly from (and is, in fact, less complicated than) the system the Masoretes used in the Psalter and the two other books (Job and Proverbs) that, collectively, are referred to as the סִפְרֵי אֱמֶת.[6] Briefly, we have used the following formatting in this volume to highlight the understanding of the text's syntax that the Masoretes have transmitted to us:

---

5. We have omitted the following very common personal/geographical names from the apparatus, since including them would have created a distracting level of bulk and repetition: מִצְרַיִם ,יִשְׂרָאֵל ,מֹשֶׁה ,יהוה.

6. This title is based on the first letter of the names of these books in Hebrew: אִיּוֹב ("Job"), מִשְׁלֵי ("Proverbs"), and תְּהִלִּים ("Psalms").

- a **line break** after the last word of each verse, which has the accent *silluq* (ֽ) and is followed by : (*sof pasuq*):

  אֱלֹהִֽים׃

- a **line break and** an **indent** after the following disjunctive accent, which marks the most major break within a verse:

  אֱלֹהִ֑ים *atnakh*

- a **line break and** a **larger indent** after the following disjunctive accents:[7]

  אֱלֹהִ֒ים *segolta*
  אֱלֹהִ֔ים *zaqeph qaton*
  אֱלֹהִ֕ים *zaqeph gadol*

- a **large space** after the following disjunctive accents:[8]

  אֱלֹהִ֖ים *tiphkhah*
  אֱלֹהִ֗ים *revia*

- a **medium-sized space** after all the other disjunctive accents:[9]

אֱלֹהִים֘	*zarqa*	אֱלֹהִ֟ים	*pazer gadol*
אֱלֹהִים֙	*pashta*	֠אֱלֹהִים	*telisha gedolah*
אֱלֹהִ֛ים	*tevir*	אֱלֹהִ֜ים	*geresh*
אֱ֚לֹהִים	*yetiv*	אֱלֹהִ֞ים	*gereshayim*
אֱלֹהִ֡ים	*pazer qaton*	אֱלֹהִ֣ים ׀	*legarmeh*

- a **regular space** after all conjunctive accents

7. *Shalshelet* (אֱלֹהִ֓ים ׀) would also be included in this group of highly disjunctive accents, but it occurs only rarely in the Hebrew Bible and is not found in any of the passages included in this volume.

8. In particularly long verses, we have occasionally introduced a line break after *tiphkhah* (אֱלֹהִ֖ים) and *revia* (אֱלֹהִ֗ים) to help break up the text more clearly.

9. Again, in particularly long verses, we have occasionally introduced a line break after *pashta* (אֱלֹהִים֙), *tevir* (אֱלֹהִ֛ים), *telisha gedolah* (֠אֱלֹהִים), and *geresh* (אֱלֹהִ֜ים) to help break up the text more clearly.

This formatting allows you to inductively develop a sense for the Masoretic accents and how they break up the text into meaningful units. Our aim is that this volume will enable you to train yourself to recognize the different kinds of syntactic and semantic groupings these accents create, so that when you read the Hebrew Bible you will have an intuitive sense for how each accent works, both on its own and in relation to the others. If you wish to learn systematically about the form and functions of all the disjunctive and conjunctive accents, we recommend starting with Mark Futato's helpful introduction to this subject.[10]

Some accent marks are similar or identical in form. For your convenience, here is a list of disjunctive accents (left column) that can be easy to confuse with certain conjunctive accents (right column). Note that in some cases (e.g., *pashta* vs. *azla*, *yetiv* vs. *mehuppakh*), the only thing that distinguishes the accents in question is their position in the word.[11]

אֱלֹהִים *atnakh*	אֱלֹהִים *galgal*
אֱלֹהִים *pashta*	אֱלֹהִים *azla*
אֱלֹהִים *tevir*	אֱלֹהִים *merekha*
אֱלֹהִים *yetiv*	אֱלֹהִים *mehuppakh*
אֱלֹהִים *telisha gedolah*	אֱלֹהִים *telisha qetannah*
אֱלֹהִים| *legarmeh*	אֱלֹהִים *munakh*

---

10. Mark D. Futato, Sr., *Basics of Hebrew Accents* (Grand Rapids: Zondervan Academic, 2020). See also Sung Jin Park, *The Fundamentals of Hebrew Accents: Divisions and Exegetical Roles beyond Syntax* (Cambridge: Cambridge University Press, 2020). For a quick reference guide to the Masoretic cantillation marks, see William R. Scott, *A Simplified Guide to BHS*, 4th ed. (North Richland Hills, TX: Bibal Press, 2007), 25–36. More advanced discussions are found in Israel Yeivin, *Introduction to the Tiberian Masorah*, trans. E. J. Revell, Masoretic Studies 5 (Missoula, MT: Scholars Press, 1980); James D. Price, "The Syntax of Masoretic Accents in the Hebrew Bible," 2nd ed. (privately published, 2010); William Wickes, טעמי כ״א ספרים: *A Treatise on the Accentuation of the Twenty-One So-Called Prose Books of the Old Testament* (Oxford: Clarendon, 1887). For more on using the accents to break up the text visually to aid with reading comprehension (particularly for the more complex system of the סִפְרֵי אֱמֶת), see Myers and Kline, *A Hebrew Reader for the Psalms*, 197–99, 209–30.

11. On the possible positions of the accents (impositive, prepositive, and postpositive), see, e.g., Futato, *Basics of Hebrew Accents*, 19–22.

The Verse Numbers

In this book, we use both Arabic and Hebrew numerals to denote biblical chapter and verse numbers, to help you become familiar with and practice using the Hebrew system. Here is a key for the numbers 1 through 100, which will allow you to understand all the numbers in this book.[12]

א	1
ב	2
ג	3
ד	4
ה	5
ו	6
ז	7
ח	8
ט	9
י	10

יא	11
יב	12
יג	13
יד	14
טו	15
טז	16
יז	17
יח	18
יט	19

כ	20
ל	30
מ	40
נ	50
ס	60
ע	70
פ	80
צ	90
ק	100

How to Use This Book

We have designed this volume to be flexible in how it is used. You can read the passages it contains in order, of course, or you might begin simply by reading whichever ones are most interesting to you. If you are teaching a second-year Hebrew course, you might design a reading plan by choosing a selection of, say, 15 or 20 texts from this book to assign to your students over the course of a semester.

12. Note that instead of the expected forms יה and יו for 15 and 16, respectively, it is traditional to use טו (i.e., 9 + 6) and טז (i.e., 9 + 7), in order to avoid potential confusion with abbreviated forms of the tetragrammaton. On the use of circumlocutionary numerical constructions of this kind, compare French *soixante-dix*, "seventy" (lit., 60 + 10), *quatre-vingt-dix*, "ninety" (lit., 4 x 20 + 10), and the like.

If you do wish to read all the passages in this book but feel daunted because the first few are lengthy, one option is to start by reading shorter passages and progress to longer ones as you see your reading skills improve and you gain confidence in working through the Hebrew text. If you would like to take this approach, here is a list of all the passages in this book, arranged from shortest to longest (by number of verses):

Finally, if you are using this book for self-study (i.e., outside of a classroom setting), you might set yourself the goal of working through it over the course of a year. This can be accomplished by reading one passage per week (typically) and devoting two weeks to longer ones. For example, you would finish working through the book in 49 weeks (i.e., most of a year, giving you a buffer of a few weeks) if you allowed yourself one week to read each of the passages in the preceding list that comprise fewer than 20 verses (i.e., the ones on the facing page) and two weeks for each passage that comprises 20 verses or more (i.e., the ones on the present page).

* * * * *

We offer this volume to you, the reader, in friendship and with the hope that you will find the process of working through, dwelling on, and teaching the texts that follow to be rewarding, both intellectually and spiritually, as has been the case in our own experience.

— *JGK & KDL*

---

13. Note that in parts of the Decalogue (Exod 20:2–17, found on pp. 134–37 below), the Masoretes preserved two cantillation traditions (and, occasionally, two vocalization traditions). These are superimposed on each other in BHS/ WLC and thus in this volume; to read them separately, see Aron Dotan, ed., *Biblia Hebraica Leningradensia* (Peabody, MA: Hendrickson, 2001), 109, 1227. When the traditions differ, our formatting follows the so-called upper cantillation in vv. 2, 13–15 and the so-called lower cantillation in vv. 3–6, 8–9, since this aligns with the verse divisions in BHS/WLC. For clarity's sake, we have colored the accents of the other tradition in each verse gray.

ABBREVIATIONS

f	feminine
GENT	gentilic
GN	geographical name
hi	hiphil
hišt	hištaphel
hith	hithpael
ho	hophal
intrans.	intransitive
m	masculine
ni	niphal
p / pl.	plural
pass	passive
pi	piel
PN	proper noun / personal name
pu	pual
q	qal
s	singular
trans.	transitive

The Primeval History

1.1

The First Account of Creation

GENESIS 1:1–2:3 | **בראשית א:א – ב:ג**

God, humans

א בְּרֵאשִׁ֖ית בָּרָ֣א אֱלֹהִ֑ים
אֵ֥ת הַשָּׁמַ֖יִם וְאֵ֥ת הָאָֽרֶץ׃
ב וְהָאָ֗רֶץ הָיְתָ֥ה תֹ֙הוּ֙ וָבֹ֔הוּ
וְחֹ֖שֶׁךְ עַל־פְּנֵ֣י תְה֑וֹם
וְר֣וּחַ אֱלֹהִ֔ים
מְרַחֶ֖פֶת עַל־פְּנֵ֥י הַמָּֽיִם׃

◃ **בָּרָ֣א** ברא q **הָיְתָ֥ה** היה q **מְרַחֶ֖פֶת** רחף pi
◃ **בְּרֵאשִׁ֖ית** רֵאשִׁית

ג וַיֹּ֥אמֶר אֱלֹהִ֖ים יְהִ֣י א֑וֹר
וַֽיְהִי־אֽוֹר׃
ד וַיַּ֧רְא אֱלֹהִ֛ים אֶת־הָא֖וֹר כִּי־ט֑וֹב
וַיַּבְדֵּ֣ל אֱלֹהִ֔ים
בֵּ֥ין הָא֖וֹר וּבֵ֥ין הַחֹֽשֶׁךְ׃

ה וַיִּקְרָ֨א אֱלֹהִ֤ים ׀ לָאוֹר֙ י֔וֹם
וְלַחֹ֖שֶׁךְ קָ֣רָא לָ֑יְלָה
וַֽיְהִי־עֶ֥רֶב וַֽיְהִי־בֹ֖קֶר י֥וֹם אֶחָֽד׃ פ

◁ יְהִ֣י היה q וַֽיְהִי־ היה q וַיַּ֧רְא ראה q וַיַּבְדֵּ֣ל בדל hi
וַיִּקְרָ֨א קרא q קָ֣רָא קרא q

ו וַיֹּ֣אמֶר אֱלֹהִ֔ים
יְהִ֥י רָקִ֖יעַ בְּת֣וֹךְ הַמָּ֑יִם
וִיהִ֣י מַבְדִּ֔יל
בֵּ֥ין מַ֖יִם לָמָֽיִם׃
ז וַיַּ֣עַשׂ אֱלֹהִים֮ אֶת־הָרָקִיעַ֒
וַיַּבְדֵּ֗ל בֵּ֤ין הַמַּ֙יִם֙ אֲשֶׁר֙ מִתַּ֣חַת לָרָקִ֔יעַ
וּבֵ֣ין הַמַּ֔יִם
אֲשֶׁ֖ר מֵעַ֣ל לָרָקִ֑יעַ
וַֽיְהִי־כֵֽן׃
ח וַיִּקְרָ֧א אֱלֹהִ֛ים לָֽרָקִ֖יעַ שָׁמָ֑יִם
וַֽיְהִי־עֶ֥רֶב וַֽיְהִי־בֹ֖קֶר י֥וֹם שֵׁנִֽי׃ פ

◁ יְהִ֣י היה q וִיהִ֣י היה q מַבְדִּ֔יל בדל hi
וַיַּ֣עַשׂ עשׂה q וַיַּבְדֵּ֗ל בדל hi וַֽיְהִי־ היה q
וַיִּקְרָ֧א קרא q

◁ בְּת֣וֹךְ תָּ֫וֶךְ

ט וַיֹּ֣אמֶר אֱלֹהִ֗ים
יִקָּו֨וּ הַמַּ֜יִם מִתַּ֤חַת הַשָּׁמַ֙יִם֙ אֶל־מָק֣וֹם אֶחָ֔ד
וְתֵרָאֶ֖ה הַיַּבָּשָׁ֑ה
וַֽיְהִי־כֵֽן׃

י וַיִּקְרָ֨א אֱלֹהִ֤ים ׀ לַיַּבָּשָׁה֙ אֶ֔רֶץ
וּלְמִקְוֵ֥ה הַמַּ֖יִם קָרָ֣א יַמִּ֑ים
וַיַּ֥רְא אֱלֹהִ֖ים כִּי־טֽוֹב׃

◁ יִקָּו֨וּ קוה ni   וְתֵרָאֶ֖ה ראה ni
וַֽיְהִי־ היה q   וַיִּקְרָ֨א קרא q
קָרָ֣א קרא q   וַיַּ֥רְא ראה q

◁ וּלְמִקְוֵ֥ה מִקְוֶה

יא וַיֹּ֣אמֶר אֱלֹהִ֗ים תַּֽדְשֵׁ֤א הָאָ֙רֶץ֙ דֶּ֔שֶׁא
עֵ֚שֶׂב מַזְרִ֣יעַ זֶ֔רַע
עֵ֣ץ פְּרִ֞י עֹ֤שֶׂה פְּרִי֙ לְמִינ֔וֹ
אֲשֶׁ֥ר זַרְעוֹ־ב֖וֹ עַל־הָאָ֑רֶץ
וַֽיְהִי־כֵֽן׃

יב וַתּוֹצֵ֨א הָאָ֜רֶץ דֶּ֠שֶׁא עֵ֣שֶׂב מַזְרִ֤יעַ זֶ֙רַע֙ לְמִינֵ֔הוּ
וְעֵ֧ץ עֹֽשֶׂה־פְּרִ֛י אֲשֶׁ֥ר זַרְעוֹ־ב֖וֹ לְמִינֵ֑הוּ
וַיַּ֥רְא אֱלֹהִ֖ים כִּי־טֽוֹב׃

יג וַֽיְהִי־עֶ֥רֶב וַֽיְהִי־בֹ֖קֶר י֥וֹם שְׁלִישִֽׁי׃ פ

◁ תַּֽדְשֵׁ֣א דשא hi מַזְרִ֣יעַ / מַזְרִ֣יעַ זרע hi
עֹ֤שֶׂה / עֹ֥שֶׂה־ עשה q וַֽיְהִי־ היה q
וַתּוֹצֵ֨א יצא hi וַיַּ֥רְא ראה q

◁ לְמִינ֗וֹ מִין זַרְעוֹ־ זֶ֫רַע
לְמִינֵ֑הוּ / לְמִינֵ֫הוּ מִין

יד וַיֹּ֣אמֶר אֱלֹהִ֗ים יְהִ֤י מְאֹרֹת֙ בִּרְקִ֣יעַ הַשָּׁמַ֔יִם
לְהַבְדִּ֕יל
בֵּ֥ין הַיּ֖וֹם וּבֵ֣ין הַלָּ֑יְלָה
וְהָי֤וּ לְאֹתֹת֙ וּלְמ֣וֹעֲדִ֔ים
וּלְיָמִ֖ים וְשָׁנִֽים׃
טו וְהָי֤וּ לִמְאוֹרֹת֙ בִּרְקִ֣יעַ הַשָּׁמַ֔יִם
לְהָאִ֖יר עַל־הָאָ֑רֶץ
וַֽיְהִי־כֵֽן׃
טז וַיַּ֣עַשׂ אֱלֹהִ֔ים
אֶת־שְׁנֵ֥י הַמְּאֹרֹ֖ת הַגְּדֹלִ֑ים
אֶת־הַמָּא֤וֹר הַגָּדֹל֙ לְמֶמְשֶׁ֣לֶת הַיּ֔וֹם
וְאֶת־הַמָּא֤וֹר הַקָּטֹן֙ לְמֶמְשֶׁ֣לֶת הַלַּ֔יְלָה
וְאֵ֖ת הַכּוֹכָבִֽים׃
יז וַיִּתֵּ֥ן אֹתָ֛ם אֱלֹהִ֖ים בִּרְקִ֣יעַ הַשָּׁמָ֑יִם
לְהָאִ֖יר עַל־הָאָֽרֶץ׃

יח וְלִמְשֹׁל֙ בַּיּ֣וֹם וּבַלַּ֔יְלָה

וּֽלֲהַבְדִּ֔יל

בֵּ֥ין הָא֖וֹר וּבֵ֣ין הַחֹ֑שֶׁךְ

וַיַּ֥רְא אֱלֹהִ֖ים כִּי־טֽוֹב׃

יט וַֽיְהִי־עֶ֥רֶב וַֽיְהִי־בֹ֖קֶר י֥וֹם רְבִיעִֽי׃ פ

◃ יְהִ֥י היה q לְהַבְדִּ֗יל בדל hi וְהָי֤וּ היה q לְהָאִ֖יר אור hi
וַֽיְהִי־ היה q וַיַּ֣עַשׂ עשׂה q וַיִּתֵּ֥ן נתן q וְלִמְשֹׁל֙ משׁל q
וּֽלֲהַבְדִּ֔יל בדל hi וַיַּ֥רְא ראה q

◃ מְאֹרֹת֙ מָא֔וֹר בִּרְקִ֣יעַ רָקִיעַ לְאֹתֹת֙ אוֹת וּלְמ֣וֹעֲדִ֔ים מוֹעֵד
וּלְיָמִ֖ים יוֹם וְשָׁנִֽים שָׁנָה לִמְאוֹרֹת֙ מָאוֹר שְׁנֵ֥י שְׁנַ֔יִם
הַמְּאֹרֹ֖ת מָאוֹר לְמֶמְשֶׁ֣לֶת מֶמְשָׁלָה

כ וַיֹּ֣אמֶר אֱלֹהִ֔ים

יִשְׁרְצ֣וּ הַמַּ֔יִם

שֶׁ֖רֶץ נֶ֣פֶשׁ חַיָּ֑ה

וְעוֹף֙ יְעוֹפֵ֣ף עַל־הָאָ֔רֶץ

עַל־פְּנֵ֖י רְקִ֥יעַ הַשָּׁמָֽיִם׃

כא וַיִּבְרָ֣א אֱלֹהִ֔ים

אֶת־הַתַּנִּינִ֖ם הַגְּדֹלִ֑ים

וְאֵ֣ת כָּל־נֶ֣פֶשׁ הַֽחַיָּ֣ה ׀ הָֽרֹמֶ֡שֶׂת אֲשֶׁר֩ שָׁרְצ֨וּ
הַמַּ֜יִם לְמִֽינֵהֶ֗ם וְאֵ֨ת כָּל־ע֤וֹף כָּנָף֙ לְמִינֵ֔הוּ

וַיַּ֥רְא אֱלֹהִ֖ים כִּי־טֽוֹב׃

כב וַיְבָ֧רֶךְ אֹתָ֛ם אֱלֹהִ֖ים לֵאמֹ֑ר
פְּר֣וּ וּרְב֗וּ וּמִלְא֤וּ אֶת־הַמַּ֙יִם֙ בַּיַּמִּ֔ים
וְהָע֖וֹף יִ֥רֶב בָּאָֽרֶץ׃
כג וַֽיְהִי־עֶ֥רֶב וַֽיְהִי־בֹ֖קֶר י֥וֹם חֲמִישִֽׁי׃ פ

◃ יִשְׁרְצ֣וּ שׁרץ q יְעוֹפֵ֣ף עוף polel וַיִּבְרָ֣א ברא q
הָֽרֹמֶ֡שֶׂת רמשׂ q שָׁרְצ֨וּ שׁרץ q וַיַּ֥רְא ראה q
וַיְבָ֧רֶךְ ברך pi לֵאמֹ֑ר אמר q פְּר֣וּ פרה q
וּרְב֗וּ רבה q וּמִלְא֤וּ מלא q יִ֥רֶב רבה q וַֽיְהִי־ היה q

◃ חַיָּ֣ה חַי הַתַּנִּינִ֖ם תַּנִּין הַֽחַיָּ֣ה| חַי
לְמִ֠ינֵהֶם מִין לְמִינֵ֜הוּ מִין בַּיַּמִּ֔ים יָם

כד וַיֹּ֣אמֶר אֱלֹהִ֗ים תּוֹצֵ֨א הָאָ֜רֶץ נֶ֤פֶשׁ חַיָּה֙ לְמִינָ֔הּ
בְּהֵמָ֥ה וָרֶ֛מֶשׂ וְחַֽיְתוֹ־אֶ֖רֶץ לְמִינָ֑הּ
וַֽיְהִי־כֵֽן׃
כה וַיַּ֣עַשׂ אֱלֹהִים֩ אֶת־חַיַּ֨ת הָאָ֜רֶץ לְמִינָ֗הּ
וְאֶת־הַבְּהֵמָה֙ לְמִינָ֔הּ
וְאֵ֛ת כָּל־רֶ֥מֶשׂ הָֽאֲדָמָ֖ה לְמִינֵ֑הוּ
וַיַּ֥רְא אֱלֹהִ֖ים כִּי־טֽוֹב׃

◃ תּוֹצֵ֨א יצא hi וַֽיְהִי־ היה q
וַיַּ֣עַשׂ עשׂה q וַיַּ֥רְא ראה q

◃ חַיָּה֙ חַי לְמִינָ֔הּ / לְמִינָ֑הּ / לְמִינָ֗הּ מִין
וְחַֽיְתוֹ־ חַיָּה לְמִינֵ֑הוּ מִין

כו וַיֹּ֣אמֶר אֱלֹהִ֔ים
נַֽעֲשֶׂ֥ה אָדָ֛ם בְּצַלְמֵ֖נוּ כִּדְמוּתֵ֑נוּ
וְיִרְדּוּ֩ בִדְגַ֨ת הַיָּ֜ם וּבְע֣וֹף הַשָּׁמַ֗יִם
וּבַבְּהֵמָה֙ וּבְכָל־הָאָ֔רֶץ
וּבְכָל־הָרֶ֖מֶשׂ הָֽרֹמֵ֥שׂ עַל־הָאָֽרֶץ׃
כז וַיִּבְרָ֨א אֱלֹהִ֤ים ׀ אֶת־הָֽאָדָם֙ בְּצַלְמ֔וֹ
בְּצֶ֥לֶם אֱלֹהִ֖ים בָּרָ֣א אֹת֑וֹ
זָכָ֥ר וּנְקֵבָ֖ה בָּרָ֥א אֹתָֽם׃

◃ נַֽעֲשֶׂ֥ה עשה q וְיִרְדּוּ֩ רדה q הָֽרֹמֵ֥שׂ רמשׂ q
וַיִּבְרָ֨א ברא q בָּרָ֣א / בָּרָ֥א ברא q

◃ בְּצַלְמֵ֖נוּ צֶ֫לֶם כִּדְמוּתֵ֑נוּ דְּמוּת בִדְגַ֨ת דָּגָה בְּצַלְמ֔וֹ צֶ֫לֶם

כח וַיְבָ֣רֶךְ אֹתָם֮ אֱלֹהִים֒
וַיֹּ֨אמֶר לָהֶ֜ם אֱלֹהִ֗ים
פְּר֥וּ וּרְב֛וּ וּמִלְא֥וּ אֶת־הָאָ֖רֶץ וְכִבְשֻׁ֑הָ
וּרְד֞וּ בִּדְגַ֤ת הַיָּם֙ וּבְע֣וֹף הַשָּׁמַ֔יִם
וּבְכָל־חַיָּ֖ה הָֽרֹמֶ֥שֶׂת עַל־הָאָֽרֶץ׃
כט וַיֹּ֣אמֶר אֱלֹהִ֗ים הִנֵּה֩ נָתַ֨תִּי לָכֶ֜ם אֶת־כָּל־עֵ֣שֶׂב ׀
זֹרֵ֣עַ זֶ֗רַע אֲשֶׁר֙ עַל־פְּנֵ֣י כָל־הָאָ֔רֶץ
וְאֶת־כָּל־הָעֵ֛ץ אֲשֶׁר־בּ֥וֹ פְרִי־עֵ֖ץ זֹרֵ֣עַ זָ֑רַע
לָכֶ֥ם יִֽהְיֶ֖ה לְאָכְלָֽה׃

ל וּֽלְכָל־חַיַּ֣ת הָ֠אָרֶץ וּלְכָל־ע֨וֹף הַשָּׁמַ֜יִם
וּלְכֹ֣ל ׀ רוֹמֵ֣שׂ עַל־הָאָ֗רֶץ אֲשֶׁר־בּוֹ֙ נֶ֣פֶשׁ חַיָּ֔ה
אֶת־כָּל־יֶ֥רֶק עֵ֖שֶׂב לְאָכְלָ֑ה
וַֽיְהִי־כֵֽן׃

◁ וַיְבָ֣רֶךְ ברך pi פְּר֥וּ פרה q וּרְב֛וּ רבה q
וּמִלְא֥וּ מלא q וְכִבְשֻׁ֑הָ כבשׁ q וּ֠רְדוּ רדה q
הָֽרֹמֶ֥שֶׂת רמשׂ q נָתַ֨תִּי נתן q זֹרֵ֣עַ זרע q
יִֽהְיֶ֖ה היה q רוֹמֵ֣שׂ רמשׂ q וַֽיְהִי־ היה q

◁ בִּדְגַ֨ת דָּגָה לְאָכְלָה / לְאָכְלָ֑ה אָכְלָה

לא וַיַּ֤רְא אֱלֹהִים֙ אֶת־כָּל־אֲשֶׁ֣ר עָשָׂ֔ה
וְהִנֵּה־ט֖וֹב מְאֹ֑ד
וַֽיְהִי־עֶ֥רֶב וַֽיְהִי־בֹ֖קֶר י֥וֹם הַשִּׁשִּֽׁי׃ פ

◁ וַיַּ֤רְא ראה q עָשָׂ֔ה עשׂה q וַֽיְהִי־ היה q

א וַיְכֻלּ֛וּ הַשָּׁמַ֥יִם וְהָאָ֖רֶץ וְכָל־צְבָאָֽם׃

◁ וַיְכֻלּ֛וּ כלה pu

◁ צְבָאָֽם צָבָא

ב וַיְכַ֤ל אֱלֹהִים֙ בַּיּ֣וֹם הַשְּׁבִיעִ֔י
מְלַאכְתּ֖וֹ אֲשֶׁ֣ר עָשָׂ֑ה
וַיִּשְׁבֹּת֙ בַּיּ֣וֹם הַשְּׁבִיעִ֔י
מִכָּל־מְלַאכְתּ֖וֹ אֲשֶׁ֥ר עָשָֽׂה׃
ג וַיְבָ֤רֶךְ אֱלֹהִים֙ אֶת־י֣וֹם הַשְּׁבִיעִ֔י
וַיְקַדֵּ֖שׁ אֹת֑וֹ
כִּ֣י ב֤וֹ שָׁבַת֙ מִכָּל־מְלַאכְתּ֔וֹ
אֲשֶׁר־בָּרָ֥א אֱלֹהִ֖ים לַעֲשֽׂוֹת׃ פ

◁ וַיְכַ֤ל כלה pi עָשָׂ֑ה / עָשָֽׂה עשׂה q
וַיִּשְׁבֹּת֙ שׁבת q וַיְבָ֤רֶךְ ברך pi
וַיְקַדֵּ֖שׁ קדשׁ pi שָׁבַת֙ שׁבת q
בָּרָ֥א ברא q לַעֲשֽׂוֹת עשׂה q

◁ מְלַאכְתּ֖וֹ / מְלַאכְתּ֔וֹ מְלָאכָה

1.2

The Second Account of Creation

GENESIS 2:4–25	בְּרֵאשִׁית ב : ד-כה

YHWH God, **the man / Adam**, the woman

ד   אֵ֣לֶּה תוֹלְד֧וֹת הַשָּׁמַ֛יִם וְהָאָ֖רֶץ בְּהִבָּֽרְאָ֑ם
בְּי֗וֹם עֲשׂ֛וֹת יְהוָ֥ה אֱלֹהִ֖ים אֶ֥רֶץ וְשָׁמָֽיִם:

◁   בְּהִבָּֽרְאָ֑ם ברא ni עֲשׂ֛וֹת עשׂה q

ה   וְכֹ֣ל ׀ שִׂ֣יחַ הַשָּׂדֶ֗ה טֶ֚רֶם יִֽהְיֶ֣ה בָאָ֔רֶץ
וְכָל־עֵ֥שֶׂב הַשָּׂדֶ֖ה טֶ֣רֶם יִצְמָ֑ח
כִּי֩ לֹ֨א הִמְטִ֜יר יְהוָ֤ה אֱלֹהִים֙ עַל־הָאָ֔רֶץ
וְאָדָ֣ם אַ֔יִן
לַֽעֲבֹ֖ד אֶת־הָֽאֲדָמָֽה:

ו   וְאֵ֖ד יַֽעֲלֶ֣ה מִן־הָאָ֑רֶץ
וְהִשְׁקָ֖ה אֶֽת־כָּל־פְּנֵֽי־הָֽאֲדָמָֽה:

ז וַיִּיצֶר֩ יְהוָ֨ה אֱלֹהִ֜ים אֶת־הָֽאָדָ֗ם עָפָר֙ מִן־הָ֣אֲדָמָ֔ה
וַיִּפַּ֥ח בְּאַפָּ֖יו נִשְׁמַ֣ת חַיִּ֑ים
וַיְהִ֥י הָֽאָדָ֖ם לְנֶ֥פֶשׁ חַיָּֽה׃

◁ יִהְיֶה היה q יִצְמָח צמח q הִמְטִיר מטר hi
לַעֲבֹד עבד q יַעֲלֶה עלה q וְהִשְׁקָה שקה hi
וַיִּיצֶר יצר q וַיִּפַּח נפח q וַיְהִי היה q

◁ בְּאַפָּיו אַף נִשְׁמַת נְשָׁמָה
חַיִּים חַיִּים חַיָּה חַי

ח וַיִּטַּ֞ע יְהוָ֧ה אֱלֹהִ֛ים גַּן־בְּעֵ֖דֶן מִקֶּ֑דֶם
וַיָּ֣שֶׂם שָׁ֔ם
אֶת־הָֽאָדָ֖ם אֲשֶׁ֥ר יָצָֽר׃
ט וַיַּצְמַ֞ח יְהוָ֤ה אֱלֹהִים֙ מִן־הָ֣אֲדָמָ֔ה
כָּל־עֵ֛ץ נֶחְמָ֥ד לְמַרְאֶ֖ה וְט֣וֹב לְמַאֲכָ֑ל
וְעֵ֤ץ הַֽחַיִּים֙ בְּת֣וֹךְ הַגָּ֔ן
וְעֵ֕ץ
הַדַּ֖עַת ט֥וֹב וָרָֽע׃

◁ וַיִּטַּע נטע q וַיָּשֶׂם שׂים q יָצָר יצר q
וַיַּצְמַח צמח hi נֶחְמָד חמד ni

◁ בְּעֵדֶן עֵדֶן GN לְמַאֲכָל מַאֲכָל הַחַיִּים חַיִּים

י וְנָהָר֙ יֹצֵ֣א מֵעֵ֔דֶן
לְהַשְׁק֖וֹת אֶת־הַגָּ֑ן
וּמִשָּׁם֙ יִפָּרֵ֔ד
וְהָיָ֖ה לְאַרְבָּעָ֥ה רָאשִֽׁים׃
יא שֵׁ֥ם הָֽאֶחָ֖ד פִּישׁ֑וֹן
ה֣וּא הַסֹּבֵ֗ב אֵ֚ת כָּל־אֶ֣רֶץ הַֽחֲוִילָ֔ה
אֲשֶׁר־שָׁ֖ם הַזָּהָֽב׃
יב וּזֲהַ֛ב הָאָ֥רֶץ הַהִ֖וא ט֑וֹב
שָׁ֥ם הַבְּדֹ֖לַח וְאֶ֥בֶן הַשֹּֽׁהַם׃
יג וְשֵֽׁם־הַנָּהָ֥ר הַשֵּׁנִ֖י גִּיח֑וֹן
ה֣וּא הַסּוֹבֵ֔ב
אֵ֖ת כָּל־אֶ֥רֶץ כּֽוּשׁ׃
יד וְשֵׁ֨ם הַנָּהָ֤ר הַשְּׁלִישִׁי֙ חִדֶּ֔קֶל
ה֥וּא הַהֹלֵ֖ךְ קִדְמַ֣ת אַשּׁ֑וּר
וְהַנָּהָ֥ר הָֽרְבִיעִ֖י ה֥וּא פְרָֽת׃

◁ יֹצֵ֣א יצא q לְהַשְׁק֖וֹת שׁקה hi יִפָּרֵ֔ד פרד ni וְהָיָ֖ה היה q
הַסֹּבֵ֗ב / הַסּוֹבֵ֔ב סבב q הַהֹלֵ֖ךְ הלך q

◁ מֵעֵ֔דֶן עֵ֫דֶן GN לְאַרְבָּעָ֥ה אַרְבַּע רָאשִֽׁים רֹאשׁ פִּישׁ֑וֹן פִּישׁוֹן GN
הַֽחֲוִילָ֔ה חֲוִילָה GN הַהִ֖וא הִוא הַבְּדֹ֖לַח בְּדֹ֫לַח הַשֹּֽׁהַם שֹׁ֫הַם
גִּיח֑וֹן גִּיחוֹן GN כּֽוּשׁ כּוּשׁ GN חִדֶּ֔קֶל חִדֶּ֫קֶל GN קִדְמַ֣ת קִדְמָה
אַשּׁ֑וּר אַשּׁוּר GN פְרָֽת פְּרָת GN

טו וַיִּקַּח יְהוָה אֱלֹהִים אֶת־הָאָדָם
וַיַּנִּחֵהוּ בְגַן־עֵדֶן
לְעָבְדָהּ וּלְשָׁמְרָהּ׃
טז וַיְצַו יְהוָה אֱלֹהִים
עַל־הָאָדָם לֵאמֹר
מִכֹּל עֵץ־הַגָּן אָכֹל תֹּאכֵל׃
יז וּמֵעֵץ הַדַּעַת טוֹב וָרָע
לֹא תֹאכַל מִמֶּנּוּ
כִּי בְּיוֹם אֲכָלְךָ מִמֶּנּוּ מוֹת תָּמוּת׃

◃ וַיִּקַּח לקח q וַיַּנִּחֵהוּ נוח hi לְעָבְדָהּ עבד q וּלְשָׁמְרָהּ שמר q
וַיְצַו צוה pi לֵאמֹר אמר q אָכֹל אכל q תֹּאכֵל אכל q
תֹאכַל אכל q אֲכָלְךָ אכל q מוֹת מות q תָּמוּת מות q

◃ עֵדֶן עֵדֶן GN מִמֶּנּוּ / מִמֶּנּוּ מִן

יח וַיֹּאמֶר יְהוָה אֱלֹהִים
לֹא־טוֹב הֱיוֹת הָאָדָם לְבַדּוֹ
אֶעֱשֶׂה־לּוֹ עֵזֶר כְּנֶגְדּוֹ׃
יט וַיִּצֶר יְהוָה אֱלֹהִים מִן־הָאֲדָמָה כָּל־חַיַּת הַשָּׂדֶה
וְאֵת כָּל־עוֹף הַשָּׁמַיִם
וַיָּבֵא אֶל־הָאָדָם
לִרְאוֹת מַה־יִּקְרָא־לוֹ
וְכֹל אֲשֶׁר יִקְרָא־לוֹ הָאָדָם נֶפֶשׁ חַיָּה
הוּא שְׁמוֹ׃

כ וַיִּקְרָ֨א הָֽאָדָ֜ם שֵׁמ֗וֹת
לְכָל־הַבְּהֵמָה֙ וּלְע֣וֹף הַשָּׁמַ֔יִם
וּלְכֹ֖ל חַיַּ֣ת הַשָּׂדֶ֑ה
וּלְאָדָ֕ם
לֹֽא־מָצָ֥א עֵ֖זֶר כְּנֶגְדּֽוֹ׃

◃ הֱי֣וֹת היה q אֶֽעֱשֶׂה־ עשׂה q
וַיִּצֶר֙ יצר q וַיָּבֵא֙ בוא hi לִרְא֖וֹת ראה q
יִקְרָא־ / יִקְרָ֨א־ קרא q וַיִּקְרָ֨א קרא q מָצָ֥א מצא q

◃ לְבַדּ֔וֹ לְבַד כְּנֶגְדּ֔וֹ נֶ֖גֶד
שְׁמ֑וֹ שֵׁם וּלְאָדָ֕ם אָדָם PN

כא וַיַּפֵּל֩ יְהוָ֨ה אֱלֹהִ֧ים ׀ תַּרְדֵּמָ֛ה עַל־הָאָדָ֖ם וַיִּישָׁ֑ן
וַיִּקַּ֗ח אַחַת֙ מִצַּלְעֹתָ֔יו
וַיִּסְגֹּ֥ר בָּשָׂ֖ר תַּחְתֶּֽנָּה׃
כב וַיִּבֶן֩ יְהוָ֨ה אֱלֹהִ֧ים ׀ אֶֽת־הַצֵּלָ֛ע
אֲשֶׁר־לָקַ֥ח מִן־הָֽאָדָ֖ם לְאִשָּׁ֑ה
וַיְבִאֶ֖הָ אֶל־הָֽאָדָֽם׃
כג וַיֹּאמֶר֮ הָֽאָדָם֒
זֹ֣את הַפַּ֗עַם עֶ֚צֶם מֵֽעֲצָמַ֔י
וּבָשָׂ֖ר מִבְּשָׂרִ֑י
לְזֹאת֙ יִקָּרֵ֣א אִשָּׁ֔ה
כִּ֥י מֵאִ֖ישׁ לֻֽקֳחָה־זֹּֽאת׃

כד עַל־כֵּן֙ יַֽעֲזָב־אִ֔ישׁ
אֶת־אָבִ֖יו וְאֶת־אִמּ֑וֹ
וְדָבַ֣ק בְּאִשְׁתּ֔וֹ
וְהָי֖וּ לְבָשָׂ֥ר אֶחָֽד׃

כה וַיִּֽהְי֤וּ שְׁנֵיהֶם֙ עֲרוּמִּ֔ים
הָֽאָדָ֖ם וְאִשְׁתּ֑וֹ
וְלֹ֖א יִתְבֹּשָֽׁשׁוּ׃

◁ וַיַּפֵּ֨ל נפל hi וַיִּישָׁ֑ן ישן q וַיִּקַּ֗ח לקח q
וַיִּסְגֹּ֥ר סגר q וַיִּבֶן֩ בנה q לָקַ֥ח לקח q
וַיְבִאֶ֖הָ בוא hi יִקָּרֵ֣א קרא ni לֻֽקֳחָה־ לקח q pass
יַֽעֲזָב־ עזב q וְדָבַ֣ק דבק q וְהָי֖וּ היה q
וַיִּֽהְי֤וּ היה q יִתְבֹּשָֽׁשׁוּ בוש hithpolel

◁ אַחַת֙ אֶחָד מִצַּלְעֹתָ֔יו צֵלָע תַּחְתֶּ֖נָּה תַּ֫חַת
מֵֽעֲצָמַ֔י עֶ֫צֶם מִבְּשָׂרִ֑י בָּשָׂר אָבִ֖יו אָב אִמּ֑וֹ אֵם
בְּאִשְׁתּ֔וֹ אִשָּׁה שְׁנֵיהֶם֙ שְׁנַ֫יִם עֲרוּמִּ֔ים עָרוֹם
וְאִשְׁתּ֑וֹ אִשָּׁה

1.3

Disobedience in the Garden

GENESIS 3:1–24	בראשית ג:א–כד

the serpent, **God / YHWH God**,
the woman / Eve, **the man / Adam**, cherubim

א וְהַנָּחָשׁ֙ הָיָ֣ה עָר֔וּם
מִכֹּל֙ חַיַּ֣ת הַשָּׂדֶ֔ה
אֲשֶׁ֥ר עָשָׂ֖ה יְהוָ֣ה אֱלֹהִ֑ים
וַיֹּ֙אמֶר֙ אֶל־הָ֣אִשָּׁ֔ה
אַ֚ף כִּֽי־אָמַ֣ר אֱלֹהִ֔ים
לֹ֣א תֹֽאכְל֔וּ
מִכֹּ֖ל עֵ֥ץ הַגָּֽן׃

◁ הָיָ֣ה היה q עָשָׂ֖ה עשה q אָמַ֣ר אמר q תֹֽאכְל֔וּ אכל q

ב וַתֹּ֥אמֶר הָֽאִשָּׁ֖ה אֶל־הַנָּחָ֑שׁ
מִפְּרִ֥י עֵֽץ־הַגָּ֖ן נֹאכֵֽל׃

ג וּמִפְּרִ֣י הָעֵץ֮ אֲשֶׁ֣ר בְּתוֹךְ־הַגָּן֒

אָמַ֣ר אֱלֹהִ֗ים לֹ֤א תֹֽאכְלוּ֙ מִמֶּ֔נּוּ

וְלֹ֥א תִגְּע֖וּ בּ֑וֹ

פֶּן־תְּמֻתֽוּן׃

◁ וַתֹּ֥אמֶר אמר q נֹאכֵ֑ל אכל q אָמַ֣ר אמר q
תֹֽאכְלוּ֙ אכל q תִגְּע֖וּ נגע q תְּמֻתֽוּן מות q

◁ בְּתוֹךְ־ תָּ֫וֶךְ מִמֶּ֔נּוּ מִן

ד וַיֹּ֥אמֶר הַנָּחָ֖שׁ אֶל־הָֽאִשָּׁ֑ה

לֹֽא־מ֖וֹת תְּמֻתֽוּן׃

ה כִּ֚י יֹדֵ֣עַ אֱלֹהִ֔ים

כִּ֗י בְּיוֹם֙ אֲכָלְכֶ֣ם מִמֶּ֔נּוּ

וְנִפְקְח֖וּ עֵֽינֵיכֶ֑ם

וִהְיִיתֶם֙ כֵּֽאלֹהִ֔ים

יֹדְעֵ֖י ט֥וֹב וָרָֽע׃

◁ מ֖וֹת מות q תְּמֻתֽוּן מות q יֹדֵ֣עַ ידע q
אֲכָלְכֶ֣ם אכל q וְנִפְקְח֖וּ פקח ni
וִהְיִיתֶם֙ היה q יֹדְעֵ֖י ידע q

◁ מִמֶּ֔נּוּ מִן עֵֽינֵיכֶ֑ם עַ֫יִן

ו וַתֵּ֣רֶא הָֽאִשָּׁ֡ה כִּ֣י טוֹב֩ הָעֵ֨ץ לְמַאֲכָ֜ל
וְכִ֧י תַֽאֲוָה־ה֣וּא לָעֵינַ֗יִם וְנֶחְמָ֤ד הָעֵץ֙ לְהַשְׂכִּ֔יל
וַתִּקַּ֥ח מִפִּרְי֖וֹ וַתֹּאכַ֑ל
וַתִּתֵּ֧ן גַּם־לְאִישָׁ֛הּ עִמָּ֖הּ וַיֹּאכַֽל׃

ז וַתִּפָּקַ֙חְנָה֙ עֵינֵ֣י שְׁנֵיהֶ֔ם
וַיֵּ֣דְע֔וּ
כִּ֥י עֵירֻמִּ֖ם הֵ֑ם
וַֽיִּתְפְּרוּ֙ עֲלֵ֣ה תְאֵנָ֔ה
וַיַּעֲשׂ֥וּ לָהֶ֖ם חֲגֹרֹֽת׃

◃ וַתֵּ֣רֶא ראה q וְנֶחְמָ֤ד חמד ni לְהַשְׂכִּ֔יל שׂכל hi
וַתִּקַּ֥ח לקח q וַתֹּאכַ֑ל אכל q וַתִּתֵּ֧ן נתן q
וַיֹּאכַֽל אכל q וַתִּפָּקַ֙חְנָה֙ פקח ni
וַיֵּ֣דְע֔וּ ידע q וַֽיִּתְפְּרוּ֙ תפר q וַיַּעֲשׂ֥וּ עשׂה q

◃ לְמַאֲכָ֜ל מַאֲכָל לָעֵינַ֗יִם עַיִן מִפִּרְי֖וֹ פְּרִי לְאִישָׁ֛הּ אִישׁ
עֵינֵ֣י עַיִן שְׁנֵיהֶ֔ם שְׁנַיִם עֵירֻמִּ֖ם עֵירֹם חֲגֹרֹֽת חֲגוֹרָה

ח וַֽיִּשְׁמְע֞וּ אֶת־ק֨וֹל יְהוָ֧ה אֱלֹהִ֛ים מִתְהַלֵּ֥ךְ בַּגָּ֖ן לְר֣וּחַ הַיּ֑וֹם
וַיִּתְחַבֵּ֨א הָֽאָדָ֜ם וְאִשְׁתּ֗וֹ מִפְּנֵי֙ יְהוָ֣ה אֱלֹהִ֔ים
בְּת֖וֹךְ עֵ֥ץ הַגָּֽן׃

◃ וַֽיִּשְׁמְע֞וּ שׁמע q מִתְהַלֵּ֥ךְ הלך hith וַיִּתְחַבֵּ֨א חבא hith

◃ וְאִשְׁתּ֗וֹ אִשָּׁה

ט וַיִּקְרָ֛א יְהוָ֥ה אֱלֹהִ֖ים אֶל־הָֽאָדָ֑ם

וַיֹּ֥אמֶר ל֖וֹ אַיֶּֽכָּה׃

י וַיֹּ֕אמֶר

אֶת־קֹלְךָ֥ שָׁמַ֖עְתִּי בַּגָּ֑ן

וָאִירָ֛א כִּֽי־עֵירֹ֥ם אָנֹ֖כִי וָאֵחָבֵֽא׃

יא וַיֹּ֕אמֶר

מִ֚י הִגִּ֣יד לְךָ֔

כִּ֥י עֵירֹ֖ם אָ֑תָּה

הֲמִן־הָעֵ֗ץ אֲשֶׁ֧ר צִוִּיתִ֛יךָ לְבִלְתִּ֥י אֲכָל־מִמֶּ֖נּוּ
אָכָֽלְתָּ׃

יב וַיֹּ֖אמֶר הָֽאָדָ֑ם

הָֽאִשָּׁה֙ אֲשֶׁ֣ר נָתַ֣תָּה עִמָּדִ֔י

הִ֛וא נָֽתְנָה־לִּ֥י מִן־הָעֵ֖ץ וָאֹכֵֽל׃

◁ וַיִּקְרָ֛א קרא q שָׁמַ֖עְתִּי שמע q וָאִירָ֛א ירא q וָאֵחָבֵֽא חבא ni
הִגִּ֣יד נגד hi צִוִּיתִ֛יךָ צוה pi אֲכָל־ אכל q אָכָֽלְתָּ אכל q
נָתַ֣תָּה נתן q נָֽתְנָה־ נתן q וָאֹכֵֽל אכל q

◁ אַיֶּֽכָּה אַי הֲמִן־ מִן לְבִלְתִּ֥י בִּלְתִּי מִמֶּ֖נּוּ מִן עִמָּדִ֔י עִמָּד

יג וַיֹּ֨אמֶר יְהוָ֧ה אֱלֹהִ֛ים לָאִשָּׁ֖ה מַה־זֹּ֣את עָשִׂ֑ית

וַתֹּ֙אמֶר֙ הָֽאִשָּׁ֔ה

הַנָּחָ֥שׁ הִשִּׁיאַ֖נִי וָאֹכֵֽל׃

◁ עָשִׂ֑ית עשה q וַתֹּ֙אמֶר֙ אמר q הִשִּׁיאַ֖נִי נשא hi וָאֹכֵֽל אכל q

יד וַיֹּאמֶר֩ יְהוָ֨ה אֱלֹהִ֥ים ׀ אֶֽל־הַנָּחָשׁ֮ כִּ֣י עָשִׂ֣יתָ זֹּאת֒
אָר֤וּר אַתָּה֙ מִכָּל־הַבְּהֵמָ֔ה
וּמִכֹּ֖ל חַיַּ֣ת הַשָּׂדֶ֑ה
עַל־גְּחֹנְךָ֣ תֵלֵ֗ךְ
וְעָפָ֥ר תֹּאכַ֖ל כָּל־יְמֵ֥י חַיֶּֽיךָ׃
טו וְאֵיבָ֣ה ׀ אָשִׁ֗ית בֵּֽינְךָ֙ וּבֵ֣ין הָֽאִשָּׁ֔ה
וּבֵ֥ין זַרְעֲךָ֖ וּבֵ֣ין זַרְעָ֑הּ
ה֚וּא יְשׁוּפְךָ֣ רֹ֔אשׁ
וְאַתָּ֖ה תְּשׁוּפֶ֥נּוּ עָקֵֽב׃ ס

◃ עָשִׂ֣יתָ עשה q אָר֤וּר ארר q תֵלֵ֗ךְ הלך q
תֹּאכַ֖ל אכל q אָשִׁ֗ית שית q יְשׁוּפְךָ֣ שוף q
תְּשׁוּפֶ֥נּוּ שוף q

◃ חַיַּ֣ת חַיָּה גְּחֹנְךָ֣ גָּחוֹן חַיֶּ֣יךָ חַיִּים בֵּֽינְךָ֙ בֵּין וּבֵ֣ין/וּבֵ֥ין בֵּין

טז אֶֽל־הָאִשָּׁ֣ה אָמַ֗ר הַרְבָּ֤ה אַרְבֶּה֙ עִצְּבוֹנֵ֣ךְ וְהֵֽרֹנֵ֔ךְ
בְּעֶ֖צֶב תֵּֽלְדִ֣י בָנִ֑ים
וְאֶל־אִישֵׁךְ֙ תְּשׁ֣וּקָתֵ֔ךְ
וְה֖וּא יִמְשָׁל־בָּֽךְ׃ ס

◃ אָמַ֗ר אמר q הַרְבָּ֤ה רבה hi אַרְבֶּה֙ רבה hi
תֵּֽלְדִ֣י ילד q יִמְשָׁל־ משל q

◃ עִצְּבוֹנֵ֣ךְ עִצָּבוֹן וְהֵֽרֹנֵ֔ךְ הֵרוֹן תְּשׁ֣וּקָתֵ֔ךְ תְּשׁוּקָה

יז וּלְאָדָ֣ם אָמַ֗ר כִּֽי־שָׁמַעְתָּ֮ לְק֣וֹל אִשְׁתֶּךָ֒
וַתֹּ֙אכַל֙ מִן־הָעֵ֔ץ
אֲשֶׁ֤ר צִוִּיתִ֙יךָ֙ לֵאמֹ֔ר
לֹ֥א תֹאכַ֖ל מִמֶּ֑נּוּ
אֲרוּרָ֤ה הָֽאֲדָמָה֙ בַּעֲבוּרֶ֔ךָ
בְּעִצָּבוֹן֙ תֹּֽאכֲלֶ֔נָּה
כֹּ֖ל יְמֵ֥י חַיֶּֽיךָ׃
יח וְק֥וֹץ וְדַרְדַּ֖ר תַּצְמִ֣יחַֽ לָ֑ךְ
וְאָכַלְתָּ֖ אֶת־עֵ֥שֶׂב הַשָּׂדֶֽה׃
יט בְּזֵעַ֤ת אַפֶּ֙יךָ֙ תֹּ֣אכַל לֶ֔חֶם
עַ֤ד שֽׁוּבְךָ֙ אֶל־הָ֣אֲדָמָ֔ה
כִּ֥י מִמֶּ֖נָּה לֻקָּ֑חְתָּ
כִּֽי־עָפָ֣ר אַ֔תָּה
וְאֶל־עָפָ֖ר תָּשֽׁוּב׃

◁ אָמַר אמר q שָׁמַעְתָּ שמע q וַתֹּאכַל אכל q צִוִּיתִיךָ צוה pi
לֵאמֹר אמר q תֹאכַל / תֹּאכַל אכל q אֲרוּרָה ארר q
תֹּאכֲלֶנָּה אכל q תַּצְמִיחַ צמח hi וְאָכַלְתָּ אכל q
שׁוּבְךָ שׁוב q לֻקָּחְתָּ לקח pu תָּשׁוּב שׁוב q

◁ וּלְאָדָם אָדָם PN אִשְׁתְּךָ אִשָּׁה מִמֶּנּוּ מִן בַּעֲבוּרֶךָ בַּעֲבוּר
חַיֶּיךָ חַיִּים בְּזֵעַת זֵעָה אַפֶּיךָ אַף מִמֶּנָּה מִן

כ וַיִּקְרָ֧א הָֽאָדָ֛ם שֵׁ֥ם אִשְׁתּ֖וֹ חַוָּ֑ה
כִּ֛י הִ֥וא הָֽיְתָ֖ה אֵ֥ם כָּל־חָֽי׃

כא וַיַּ֩עַשׂ֩ יְהוָ֨ה אֱלֹהִ֜ים לְאָדָ֧ם וּלְאִשְׁתּ֛וֹ כָּתְנ֥וֹת ע֖וֹר
וַיַּלְבִּשֵֽׁם׃ פ

▹ וַיִּקְרָ֫א קרא q הָֽיְתָ֫ה היה q וַיַּ֫עַשׂ עשׂה q וַיַּלְבִּשֵׁם לבשׁ hi

▹ אִשְׁתּוֹ אִשָּׁה חַוָּה חַוָּה PN הִוא הוּא לְאָדָם אָדָם PN
וּלְאִשְׁתּוֹ אִשָּׁה כָּתְנוֹת כֻּתֹּנֶת

כב וַיֹּ֣אמֶר׀ יְהוָ֣ה אֱלֹהִ֗ים
הֵ֤ן הָֽאָדָם֙ הָיָ֔ה כְּאַחַ֣ד מִמֶּ֔נּוּ
לָדַ֖עַת ט֣וֹב וָרָ֑ע
וְעַתָּ֣ה׀ פֶּן־יִשְׁלַ֣ח יָד֗וֹ וְלָקַח֙ גַּ֚ם מֵעֵ֣ץ הַֽחַיִּ֔ים
וְאָכַ֖ל וָחַ֥י לְעֹלָֽם׃
כג וַֽיְשַׁלְּחֵ֛הוּ יְהוָ֥ה אֱלֹהִ֖ים מִגַּן־עֵ֑דֶן
לַֽעֲבֹד֙ אֶת־הָ֣אֲדָמָ֔ה
אֲשֶׁ֥ר לֻקַּ֖ח מִשָּֽׁם׃
כד וַיְגָ֖רֶשׁ אֶת־הָֽאָדָ֑ם
וַיַּשְׁכֵּן֩ מִקֶּ֨דֶם לְגַן־עֵ֜דֶן אֶת־הַכְּרֻבִ֗ים
וְאֵ֨ת לַ֤הַט הַחֶ֙רֶב֙ הַמִּתְהַפֶּ֔כֶת
לִשְׁמֹ֕ר
אֶת־דֶּ֖רֶךְ עֵ֥ץ הַֽחַיִּֽים׃ ס

▹ הָיָה֙ היה q לָדַעַת ידע q יִשְׁלַח שׁלח q וְלָקַח֙ לקח q וְאָכַל אכל q
וָחַי חיה q וַֽיְשַׁלְּחֵהוּ שׁלח pi לַֽעֲבֹד֙ עבד q לֻקַּח לקח pu
וַיְגָרֶשׁ גרשׁ pi וַיַּשְׁכֵּן֩ שׁכן hi הַמִּתְהַפֶּכֶת הפך hith לִשְׁמֹר שׁמר q

▹ מִמֶּנּוּ מִן הַֽחַיִּים / הַֽחַיִּים חַיִּים לְעֹלָם עוֹלָם
עֵדֶן / עֵדֶן GN הַכְּרֻבִים כְּרוּב

1.4

Cain and Abel

GENESIS 4:1–16 **בראשית ד:א–טז**

the man/Adam, **Eve**, **Cain**, Abel, **YHWH**

א וְהָאָדָם

יָדַע אֶת־חַוָּה אִשְׁתּוֹ

וַתַּהַר וַתֵּלֶד אֶת־קַיִן

וַתֹּאמֶר

קָנִיתִי אִישׁ אֶת־יְהוָה׃

ב וַתֹּסֶף לָלֶדֶת

אֶת־אָחִיו אֶת־הָבֶל

וַיְהִי־הֶבֶל רֹעֵה צֹאן

וְקַיִן

הָיָה עֹבֵד אֲדָמָה׃

▹ **יָדַע** ידע q **וַתַּהַר** הרה q **וַתֵּלֶד** ילד q **וַתֹּאמֶר** אמר q
קָנִיתִי קנה q **וַתֹּסֶף** יסף hi **לָלֶדֶת** ילד q **וַיְהִי־** היה q
רֹעֵה רעה q **הָיָה** היה q **עֹבֵד** עבד q

▹ **חַוָּה** חַוָּה PN **אִשְׁתּוֹ** אִשָּׁה **קַיִן** קַיִן PN **הָבֶל / הֶבֶל** הֶבֶל PN **וְקַיִן** קַיִן PN

ג וַֽיְהִ֖י מִקֵּ֣ץ יָמִ֑ים
וַיָּבֵ֨א קַ֜יִן מִפְּרִ֧י הָֽאֲדָמָ֛ה מִנְחָ֖ה לַֽיהוָֽה׃
ד וְהֶ֨בֶל הֵבִ֥יא גַם־ה֛וּא מִבְּכֹר֥וֹת צֹאנ֖וֹ וּמֵֽחֶלְבֵהֶ֑ן
וַיִּ֣שַׁע יְהוָ֔ה
אֶל־הֶ֖בֶל וְאֶל־מִנְחָתֽוֹ׃
ה וְאֶל־קַ֥יִן וְאֶל־מִנְחָת֖וֹ לֹ֣א שָׁעָ֑ה
וַיִּ֤חַר לְקַ֙יִן֙ מְאֹ֔ד
וַֽיִּפְּל֖וּ פָּנָֽיו׃

◁ וַֽיְהִ֖י היה q וַיָּבֵ֨א בוא hi הֵבִ֥יא בוא hi וַיִּ֣שַׁע שעה q
שָׁעָ֑ה שעה q וַיִּ֤חַר חרה q וַֽיִּפְּל֖וּ נפל q

◁ קַ֜יִן/קָ֑יִן קַ֫יִן PN וְהֶ֨בֶל הֶ֫בֶל PN מִבְּכֹר֥וֹת בְּכוֹר
וּמֵֽחֶלְבֵהֶ֑ן חֵ֫לֶב הֶבֶל הֶ֫בֶל PN לְקַ֙יִן֙ קַ֫יִן PN

ו וַיֹּ֥אמֶר יְהוָ֖ה אֶל־קָ֑יִן
לָ֚מָּה חָ֣רָה לָ֔ךְ
וְלָ֖מָּה נָפְל֥וּ פָנֶֽיךָ׃
ז הֲל֤וֹא אִם־תֵּיטִיב֙ שְׂאֵ֔ת
וְאִם֙ לֹ֣א תֵיטִ֔יב
לַפֶּ֖תַח חַטָּ֣את רֹבֵ֑ץ
וְאֵלֶ֙יךָ֙ תְּשׁ֣וּקָת֔וֹ
וְאַתָּ֖ה תִּמְשָׁל־בּֽוֹ׃

◃ חָרָה חרה q נָפְלוּ נפל q תֵּיטִיב / תֵיטִיב יטב hi
רֹבֵץ רבץ q תִּמְשָׁל־ משל q

◃ קַיִן קַיִן PN הֲלוֹא לֹא וְאֵלֶיךָ אֶל תְּשׁוּקָתוֹ תְּשׁוּקָה

ח וַיֹּאמֶר קַיִן אֶל־הֶבֶל אָחִיו
וַיְהִי בִּהְיוֹתָם בַּשָּׂדֶה
וַיָּקָם קַיִן אֶל־הֶבֶל אָחִיו וַיַּהַרְגֵהוּ׃

◃ וַיְהִי היה q בִּהְיוֹתָם היה q וַיָּקָם קום q וַיַּהַרְגֵהוּ הרג q

◃ קַיִן / קַיִן קַיִן PN הֶבֶל / הֶבֶל הֶבֶל PN

ט וַיֹּאמֶר יְהוָה אֶל־קַיִן
אֵי הֶבֶל אָחִיךָ
וַיֹּאמֶר לֹא יָדַעְתִּי
הֲשֹׁמֵר אָחִי אָנֹכִי׃

◃ יָדַעְתִּי ידע q הֲשֹׁמֵר שׁמר q

◃ קַיִן קַיִן PN הֶבֶל הֶבֶל PN

י וַיֹּאמֶר מֶה עָשִׂיתָ
קוֹל דְּמֵי אָחִיךָ
צֹעֲקִים אֵלַי מִן־הָאֲדָמָה׃

יא   וְעַתָּה   אָרוּר   אָתָּה

מִן־הָאֲדָמָה֙   אֲשֶׁר   פָּצְתָה אֶת־פִּ֔יהָ

לָקַ֛חַת   אֶת־דְּמֵ֥י אָחִ֖יךָ   מִיָּדֶֽךָ׃

יב   כִּ֤י תַֽעֲבֹד֙   אֶת־הָ֣אֲדָמָ֔ה

לֹֽא־תֹסֵ֥ף תֵּת־כֹּחָ֖הּ   לָ֑ךְ

נָ֥ע וָנָ֖ד   תִּֽהְיֶ֥ה בָאָֽרֶץ׃

▷ עָשִׂ֫יתָ עשׂה q   צֹעֲקִים צעק q   אָר֣וּר ארר q
    פָּצְתָה פצה q   לָקַ֛חַת לקח q   תַֽעֲבֹד֙ עבד q
    תֹסֵ֥ף יסף hi   תֵּת־ נתן q   נָ֥ע נוע q   וָנָ֖ד נוד q
    תִּֽהְיֶ֥ה היה q

▷ דְּמֵי / דְּמֵ֥י דָּם   פִּ֔יהָ פֶּה   מִיָּדֶֽךָ יָד   כֹּחָ֖הּ כֹּחַ

יג   וַיֹּ֥אמֶר קַ֖יִן   אֶל־יְהוָ֑ה

גָּד֥וֹל עֲוֺנִ֖י   מִנְּשֹֽׂא׃

יד   הֵן֩ גֵּרַ֨שְׁתָּ אֹתִ֜י הַיּ֗וֹם   מֵעַל֙ פְּנֵ֣י הָֽאֲדָמָ֔ה

וּמִפָּנֶ֖יךָ   אֶסָּתֵ֑ר

וְהָיִ֜יתִי נָ֤ע וָנָד֙   בָּאָ֔רֶץ

וְהָיָ֥ה כָל־מֹצְאִ֖י   יַֽהַרְגֵֽנִי׃

▷ מִנְּשֹֽׂא נשׂא q   גֵּרַ֨שְׁתָּ גרשׁ pi   אֶסָּתֵ֑ר סתר ni
    וְהָיִ֜יתִי היה q   נָ֤ע נוע q   וָנָד֙ נוד q   וְהָיָ֥ה היה q
    מֹצְאִ֖י מצא q   יַֽהַרְגֵֽנִי הרג q

▷ קַ֖יִן קַ֖יִן PN

טו וַיֹּ֧אמֶר ל֣וֹ יְהוָ֗ה לָכֵן֙ כָּל־הֹ֣רֵג קַ֔יִן
שִׁבְעָתַ֖יִם יֻקָּ֑ם
וַיָּ֨שֶׂם יְהוָ֤ה לְקַ֙יִן֙ א֔וֹת
לְבִלְתִּ֥י הַכּוֹת־אֹת֖וֹ כָּל־מֹצְאֽוֹ׃

◃ הֹ֣רֵג הרג q יֻקָּ֑ם נקם ho וַיָּ֨שֶׂם שׂים q
הַכּוֹת־ נכה hi מֹצְאֽוֹ מצא q

◃ קַ֔יִן קַיִן PN לְקַ֙יִן֙ קַיִן PN

טז וַיֵּ֥צֵא קַ֖יִן מִלִּפְנֵ֣י יְהוָ֑ה
וַיֵּ֥שֶׁב בְּאֶֽרֶץ־נ֖וֹד קִדְמַת־עֵֽדֶן׃

◃ וַיֵּ֥צֵא יצא q וַיֵּ֥שֶׁב ישׁב q

◃ קַ֖יִן קַיִן PN נ֖וֹד נוֹד GN עֵֽדֶן עֵ֫דֶן GN

1.5

The Flood Begins

GENESIS 7:1–24 | **בראשית ז:א–כד**

YHWH, Noah, Noah's sons (Shem, Ham, Japheth), Noah's wife, Noah's sons' wives, all humans

א וַיֹּ֤אמֶר יְהוָה֙ לְנֹ֔חַ
בֹּֽא־אַתָּ֥ה וְכָל־בֵּיתְךָ֖ אֶל־הַתֵּבָ֑ה
כִּֽי־אֹתְךָ֥ רָאִ֛יתִי צַדִּ֥יק לְפָנַ֖י בַּדּ֥וֹר הַזֶּֽה׃

◁ בֹּֽא־ בוא q רָאִ֛יתִי ראה q
◁ לְנֹ֔חַ נֹחַ PN

ב מִכֹּ֣ל ׀ הַבְּהֵמָ֣ה הַטְּהוֹרָ֗ה
תִּֽקַּח־לְךָ֛ שִׁבְעָ֥ה שִׁבְעָ֖ה אִ֣ישׁ וְאִשְׁתּ֑וֹ
וּמִן־הַבְּהֵמָ֡ה אֲשֶׁ֨ר לֹ֣א טְהֹרָ֥ה הִ֛וא שְׁנַ֖יִם
אִ֥ישׁ וְאִשְׁתּֽוֹ׃
ג גַּ֣ם מֵע֧וֹף הַשָּׁמַ֛יִם שִׁבְעָ֥ה שִׁבְעָ֖ה זָכָ֣ר וּנְקֵבָ֑ה
לְחַיּ֥וֹת זֶ֖רַע עַל־פְּנֵ֥י כָל־הָאָֽרֶץ׃

ד כִּ֞י לְיָמִ֨ים ע֜וֹד שִׁבְעָ֗ה אָנֹכִי֙ מַמְטִ֣יר עַל־הָאָ֔רֶץ
אַרְבָּעִ֣ים י֔וֹם
וְאַרְבָּעִ֖ים לָ֑יְלָה
וּמָחִ֗יתִי אֶֽת־כָּל־הַיְקוּם֙ אֲשֶׁ֣ר עָשִׂ֔יתִי
מֵעַ֖ל פְּנֵ֥י הָאֲדָמָֽה׃

◁ תִּקַּח־ לקח q לְחַיּוֹת חיה pi מַמְטִיר מטר hi
וּמָחִיתִי מחה q עָשִׂיתִי עשׂה q

◁ הַטְּהוֹרָה טָהוֹר וְאִשְׁתּוֹ / וְאִשְׁתּוֹ אִשָּׁה
לְיָמִים יוֹם הַיְקוּם יְקוּם

ה וַיַּ֖עַשׂ נֹ֑חַ
כְּכֹ֥ל אֲשֶׁר־צִוָּ֖הוּ יְהוָֽה׃

ו וְנֹ֗חַ
בֶּן־שֵׁ֥שׁ מֵא֖וֹת שָׁנָ֑ה
וְהַמַּבּ֣וּל הָיָ֔ה
מַ֖יִם עַל־הָאָֽרֶץ׃

ז וַיָּ֣בֹא נֹ֗חַ וּ֠בָנָיו וְאִשְׁתּ֧וֹ וּנְשֵֽׁי־בָנָ֛יו אִתּ֖וֹ
אֶל־הַתֵּבָ֑ה
מִפְּנֵ֖י מֵ֥י הַמַּבּֽוּל׃

ח מִן־הַבְּהֵמָה֙ הַטְּהוֹרָ֔ה
וּמִן־הַ֨בְּהֵמָ֔ה
אֲשֶׁ֥ר אֵינֶ֖נָּה טְהֹרָ֑ה
וּמִ֨ן־הָע֔וֹף
וְכֹ֥ל אֲשֶׁר־רֹמֵ֖שׂ עַל־הָאֲדָמָֽה׃
ט שְׁנַ֨יִם שְׁנַ֜יִם בָּ֧אוּ אֶל־נֹ֛חַ אֶל־הַתֵּבָ֖ה זָכָ֣ר וּנְקֵבָ֑ה
כַּאֲשֶׁ֛ר צִוָּ֥ה אֱלֹהִ֖ים אֶת־נֹֽחַ׃
י וַיְהִ֖י לְשִׁבְעַ֣ת הַיָּמִ֑ים
וּמֵ֣י הַמַּבּ֔וּל
הָי֖וּ עַל־הָאָֽרֶץ׃

◃ וַיַּ֫עַשׂ עשׂה q צִוָּ֫הוּ צוה pi הָיָ֫ה היה q
וַיָּ֫בֹא בוא q רֹמֵ֫שׂ רמשׂ q בָּ֫אוּ בוא q
צִוָּ֫ה צוה pi וַיְהִ֫י היה q הָי֫וּ היה q

◃ נֹ֫חַ / נֹחַ / נֹ֫חַ / נֹחַ נֹחַ PN וְנֹ֫חַ נֹחַ PN
וּבָנָיו בֵּן וְאִשְׁתּוֹ אִשָּׁה וּנְשֵׁי־ אִשָּׁה
בָנָיו בֵּן מֵי מַ֫יִם אֵינֶ֫נָּה אַ֫יִן הַיָּמִים יוֹם וּמֵי מַ֫יִם

יא בִּשְׁנַ֨ת שֵׁשׁ־מֵא֤וֹת שָׁנָה֙ לְחַיֵּי־נֹ֔חַ
בַּחֹ֙דֶשׁ֙ הַשֵּׁנִ֔י
בְּשִׁבְעָֽה־עָשָׂ֥ר י֖וֹם לַחֹ֑דֶשׁ
בַּיּ֣וֹם הַזֶּ֗ה נִבְקְעוּ֙ כָּל־מַעְיְנֹת֙ תְּה֣וֹם רַבָּ֔ה
וַאֲרֻבֹּ֥ת הַשָּׁמַ֖יִם נִפְתָּֽחוּ׃

יב וַיְהִי הַגֶּשֶׁם עַל־הָאָרֶץ
אַרְבָּעִים יוֹם
וְאַרְבָּעִים לָיְלָה׃

◁ נִבְקְעוּ בקע ni נִפְתָּחוּ פתח ni וַיְהִי היה q

◁ בִּשְׁנַת שָׁנָה לְחַיֵּי־ חַיִּים נֹחַ נֹחַ PN מַעְיְנֹת מַעְיָן

יג בְּעֶצֶם הַיּוֹם הַזֶּה בָּא נֹחַ
וְשֵׁם־וְחָם וָיֶפֶת בְּנֵי־נֹחַ
וְאֵשֶׁת נֹחַ וּשְׁלֹשֶׁת נְשֵׁי־בָנָיו אִתָּם אֶל־הַתֵּבָה׃
יד הֵמָּה וְכָל־הַחַיָּה לְמִינָהּ וְכָל־הַבְּהֵמָה לְמִינָהּ
וְכָל־הָרֶמֶשׂ הָרֹמֵשׂ עַל־הָאָרֶץ לְמִינֵהוּ
וְכָל־הָעוֹף לְמִינֵהוּ
כֹּל צִפּוֹר כָּל־כָּנָף׃
טו וַיָּבֹאוּ אֶל־נֹחַ אֶל־הַתֵּבָה
שְׁנַיִם שְׁנַיִם מִכָּל־הַבָּשָׂר
אֲשֶׁר־בּוֹ רוּחַ חַיִּים׃
טז וְהַבָּאִים זָכָר וּנְקֵבָה מִכָּל־בָּשָׂר בָּאוּ
כַּאֲשֶׁר צִוָּה אֹתוֹ אֱלֹהִים
וַיִּסְגֹּר יְהוָה בַּעֲדוֹ׃

◃ בָּ֣א בוא q הָרֹ֫מֵשׂ רמשׂ q וַיָּבֹ֫אוּ בוא q וְהַבָּאִ֫ים בוא q
בָּ֫אוּ בוא q צִוָּ֫ה צוה pi וַיִּסְגֹּ֫ר סגר q

◃ נֹ֫חַ / נֹ֫חַ / נֹ֫חַ / נֹ֫חַ נֹחַ PN וְשֵׁם־ שֵׁם PN וְחָם חָם PN
וָיֶ֫פֶת יֶ֫פֶת PN נְשֵׁי־ אִשָּׁה בָנָיו בֵּן
לְמִינָהּ / לְמִינָהּ מִין לְמִינֵהוּ / לְמִינֵהוּ מִין

יז וַיְהִ֧י הַמַּבּ֛וּל אַרְבָּעִ֥ים י֖וֹם עַל־הָאָ֑רֶץ
וַיִּרְבּ֣וּ הַמַּ֗יִם וַיִּשְׂאוּ֙ אֶת־הַתֵּבָ֔ה
וַתָּ֖רָם מֵעַ֥ל הָאָֽרֶץ׃
יח וַיִּגְבְּר֥וּ הַמַּ֛יִם וַיִּרְבּ֥וּ מְאֹ֖ד עַל־הָאָ֑רֶץ
וַתֵּ֥לֶךְ הַתֵּבָ֖ה עַל־פְּנֵ֥י הַמָּֽיִם׃
יט וְהַמַּ֗יִם גָּ֥בְר֛וּ מְאֹ֥ד מְאֹ֖ד עַל־הָאָ֑רֶץ
וַיְכֻסּ֗וּ כָּל־הֶֽהָרִים֙ הַגְּבֹהִ֔ים
אֲשֶׁר־תַּ֖חַת כָּל־הַשָּׁמָֽיִם׃
כ חֲמֵ֨שׁ עֶשְׂרֵ֤ה אַמָּה֙ מִלְמַ֔עְלָה
גָּבְר֖וּ הַמָּ֑יִם
וַיְכֻסּ֖וּ הֶהָרִֽים׃

◃ וַיְהִ֫י היה q וַיִּרְבּ֫וּ רבה q וַיִּשְׂאוּ֫ נשׂא q
וַתָּ֫רָם רום q וַיִּגְבְּר֫וּ גבר q וַיִּרְבּ֫וּ רבה q
וַתֵּ֫לֶךְ הלך q גָּֽבְר֫וּ / גָּבְר֫וּ גבר q
וַיְכֻסּוּ / וַיְכֻסּ֫וּ כסה pu

◃ הֶהָרִים֫ / הֶהָרִ֫ים הַר הַגְּבֹהִים גָּבֹהַּ
מִלְמַ֫עְלָה מַ֫עַל

כא וַיִּגְוַ֞ע כָּל־בָּשָׂ֣ר ׀ הָרֹמֵ֣שׂ עַל־הָאָ֔רֶץ
בָּע֥וֹף וּבַבְּהֵמָה֙ וּבַ֣חַיָּ֔ה
וּבְכָל־הַשֶּׁ֖רֶץ הַשֹּׁרֵ֣ץ עַל־הָאָ֑רֶץ
וְכֹ֖ל הָאָדָֽם׃

כב כֹּ֡ל אֲשֶׁר֩ נִשְׁמַת־ר֨וּחַ חַיִּ֜ים בְּאַפָּ֗יו
מִכֹּ֛ל אֲשֶׁ֥ר בֶּחָרָבָ֖ה מֵֽתוּ׃

כג וַיִּ֜מַח אֶֽת־כָּל־הַיְק֣וּם ׀ אֲשֶׁ֣ר ׀ עַל־פְּנֵ֣י הָֽאֲדָמָ֗ה
מֵאָדָ֤ם עַד־בְּהֵמָה֙ עַד־רֶ֙מֶשׂ֙ וְעַד־ע֣וֹף הַשָּׁמַ֔יִם
וַיִּמָּח֖וּ מִן־הָאָ֑רֶץ
וַיִּשָּׁ֧אֶר אַךְ־נֹ֛חַ וַאֲשֶׁ֥ר אִתּ֖וֹ בַּתֵּבָֽה׃

◃ וַיִּגְוַ֞ע גוע q הָרֹמֵ֣שׂ רמשׂ q
הַשֹּׁרֵ֣ץ שׁרץ q מֵֽתוּ מות q
וַיִּ֜מַח מחה q וַיִּמָּח֖וּ מחה ni
וַיִּשָּׁ֧אֶר שׁאר ni

◃ נִשְׁמַת־ נְשָׁמָה בְּאַפָּ֗יו אַף
הַיְק֣וּם ׀ יְקוּם נֹ֛חַ נֹחַ PN

כד וַיִּגְבְּר֣וּ הַמַּ֔יִם עַל־הָאָ֑רֶץ
חֲמִשִּׁ֥ים וּמְאַ֖ת יֽוֹם׃

◃ וַיִּגְבְּר֣וּ גבר q

◃ וּמְאַ֖ת מֵאָה

1.6

The Flood Ends

GENESIS 8:1–22	בראשית ח:א-כב

God / YHWH, Noah, Noah's wife, Noah's sons, Noah's sons' wives

א וַיִּזְכֹּ֤ר אֱלֹהִים֙ אֶת־נֹ֔חַ
וְאֵ֤ת כָּל־הַֽחַיָּה֙ וְאֶת־כָּל־הַבְּהֵמָ֔ה
אֲשֶׁ֥ר אִתּ֖וֹ בַּתֵּבָ֑ה
וַיַּעֲבֵ֨ר אֱלֹהִ֥ים ר֙וּחַ֙ עַל־הָאָ֔רֶץ
וַיָּשֹׁ֖כּוּ הַמָּֽיִם׃
ב וַיִּסָּֽכְרוּ֙ מַעְיְנֹ֣ת תְּה֔וֹם
וַאֲרֻבֹּ֖ת הַשָּׁמָ֑יִם
וַיִּכָּלֵ֥א הַגֶּ֖שֶׁם מִן־הַשָּׁמָֽיִם׃
ג וַיָּשֻׁ֨בוּ הַמַּ֜יִם מֵעַ֣ל הָאָ֔רֶץ הָל֖וֹךְ וָשׁ֑וֹב
וַיַּחְסְר֣וּ הַמַּ֔יִם
מִקְצֵ֕ה
חֲמִשִּׁ֥ים וּמְאַ֖ת יֽוֹם׃

ד וַתָּ֤נַח הַתֵּבָה֙ בַּחֹ֣דֶשׁ הַשְּׁבִיעִ֔י
בְּשִׁבְעָה־עָשָׂ֥ר י֖וֹם לַחֹ֑דֶשׁ
עַ֖ל הָרֵ֥י אֲרָרָֽט׃
ה וְהַמַּ֗יִם הָיוּ֙ הָל֣וֹךְ וְחָס֔וֹר
עַ֖ד הַחֹ֣דֶשׁ הָעֲשִׂירִ֑י
בָּעֲשִׂירִ֗י בְּאֶחָ֣ד לַחֹ֔דֶשׁ
נִרְא֖וּ רָאשֵׁ֥י הֶהָרִֽים׃

◃ וַיִּזְכֹּר זכר q וַיַּעֲבֵר עבר hi וַיָּשֹׁכּוּ שׁכך q וַיִּסָּכְרוּ סכר ni
וַיִּכָּלֵא כלא ni וַיָּשֻׁבוּ שׁוב q הָלוֹךְ הלך q וָשׁוֹב שׁוב q
וַיַּחְסְרוּ חסר q וַתָּנַח נוח q הָיוּ היה q וְחָסוֹר חסר q נִרְאוּ ראה ni

◃ נֹחַ נֹחַ PN מַעְיְנֹת מַעְיָן וּמְאַת מֵאָה אֲרָרָט אֲרָרַט GN

ו וַיְהִ֕י
מִקֵּ֖ץ אַרְבָּעִ֣ים י֑וֹם
וַיִּפְתַּ֣ח נֹ֔חַ
אֶת־חַלּ֥וֹן הַתֵּבָ֖ה אֲשֶׁ֥ר עָשָֽׂה׃
ז וַיְשַׁלַּ֖ח אֶת־הָעֹרֵ֑ב
וַיֵּצֵ֤א יָצוֹא֙ וָשׁ֔וֹב
עַד־יְבֹ֥שֶׁת הַמַּ֖יִם מֵעַ֥ל הָאָֽרֶץ׃

◃ וַיְהִי היה q וַיִּפְתַּח פתח q עָשָׂה עשׂה q וַיְשַׁלַּח שׁלח pi
וַיֵּצֵא יצא q יָצוֹא יצא q וָשׁוֹב שׁוב q יְבֹשֶׁת יבשׁ q

◃ נֹחַ נֹחַ PN

ח וַיְשַׁלַּ֥ח אֶת־הַיּוֹנָ֖ה מֵאִתּ֑וֹ
לִרְאוֹת֙ הֲקַ֣לּוּ הַמַּ֔יִם
מֵעַ֖ל פְּנֵ֥י הָאֲדָמָֽה׃
ט וְלֹֽא־מָצְאָה֩ הַיּוֹנָ֨ה מָנ֜וֹחַ לְכַף־רַגְלָ֗הּ
וַתָּ֤שָׁב אֵלָיו֙ אֶל־הַתֵּבָ֔ה
כִּי־מַ֖יִם עַל־פְּנֵ֣י כָל־הָאָ֑רֶץ
וַיִּשְׁלַ֤ח יָדוֹ֙ וַיִּקָּחֶ֔הָ
וַיָּבֵ֥א אֹתָ֛הּ אֵלָ֖יו אֶל־הַתֵּבָֽה׃

◃ וַיְשַׁלַּ֥ח שׁלח pi לִרְאוֹת֙ ראה q הֲקַ֣לּוּ קלל q מָצְאָה֩ מצא q
וַתָּ֤שָׁב שׁוב q וַיִּשְׁלַ֤ח שׁלח q וַיִּקָּחֶ֔הָ לקח q וַיָּבֵ֥א בוא hi

◃ מֵאִתּ֑וֹ אֵת / אֶת־

י וַיָּ֣חֶל ע֔וֹד
שִׁבְעַ֥ת יָמִ֖ים אֲחֵרִ֑ים
וַיֹּ֛סֶף שַׁלַּ֥ח אֶת־הַיּוֹנָ֖ה מִן־הַתֵּבָֽה׃
יא וַתָּבֹ֨א אֵלָ֤יו הַיּוֹנָה֙ לְעֵ֣ת עֶ֔רֶב
וְהִנֵּ֥ה עֲלֵה־זַ֖יִת טָרָ֣ף בְּפִ֑יהָ
וַיֵּ֣דַע נֹ֔חַ
כִּֽי־קַ֥לּוּ הַמַּ֖יִם מֵעַ֥ל הָאָֽרֶץ׃

◃ וַיָּ֣חֶל יחל ni וַיֹּ֛סֶף יסף hi שַׁלַּ֥ח שׁלח pi
וַתָּבֹ֨א בוא q וַיֵּ֣דַע ידע q קַ֥לּוּ קלל q

◃ עֲלֵה־ עָלֶה בְּפִ֑יהָ פֶּה נֹ֔חַ נֹחַ PN

יב וַיִּיָּ֣חֶל ע֔וֹד
שִׁבְעַ֥ת יָמִ֖ים אֲחֵרִ֑ים
וַיְשַׁלַּח֙ אֶת־הַיּוֹנָ֔ה
וְלֹא־יָסְפָ֥ה שׁוּב־אֵלָ֖יו עֽוֹד׃

◃ וַיִּיָּ֣חֶל יחל ni וַיְשַׁלַּח֙ שׁלח pi
יָסְפָ֥ה יסף q שׁוּב־ שׁוב q

יג וַ֠יְהִי בְּאַחַ֨ת וְשֵׁשׁ־מֵא֜וֹת שָׁנָ֗ה
בָּרִאשׁוֹן֙ בְּאֶחָ֣ד לַחֹ֔דֶשׁ
חָֽרְב֥וּ הַמַּ֖יִם מֵעַ֣ל הָאָ֑רֶץ
וַיָּ֤סַר נֹ֨חַ֙ אֶת־מִכְסֵ֣ה הַתֵּבָ֔ה
וַיַּ֕רְא
וְהִנֵּ֥ה חָֽרְב֖וּ פְּנֵ֥י הָאֲדָמָֽה׃
יד וּבַחֹ֨דֶשׁ֙ הַשֵּׁנִ֔י
בְּשִׁבְעָ֧ה וְעֶשְׂרִ֛ים י֖וֹם לַחֹ֑דֶשׁ
יָבְשָׁ֖ה הָאָֽרֶץ׃ ס

◃ וַ֠יְהִי היה q חָֽרְב֥וּ / חָֽרְב֖וּ חרב q
וַיָּ֤סַר סור hi וַיַּ֕רְא ראה q
יָבְשָׁ֖ה יבשׁ q

◃ נֹ֨חַ֙ נֹחַ PN

טו וַיְדַבֵּ֥ר אֱלֹהִ֖ים אֶל־נֹ֥חַ לֵאמֹֽר׃

טז צֵ֖א מִן־הַתֵּבָ֑ה

אַתָּ֕ה

וְאִשְׁתְּךָ֛ וּבָנֶ֥יךָ וּנְשֵֽׁי־בָנֶ֖יךָ אִתָּֽךְ׃

יז כָּל־הַֽחַיָּ֣ה אֲשֶֽׁר־אִתְּךָ֩ מִכָּל־בָּשָׂ֜ר
בָּע֧וֹף וּבַבְּהֵמָ֣ה וּבְכָל־הָרֶ֛מֶשׂ הָרֹמֵ֥שׂ עַל־הָאָ֖רֶץ
הוצא [הַיְצֵ֣א] אִתָּ֑ךְ

וְשָֽׁרְצ֣וּ בָאָ֔רֶץ

וּפָר֥וּ וְרָב֖וּ עַל־הָאָֽרֶץ׃

◁ וַיְדַבֵּ֥ר דבר pi לֵאמֹ֖ר אמר q צֵ֖א יצא q הָרֶ֛מֶשׂ רמשׂ q
הַיְצֵ֣א יצא hi וְשָֽׁרְצ֣וּ שׁרץ q וּפָר֥וּ פרה q וְרָב֖וּ רבה q

◁ נֹ֥חַ נֹחַ PN וְאִשְׁתְּךָ֛ אשׁה וּבָנֶ֥יךָ בֵּן וּנְשֵֽׁי־ אִשָּׁה בָנֶ֖יךָ בֵּן

יח וַיֵּֽצֵא־נֹ֑חַ

וּבָנָ֛יו וְאִשְׁתּ֥וֹ וּנְשֵֽׁי־בָנָ֖יו אִתּֽוֹ׃

יט כָּל־הַֽחַיָּ֣ה כָּל־הָרֶ֨מֶשׂ וְכָל־הָע֔וֹף
כֹּ֖ל רוֹמֵ֣שׂ עַל־הָאָ֑רֶץ
לְמִשְׁפְּחֹ֣תֵיהֶ֔ם
יָצְא֖וּ מִן־הַתֵּבָֽה׃

◁ וַיֵּֽצֵא־ יצא q רוֹמֵ֣שׂ רמשׂ q יָצְא֖וּ יצא q

◁ נֹ֥חַ נֹחַ PN וּבָנָ֛יו בֵּן וְאִשְׁתּ֥וֹ אשׁה וּנְשֵֽׁי־ אִשָּׁה
בָנָ֖יו בֵּן לְמִשְׁפְּחֹ֣תֵיהֶ֔ם מִשְׁפָּחָה

כ וַיִּ֥בֶן נֹ֛חַ מִזְבֵּ֖חַ לַיהוָ֑ה
וַיִּקַּ֞ח מִכֹּ֣ל ׀ הַבְּהֵמָ֣ה הַטְּהוֹרָ֗ה
וּמִכֹּל֙ הָע֣וֹף הַטָּהֹ֔ר
וַיַּ֥עַל עֹלֹ֖ת בַּמִּזְבֵּֽחַ׃

כא וַיָּ֣רַח יְהוָה֮ אֶת־רֵ֣יחַ הַנִּיחֹחַ֒
וַיֹּ֨אמֶר יְהוָ֜ה אֶל־לִבּ֗וֹ
לֹֽא־אֹ֠סִף לְקַלֵּ֨ל ע֤וֹד אֶת־הָֽאֲדָמָה֙
בַּעֲב֣וּר הָֽאָדָ֔ם
כִּ֠י יֵ֣צֶר לֵ֧ב הָאָדָ֛ם רַ֖ע מִנְּעֻרָ֑יו
וְלֹֽא־אֹסִ֥ף ע֛וֹד לְהַכּ֥וֹת אֶת־כָּל־חַ֖י
כַּאֲשֶׁ֥ר עָשִֽׂיתִי׃

כב עֹ֖ד כָּל־יְמֵ֣י הָאָ֑רֶץ
זֶ֡רַע וְקָצִיר֩ וְקֹ֨ר וָחֹ֜ם וְקַ֧יִץ וָחֹ֛רֶף וְי֥וֹם וָלַ֖יְלָה
לֹ֥א יִשְׁבֹּֽתוּ׃

◃ וַיִּ֥בֶן בנה q וַיִּקַּ֞ח לקח q וַיַּ֥עַל עלה hi
וַיָּ֣רַח רוח hi אֹ֠סִף / אֹסִ֥ף יסף hi
לְקַלֵּ֨ל קלל pi לְהַכּ֥וֹת נכה hi
עָשִֽׂיתִי עשׂה q יִשְׁבֹּֽתוּ שׁבת q

◃ נֹ֛חַ נֹחַ PN הַטְּהוֹרָ֗ה טָהוֹר
מִנְּעֻרָ֑יו נְעוּרִים עֹ֖ד עוֹד יְמֵ֣י יוֹם

1.7

God's Covenant with Noah

GENESIS 9:1–17	בראשית ט:א–יז

God, Noah, Noah's sons

א וַיְבָ֣רֶךְ אֱלֹהִ֔ים
אֶת־נֹ֖חַ וְאֶת־בָּנָ֑יו
וַיֹּ֧אמֶר לָהֶ֛ם פְּר֥וּ וּרְב֖וּ וּמִלְא֥וּ אֶת־הָאָֽרֶץ׃
ב וּמוֹרַאֲכֶ֤ם וְחִתְּכֶם֙ יִֽהְיֶ֔ה
עַ֚ל כָּל־חַיַּ֣ת הָאָ֔רֶץ
וְעַ֖ל כָּל־ע֣וֹף הַשָּׁמָ֑יִם
בְּכֹל֩ אֲשֶׁ֨ר תִּרְמֹ֧שׂ הָֽאֲדָמָ֛ה וּֽבְכָל־דְּגֵ֥י הַיָּ֖ם
בְּיֶדְכֶ֥ם נִתָּֽנוּ׃
ג כָּל־רֶ֙מֶשׂ֙ אֲשֶׁ֣ר הוּא־חַ֔י
לָכֶ֥ם יִהְיֶ֖ה לְאָכְלָ֑ה
כְּיֶ֣רֶק עֵ֔שֶׂב
נָתַ֥תִּי לָכֶ֖ם אֶת־כֹּֽל׃
ד אַךְ־בָּשָׂ֕ר
בְּנַפְשׁ֥וֹ דָמ֖וֹ לֹ֥א תֹאכֵֽלוּ׃

ה וְאַ֨ךְ אֶת־דִּמְכֶ֤ם לְנַפְשֹֽׁתֵיכֶם֙ אֶדְרֹ֔שׁ
מִיַּ֥ד כָּל־חַיָּ֖ה אֶדְרְשֶׁ֑נּוּ
וּמִיַּ֣ד הָֽאָדָ֗ם מִיַּד֙ אִ֣ישׁ אָחִ֔יו
אֶדְרֹ֖שׁ אֶת־נֶ֥פֶשׁ הָֽאָדָֽם׃

ו שֹׁפֵךְ֙ דַּ֣ם הָֽאָדָ֔ם
בָּֽאָדָ֖ם דָּמ֣וֹ יִשָּׁפֵ֑ךְ
כִּ֚י בְּצֶ֣לֶם אֱלֹהִ֔ים
עָשָׂ֖ה אֶת־הָאָדָֽם׃

ז וְאַתֶּ֖ם פְּר֣וּ וּרְב֑וּ
שִׁרְצ֥וּ בָאָ֖רֶץ וּרְבוּ־בָֽהּ׃ ס

> וַיְבָ֫רֶךְ ברך pi פְּרוּ / פְּר֣וּ פרה q וּרְבוּ / וּרְב֑וּ / וּרְבוּ־ רבה q
> וּמִלְאוּ מלא q יֶהְיֶה / יִהְיֶה היה q תִּרְמֹשׂ רמשׂ q נִתָּנוּ נתן ni
> נָתַתִּי נתן q תֹאכֵלוּ אכל q אֶדְרֹ֔שׁ / אֶדְרֹ֖שׁ דרשׁ q אֶדְרְשֶׁנּוּ דרשׁ q
> שֹׁפֵךְ֙ שׁפך q יִשָּׁפֵךְ שׁפך ni עָשָׂה עשׂה q שִׁרְצוּ שׁרץ q
>
> נֹחַ נֹחַ PN בָּנָיו בֵּן וּמוֹרַאֲכֶם מוֹרָא וְחִתְּכֶם֙ חַת בְּיֶדְכֶם יָד
> בְּנַפְשׁוֹ נֶפֶשׁ דִּמְכֶם דָּם לְנַפְשֹׁתֵיכֶם֙ נֶפֶשׁ

ח וַיֹּ֤אמֶר אֱלֹהִים֙ אֶל־נֹ֔חַ
וְאֶל־בָּנָ֥יו אִתּ֖וֹ לֵאמֹֽר׃

ט וַאֲנִ֕י
הִנְנִ֥י מֵקִ֛ים אֶת־בְּרִיתִ֖י אִתְּכֶ֑ם
וְאֶֽת־זַרְעֲכֶ֖ם אַחֲרֵיכֶֽם׃

י וְאֵ֨ת כָּל־נֶ֤פֶשׁ הַֽחַיָּה֙ אֲשֶׁ֣ר אִתְּכֶ֔ם
בָּע֧וֹף בַּבְּהֵמָ֛ה וּֽבְכָל־חַיַּ֥ת הָאָ֖רֶץ אִתְּכֶ֑ם
מִכֹּל֙ יֹצְאֵ֣י הַתֵּבָ֔ה
לְכֹ֖ל חַיַּ֥ת הָאָֽרֶץ׃
יא וַהֲקִמֹתִ֤י אֶת־בְּרִיתִי֙ אִתְּכֶ֔ם
וְלֹֽא־יִכָּרֵ֧ת כָּל־בָּשָׂ֛ר ע֖וֹד מִמֵּ֣י הַמַּבּ֑וּל
וְלֹֽא־יִהְיֶ֥ה ע֛וֹד מַבּ֖וּל לְשַׁחֵ֥ת הָאָֽרֶץ׃

◃ לֵאמֹר אמר q מֵקִים קום hi יֹצְאֵי יצא q וַהֲקִמֹתִי קום hi
יִכָּרֵת כרת ni יִהְיֶה היה q לְשַׁחֵת שחת pi

◃ נֹחַ נֹחַ PN בָּנָיו בֵּן מִמֵּי מַיִם

יב וַיֹּ֣אמֶר אֱלֹהִ֗ים זֹ֤את אֽוֹת־הַבְּרִית֙ אֲשֶׁר־אֲנִ֣י נֹתֵ֗ן
בֵּינִי֙ וּבֵ֣ינֵיכֶ֔ם
וּבֵ֛ין כָּל־נֶ֥פֶשׁ חַיָּ֖ה אֲשֶׁ֣ר אִתְּכֶ֑ם
לְדֹרֹ֖ת עוֹלָֽם׃
יג אֶת־קַשְׁתִּ֕י
נָתַ֖תִּי בֶּעָנָ֑ן
וְהָֽיְתָה֙ לְא֣וֹת בְּרִ֔ית
בֵּינִ֖י וּבֵ֥ין הָאָֽרֶץ׃
יד וְהָיָ֕ה
בְּעַֽנְנִ֥י עָנָ֖ן עַל־הָאָ֑רֶץ
וְנִרְאֲתָ֥ה הַקֶּ֖שֶׁת בֶּעָנָֽן׃

טו וְזָכַרְתִּ֣י אֶת־בְּרִיתִ֗י אֲשֶׁ֤ר בֵּינִי֙ וּבֵ֣ינֵיכֶ֔ם
וּבֵ֛ין כָּל־נֶ֥פֶשׁ חַיָּ֖ה בְּכָל־בָּשָׂ֑ר
וְלֹֽא־יִהְיֶ֨ה ע֤וֹד הַמַּ֙יִם֙ לְמַבּ֔וּל
לְשַׁחֵ֖ת כָּל־בָּשָֽׂר׃

טז וְהָיְתָ֥ה הַקֶּ֖שֶׁת בֶּעָנָ֑ן
וּרְאִיתִ֗יהָ לִזְכֹּר֙ בְּרִ֣ית עוֹלָ֔ם
בֵּ֚ין אֱלֹהִ֔ים
וּבֵין֙ כָּל־נֶ֣פֶשׁ חַיָּ֔ה
בְּכָל־בָּשָׂ֖ר אֲשֶׁ֥ר עַל־הָאָֽרֶץ׃

◃ נֹתֵ֫ן נתן q נָתַ֫תִּי נתן q וְהָיְתָה֙/וְהָיְתָ֥ה היה q
וְהָיָ֫ה היה q בְּעַנְנִ֫י ענן pi וְנִרְאֲתָ֫ה ראה ni
וְזָכַרְתִּ֫י זכר q יִהְיֶ֫ה היה q לְשַׁחֵ֫ת שחת pi
וּרְאִיתִ֫יהָ ראה q לִזְכֹּר֙ זכר q

◃ בֵּינִי֙/בֵּינִ֫י בֵּין וּבֵינֵיכֶ֫ם בֵּין
לְדֹרֹ֫ת דּוֹר קַשְׁתִּ֫י קֶ֫שֶׁת

יז וַיֹּ֥אמֶר אֱלֹהִ֖ים אֶל־נֹ֑חַ
זֹ֤את אֽוֹת־הַבְּרִית֙ אֲשֶׁ֣ר הֲקִמֹ֔תִי
בֵּינִ֕י
וּבֵ֥ין כָּל־בָּשָׂ֖ר אֲשֶׁ֥ר עַל־הָאָֽרֶץ׃ פ

◃ הֲקִמֹ֫תִי קוּם hi

◃ נֹ֫חַ נֹחַ PN בֵּינִ֫י בֵּין

1.8

The Tower of Babel

GENESIS 11:1–9	בראשית יא:א–ט

the Babel builders, YHWH

א וַיְהִ֥י כָל־הָאָ֖רֶץ שָׂפָ֣ה אֶחָ֑ת
וּדְבָרִ֖ים אֲחָדִֽים׃

◃ וַיְהִי היה q

ב וַיְהִ֖י בְּנָסְעָ֣ם מִקֶּ֑דֶם
וַֽיִּמְצְא֥וּ בִקְעָ֛ה בְּאֶ֥רֶץ שִׁנְעָ֖ר וַיֵּ֥שְׁבוּ שָֽׁם׃
ג וַיֹּאמְר֞וּ אִ֣ישׁ אֶל־רֵעֵ֗הוּ הָ֚בָה נִלְבְּנָ֣ה לְבֵנִ֔ים
וְנִשְׂרְפָ֖ה לִשְׂרֵפָ֑ה
וַתְּהִ֨י לָהֶ֤ם הַלְּבֵנָה֙ לְאָ֔בֶן
וְהַ֣חֵמָ֔ר
הָיָ֥ה לָהֶ֖ם לַחֹֽמֶר׃

ד וַיֹּאמְר֞וּ הָ֣בָה ׀ נִבְנֶה־לָּ֣נוּ עִ֗יר
וּמִגְדָּל֙ וְרֹאשׁ֣וֹ בַשָּׁמַ֔יִם
וְנַֽעֲשֶׂה־לָּ֖נוּ שֵׁ֑ם
פֶּן־נָפ֖וּץ עַל־פְּנֵ֥י כָל־הָאָֽרֶץ׃

◃ וַיְהִ֥י היה q בְּנָסְעָ֣ם נסע q וַֽיִּמְצְא֧וּ מצא q וַיֵּ֥שְׁבוּ ישב q
וַיֹּאמְר֞וּ אמר q הָ֚בָה יהב q נִלְבְּנָ֣ה לבן q וְנִשְׂרְפָ֖ה שׂרף q
וַתְּהִ֨י היה q הָיָ֤ה היה q הָ֣בָה ׀ יהב q נִבְנֶה־ בנה q
וְנַֽעֲשֶׂה־ עשׂה q נָפ֖וּץ פוץ q

◃ שִׁנְעָ֖ר שִׁנְעָר GN רֵעֵ֔הוּ רֵעַ לְאָ֔בֶן אֶ֫בֶן

ה וַיֵּ֣רֶד יְהוָ֔ה
לִרְאֹ֥ת אֶת־הָעִ֖יר וְאֶת־הַמִּגְדָּ֑ל
אֲשֶׁ֥ר בָּנ֖וּ בְּנֵ֥י הָאָדָֽם׃

ו וַיֹּ֣אמֶר יְהוָ֗ה הֵ֣ן עַ֤ם אֶחָד֙ וְשָׂפָ֤ה אַחַת֙ לְכֻלָּ֔ם
וְזֶ֖ה הַחִלָּ֣ם לַעֲשׂ֑וֹת
וְעַתָּה֙ לֹֽא־יִבָּצֵ֣ר מֵהֶ֔ם
כֹּ֛ל אֲשֶׁ֥ר יָזְמ֖וּ לַעֲשֽׂוֹת׃

ז הָ֚בָה נֵֽרְדָ֔ה
וְנָבְלָ֥ה שָׁ֖ם שְׂפָתָ֑ם
אֲשֶׁר֙ לֹ֣א יִשְׁמְע֔וּ
אִ֖ישׁ שְׂפַ֥ת רֵעֵֽהוּ׃

◁ וַיֵּ֣רֶד ירד q לִרְאֹ֣ת ראה q בָּנ֖וּ בנה q הַחִלָּ֣ם חלל hi
לַעֲשׂ֑וֹת / לַעֲשׂ֖וֹת עשׂה q יִבָּצֵ֣ר בצר ni יָזְמ֖וּ זמם q
הָ֚בָה יהב q נֵֽרְדָ֔ה ירד q וְנָבְלָ֥ה בלל q יִשְׁמְע֔וּ שׁמע q

◁ בְּנֵ֣י בֵּן

ח וַיָּ֨פֶץ יְהוָ֥ה אֹתָ֛ם מִשָּׁ֖ם עַל־פְּנֵ֣י כָל־הָאָ֑רֶץ
וַֽיַּחְדְּל֖וּ לִבְנֹ֥ת הָעִֽיר׃
ט עַל־כֵּ֞ן קָרָ֤א שְׁמָהּ֙ בָּבֶ֔ל
כִּי־שָׁ֛ם בָּלַ֥ל יְהוָ֖ה שְׂפַ֣ת כָּל־הָאָ֑רֶץ
וּמִשָּׁם֙ הֱפִיצָ֣ם יְהוָ֔ה
עַל־פְּנֵ֖י כָּל־הָאָֽרֶץ׃ פ

◁ וַיָּ֨פֶץ פוץ hi וַֽיַּחְדְּל֖וּ חדל q לִבְנֹ֥ת בנה q
קָרָ֤א קרא q בָּלַ֥ל בלל q הֱפִיצָ֣ם פוץ hi

◁ בָּבֶ֔ל בָּבֶל GN

The Ancestors in Canaan

2.1

God's Covenant with Abram

GENESIS 15:1–21 | **בראשית טו:א–כא**

YHWH, Abram

א אַחַ֣ר ׀ הַדְּבָרִ֣ים הָאֵ֗לֶּה הָיָ֤ה דְבַר־יְהוָה֙ אֶל־אַבְרָ֔ם
בַּֽמַּחֲזֶ֖ה לֵאמֹ֑ר
אַל־תִּירָ֣א אַבְרָ֗ם אָנֹכִי֙ מָגֵ֣ן לָ֔ךְ
שְׂכָרְךָ֖ הַרְבֵּ֥ה מְאֹֽד׃

◃ הָיָ֤ה היה q לֵאמֹ֑ר אמר q
תִּירָ֣א ירא q הַרְבֵּ֥ה רבה hi

◃ אַבְרָ֔ם / אַבְרָ֗ם אַבְרָם PN
שְׂכָרְךָ֖ שָׂכָר

ב וַיֹּ֣אמֶר אַבְרָ֗ם אֲדֹנָ֤י יֱהוִה֙ מַה־תִּתֶּן־לִ֔י
וְאָנֹכִ֖י הוֹלֵ֣ךְ עֲרִירִ֑י
וּבֶן־מֶ֣שֶׁק בֵּיתִ֔י
ה֖וּא דַּמֶּ֥שֶׂק אֱלִיעֶֽזֶר׃

ג וַיֹּ֣אמֶר אַבְרָ֔ם
הֵ֣ן לִ֔י
לֹ֥א נָתַ֖תָּה זָ֑רַע
וְהִנֵּ֥ה בֶן־בֵּיתִ֖י יוֹרֵ֥שׁ אֹתִֽי׃
ד וְהִנֵּ֨ה דְבַר־יְהוָ֤ה אֵלָיו֙ לֵאמֹ֔ר
לֹ֥א יִירָשְׁךָ֖ זֶ֑ה
כִּי־אִם֙ אֲשֶׁ֣ר יֵצֵ֣א מִמֵּעֶ֔יךָ
ה֖וּא יִירָשֶֽׁךָ׃

◁ תִּתֶּן־ נתן q הוֹלֵךְ הלך q נָתַתָּה נתן q יוֹרֵשׁ ירשׁ q
לֵאמֹר אמר q יִירָשְׁךָ ירשׁ q יֵצֵא יצא q יִירָשֶׁךָ ירשׁ q

◁ אַבְרָם / אַבְרָם אַבְרָם PN דַּמֶּשֶׂק דַּמֶּשֶׂק GN
אֱלִיעֶזֶר אֱלִיעֶזֶר PN מִמֵּעֶיךָ מֵעֶה

ה וַיּוֹצֵ֨א אֹת֜וֹ הַח֗וּצָה וַיֹּ֙אמֶר֙ הַבֶּט־נָ֣א הַשָּׁמַ֔יְמָה וּסְפֹר֙ הַכּ֣וֹכָבִ֔ים
אִם־תּוּכַ֖ל לִסְפֹּ֣ר אֹתָ֑ם
וַיֹּ֣אמֶר ל֔וֹ
כֹּ֥ה יִהְיֶ֖ה זַרְעֶֽךָ׃
ו וְהֶאֱמִ֖ן בַּֽיהוָ֑ה
וַיַּחְשְׁבֶ֥הָ לּ֖וֹ צְדָקָֽה׃

◁ וַיּוֹצֵא יצא hi הַבֶּט־ נבט hi וּסְפֹר ספר q תּוּכַל יכל q
לִסְפֹּר ספר q יִהְיֶה היה q וְהֶאֱמִן אמן hi וַיַּחְשְׁבֶהָ חשׁב q

ז וַיֹּ֖אמֶר אֵלָ֑יו

אֲנִ֣י יְהוָ֗ה אֲשֶׁ֤ר הוֹצֵאתִ֙יךָ֙ מֵא֣וּר כַּשְׂדִּ֔ים

לָ֧תֶת לְךָ֛ אֶת־הָאָ֥רֶץ הַזֹּ֖את לְרִשְׁתָּֽהּ:

ח וַיֹּאמַ֑ר

אֲדֹנָ֣י יֱהוִ֔ה

בַּמָּ֥ה אֵדַ֖ע כִּ֥י אִירָשֶֽׁנָּה:

ט וַיֹּ֣אמֶר אֵלָ֗יו קְחָ֥ה לִי֙ עֶגְלָ֣ה מְשֻׁלֶּ֔שֶׁת

וְעֵ֥ז מְשֻׁלֶּ֖שֶׁת וְאַ֣יִל מְשֻׁלָּ֑שׁ

וְתֹ֖ר וְגוֹזָֽל:

▹ הוֹצֵאתִ֙יךָ֙ יצא hi לָ֧תֶת נתן q לְרִשְׁתָּֽהּ ירשׁ q
וַיֹּאמַ֑ר אמר q אֵדַ֖ע ידע q אִירָשֶֽׁנָּה ירשׁ q קְחָ֥ה לקח q
מְשֻׁלֶּ֔שֶׁת / מְשֻׁלֶּ֖שֶׁת שׁלשׁ pu מְשֻׁלָּ֑שׁ שׁלשׁ pu

▹ מֵא֣וּר כַּשְׂדִּ֔ים אוּר כַּשְׂדִּים GN

י וַיִּֽקַּֽח־ל֣וֹ אֶת־כָּל־אֵ֗לֶּה וַיְבַתֵּ֤ר אֹתָם֙ בַּתָּ֔וֶךְ

וַיִּתֵּ֥ן אִישׁ־בִּתְר֖וֹ לִקְרַ֣את רֵעֵ֑הוּ

וְאֶת־הַצִּפֹּ֖ר לֹ֥א בָתָֽר:

יא וַיֵּ֥רֶד הָעַ֖יִט עַל־הַפְּגָרִ֑ים

וַיַּשֵּׁ֥ב אֹתָ֖ם אַבְרָֽם:

יב וַיְהִ֤י הַשֶּׁ֙מֶשׁ֙ לָב֔וֹא

וְתַרְדֵּמָ֖ה נָפְלָ֣ה עַל־אַבְרָ֑ם

וְהִנֵּ֥ה אֵימָ֛ה חֲשֵׁכָ֥ה גְדֹלָ֖ה נֹפֶ֥לֶת עָלָֽיו:

◁ וַיִּקַּח־ לקח q וַיְבַתֵּר בתר pi וַיִּתֵּן נתן q
לִקְרַאת קרא q בָּתָר בתר q וַיֵּרֶד ירד q
וַיַּשֵּׁב נשׁב hi וַיְהִי היה q לָבוֹא בוא q
נָפְלָה נפל q נֹפֶלֶת נפל q

◁ בִּתְרוֹ בֶּתֶר רֵעֵהוּ רֵעַ
אַבְרָם / אַבְרָם אַבְרָם PN

יג וַיֹּאמֶר לְאַבְרָם יָדֹעַ תֵּדַע כִּי־גֵר ׀ יִהְיֶה זַרְעֲךָ
בְּאֶרֶץ לֹא לָהֶם
וַעֲבָדוּם וְעִנּוּ אֹתָם
אַרְבַּע מֵאוֹת שָׁנָה׃
יד וְגַם אֶת־הַגּוֹי אֲשֶׁר יַעֲבֹדוּ דָּן אָנֹכִי
וְאַחֲרֵי־כֵן יֵצְאוּ בִּרְכֻשׁ גָּדוֹל׃
טו וְאַתָּה תָּבוֹא אֶל־אֲבֹתֶיךָ בְּשָׁלוֹם
תִּקָּבֵר בְּשֵׂיבָה טוֹבָה׃
טז וְדוֹר רְבִיעִי יָשׁוּבוּ הֵנָּה
כִּי לֹא־שָׁלֵם עֲוֺן הָאֱמֹרִי עַד־הֵנָּה׃

◁ יָדֹעַ ידע q תֵּדַע ידע q יִהְיֶה היה q
וַעֲבָדוּם עבד q וְעִנּוּ ענה pi יַעֲבֹדוּ עבד q
דָּן דין q יֵצְאוּ יצא q תָּבוֹא בוא q
תִּקָּבֵר קבר ni יָשׁוּבוּ שׁוב q

◁ לְאַבְרָם אַבְרָם PN בִּרְכֻשׁ רְכוּשׁ
אֲבֹתֶיךָ אָב הָאֱמֹרִי אֱמֹרִי GENT

יז וַיְהִ֤י הַשֶּׁ֙מֶשׁ֙ בָּ֔אָה
וַעֲלָטָ֖ה הָיָ֑ה
וְהִנֵּ֨ה תַנּ֤וּר עָשָׁן֙ וְלַפִּ֣יד אֵ֔שׁ
אֲשֶׁ֣ר עָבַ֔ר
בֵּ֖ין הַגְּזָרִ֥ים הָאֵֽלֶּה׃

יח בַּיּ֣וֹם הַה֗וּא כָּרַ֧ת יְהוָ֛ה אֶת־אַבְרָ֖ם בְּרִ֣ית לֵאמֹ֑ר
לְזַרְעֲךָ֗ נָתַ֙תִּי֙ אֶת־הָאָ֣רֶץ הַזֹּ֔את
מִנְּהַ֣ר מִצְרַ֔יִם
עַד־הַנָּהָ֥ר הַגָּדֹ֖ל נְהַר־פְּרָֽת׃

יט אֶת־הַקֵּינִי֙ וְאֶת־הַקְּנִזִּ֔י
וְאֵ֖ת הַקַּדְמֹנִֽי׃

כ וְאֶת־הַחִתִּ֥י וְאֶת־הַפְּרִזִּ֖י וְאֶת־הָרְפָאִֽים׃

כא וְאֶת־הָֽאֱמֹרִי֙ וְאֶת־הַֽכְּנַעֲנִ֔י
וְאֶת־הַגִּרְגָּשִׁ֖י וְאֶת־הַיְבוּסִֽי׃ ס

◃ וַיְהִ֤י היה q בָּ֔אָה בוא q הָיָ֑ה היה q עָבַ֔ר עבר q
כָּרַ֧ת כרת q לֵאמֹ֑ר אמר q נָתַ֙תִּי֙ נתן q

◃ אַבְרָ֖ם אַבְרָם PN פְּרָֽת פְּרָת GN הַקֵּינִי֙ קֵינִי GENT
הַקְּנִזִּ֔י קְנִזִּי GENT הַקַּדְמֹנִֽי קַדְמֹנִי GENT הַחִתִּ֥י חִתִּי GENT
הַפְּרִזִּ֖י פְּרִזִּי GENT הָרְפָאִֽים רְפָאִים GENT הָֽאֱמֹרִי֙ אֱמֹרִי GENT
הַֽכְּנַעֲנִ֔י כְּנַעֲנִי GENT הַגִּרְגָּשִׁ֖י גִּרְגָּשִׁי GENT הַיְבוּסִֽי יְבוּסִי GENT

<u>2.2</u>

Sarah, Hagar, and the Birth of Ishmael

GENESIS 16:1–16	בראשית טז:א-טז

Sarai, **Hagar**, **Abram**, **an angel of YHWH**, Ishmael

א וְשָׂרַי֙ אֵ֣שֶׁת אַבְרָ֔ם
לֹ֥א יָלְדָ֖ה ל֑וֹ
וְלָ֛הּ שִׁפְחָ֥ה מִצְרִ֖ית וּשְׁמָ֥הּ הָגָֽר:

ב וַתֹּ֨אמֶר שָׂרַ֜י אֶל־אַבְרָ֗ם
הִנֵּה־נָ֞א עֲצָרַ֤נִי יְהוָה֙ מִלֶּ֔דֶת
בֹּא־נָא֙ אֶל־שִׁפְחָתִ֔י
אוּלַ֥י אִבָּנֶ֖ה מִמֶּ֑נָּה
וַיִּשְׁמַ֥ע אַבְרָ֖ם לְק֥וֹל שָׂרָֽי:

ג וַתִּקַּ֞ח שָׂרַ֣י אֵֽשֶׁת־אַבְרָ֗ם
אֶת־הָגָ֤ר הַמִּצְרִית֙ שִׁפְחָתָ֔הּ
מִקֵּץ֙ עֶ֣שֶׂר שָׁנִ֔ים
לְשֶׁ֥בֶת אַבְרָ֖ם בְּאֶ֣רֶץ כְּנָ֑עַן
וַתִּתֵּ֥ן אֹתָ֛הּ לְאַבְרָ֥ם אִישָׁ֖הּ ל֥וֹ לְאִשָּֽׁה:

ד וַיָּבֹ֥א אֶל־הָגָ֖ר וַתַּ֑הַר
וַתֵּ֙רֶא֙ כִּ֣י הָרָ֔תָה
וַתֵּקַ֥ל גְּבִרְתָּ֖הּ בְּעֵינֶֽיהָ׃

▹ יָלְדָה ילד q וַתֹּאמֶר אמר q עֲצָרַנִי עצר q
מִלֶּדֶת ילד q בֹּא־ בוא q אִבָּנֶה בנה ni
וַיִּשְׁמַע שמע q וַתִּקַּח לקח q לְשֶׁבֶת ישב q
וַתִּתֵּן נתן q וַיָּבֹא בוא q וַתַּהַר הרה q
וַתֵּרֶא ראה q הָרָתָה הרה q וַתֵּקַל קלל q

▹ וְשָׂרַי שָׂרַי PN אַבְרָם / אַבְרָם / אַבְרָם אַבְרָם PN
מִצְרִית מִצְרִי GENT הָגָר / הָגָר / הָגָר הָגָר PN
שָׂרַי / שָׂרַי שָׂרַי PN מִמֶּנָּה מִן שָׂרַי שָׂרַי PN
הַמִּצְרִית מִצְרִי GENT כְּנָעַן כְּנַעַן GN לְאַבְרָם אַבְרָם PN
אִשָּׁה אִישׁ גְּבִרְתָּהּ גְּבִירָה בְּעֵינֶיהָ עַיִן

ה וַתֹּ֨אמֶר שָׂרַ֣י אֶל־אַבְרָם֮ חֲמָסִ֣י עָלֶ֒יךָ֒
אָנֹכִ֗י נָתַ֤תִּי שִׁפְחָתִי֙ בְּחֵיקֶ֔ךָ
וַתֵּ֙רֶא֙ כִּ֣י הָרָ֔תָה
וָאֵקַ֖ל בְּעֵינֶ֑יהָ
יִשְׁפֹּ֥ט יְהוָ֖ה בֵּינִ֥י וּבֵינֶֽיךָ׃
ו וַיֹּ֨אמֶר אַבְרָ֜ם אֶל־שָׂרַ֗י הִנֵּ֤ה שִׁפְחָתֵךְ֙ בְּיָדֵ֔ךְ
עֲשִׂי־לָ֖הּ הַטּ֣וֹב בְּעֵינָ֑יִךְ
וַתְּעַנֶּ֣הָ שָׂרַ֔י
וַתִּבְרַ֖ח מִפָּנֶֽיהָ׃

◁ וַתֹּ֫אמֶר אמר q נָתַ֫תִּי נתן q וַתֵּ֫רֶא ראה q הָרָ֫תָה הרה q וָאֵקַל קלל q
יִשְׁפֹּט שׁפט q עֲשִׂי־ עשׂה q וַתְּעַנֶּ֫הָ ענה pi וַתִּבְרַח ברח q

◁ שָׂרַי / שָׂרָ֫י / שָׂרָ֫י שָׂרַי PN אַבְרָם / אַבְרָ֫ם אַבְרָם PN חֲמָסִי חָמָס
בְּחֵיקֶ֫ךָ חֵיק בְּעֵינֶ֫יהָ עַ֫יִן בֵּינִי בַּ֫יִן וּבֵינֶ֫יךָ בַּ֫יִן בְּעֵינַ֫יִךְ עַ֫יִן מִפָּנֶ֫יהָ פָּנֶה

ז וַֽיִּמְצָאָ֞הּ מַלְאַ֧ךְ יְהוָ֛ה עַל־עֵ֥ין הַמַּ֖יִם בַּמִּדְבָּ֑ר
עַל־הָעַ֖יִן בְּדֶ֥רֶךְ שֽׁוּר׃

ח וַיֹּאמַ֗ר הָגָ֞ר שִׁפְחַ֥ת שָׂרַ֛י אֵֽי־מִזֶּ֥ה בָ֖את
וְאָ֣נָה תֵלֵ֑כִי
וַתֹּ֕אמֶר
מִפְּנֵי֙ שָׂרַ֣י גְּבִרְתִּ֔י
אָנֹכִ֖י בֹּרַֽחַת׃

ט וַיֹּ֤אמֶר לָהּ֙ מַלְאַ֣ךְ יְהוָ֔ה
שׁ֖וּבִי אֶל־גְּבִרְתֵּ֑ךְ
וְהִתְעַנִּ֖י תַּ֥חַת יָדֶֽיהָ׃

י וַיֹּ֤אמֶר לָהּ֙ מַלְאַ֣ךְ יְהוָ֔ה
הַרְבָּ֥ה אַרְבֶּ֖ה אֶת־זַרְעֵ֑ךְ
וְלֹ֥א יִסָּפֵ֖ר מֵרֹֽב׃

◁ וַֽיִּמְצָאָ֞הּ מצא q וַיֹּאמַ֗ר אמר q בָ֖את בוא q תֵלֵ֑כִי הלך q
וַתֹּ֕אמֶר אמר q בֹּרַֽחַת ברח q שׁ֖וּבִי שׁוב q וְהִתְעַנִּ֖י ענה hith
הַרְבָּ֥ה רבה hi אַרְבֶּ֖ה רבה hi יִסָּפֵ֖ר ספר ni

◁ שֽׁוּר שׁוּר GN הָגָ֞ר הָגָר PN שָׂרַ֛י / שָׂרַ֣י שָׂרַי PN
גְּבִרְתִּ֔י גְּבִירָה גְּבִרְתֵּ֑ךְ גְּבִירָה

יא וַיֹּ֤אמֶר לָהּ֙ מַלְאַ֣ךְ יְהוָ֔ה
הִנָּ֥ךְ הָרָ֖ה וְיֹלַ֣דְתְּ בֵּ֑ן
וְקָרָ֤את שְׁמוֹ֙ יִשְׁמָעֵ֔אל
כִּֽי־שָׁמַ֥ע יְהוָ֖ה אֶל־עָנְיֵֽךְ׃
יב וְה֤וּא יִהְיֶה֙ פֶּ֣רֶא אָדָ֔ם
יָד֣וֹ בַכֹּ֔ל
וְיַ֥ד כֹּ֖ל בּ֑וֹ
וְעַל־פְּנֵ֥י כָל־אֶחָ֖יו יִשְׁכֹּֽן׃

◃ וְיֹלַדְתְּ ילד q וְקָרָאת קרא q שָׁמַע שמע q יִהְיֶה היה q יִשְׁכֹּן שכן q
◃ הִנָּךְ הִנֵּה יִשְׁמָעֵאל יִשְׁמָעֵאל PN עָנְיֵךְ עֳנִי אֶחָיו אָח

יג וַתִּקְרָ֤א שֵׁם־יְהוָה֙ הַדֹּבֵ֣ר אֵלֶ֔יהָ
אַתָּ֖ה אֵ֣ל רֳאִ֑י
כִּ֣י אָֽמְרָ֗ה הֲגַ֥ם הֲלֹ֛ם רָאִ֖יתִי אַחֲרֵ֥י רֹאִֽי׃
יד עַל־כֵּן֙ קָרָ֣א לַבְּאֵ֔ר
בְּאֵ֥ר לַחַ֖י רֹאִ֑י
הִנֵּ֥ה בֵין־קָדֵ֖שׁ וּבֵ֥ין בָּֽרֶד׃

◃ וַתִּקְרָא קרא q הַדֹּבֵר דבר q אָמְרָה אמר q
רָאִיתִי ראה q רֹאִי ראה q קָרָא קרא q
◃ אֵל אֵל רֳאִי רֳאִי לַבְּאֵר בְּאֵר בְּאֵר לַחַי רֹאִי בְּאֵר לַחַי רֹאִי GN
קָדֵשׁ קָדֵשׁ GN בָּרֶד בֶּרֶד GN

טו וַתֵּ֧לֶד הָגָ֛ר לְאַבְרָ֖ם בֵּ֑ן
וַיִּקְרָ֨א אַבְרָ֧ם שֶׁם־בְּנ֛וֹ אֲשֶׁר־יָלְדָ֥ה הָגָ֖ר
יִשְׁמָעֵֽאל׃

טז וְאַבְרָ֕ם
בֶּן־שְׁמֹנִ֥ים שָׁנָ֖ה וְשֵׁ֣שׁ שָׁנִ֑ים
בְּלֶֽדֶת־הָגָ֥ר אֶת־יִשְׁמָעֵ֖אל לְאַבְרָֽם׃ ס

◁ וַתֵּ֧לֶד ילד q וַיִּקְרָ֨א קרא q
יָלְדָ֥ה ילד q בְּלֶֽדֶת־ ילד q

◁ הָגָ֛ר / הָגָ֖ר / הָגָ֥ר הָגָר PN
לְאַבְרָ֖ם / לְאַבְרָֽם אַבְרָם PN
אַבְרָ֧ם אַבְרָם PN
יִשְׁמָעֵֽאל / יִשְׁמָעֵ֖אל יִשְׁמָעֵאל PN
וְאַבְרָ֕ם אַבְרָם PN

2.3

Isaac's Birth Foretold

GENESIS 18:1–15 | בראשית יח:א–טו

YHWH, Abraham, three men, Sarah

א וַיֵּרָ֤א אֵלָיו֙ יְהוָ֔ה
בְּאֵלֹנֵ֖י מַמְרֵ֑א
וְה֛וּא יֹשֵׁ֥ב פֶּֽתַח־הָאֹ֖הֶל כְּחֹ֥ם הַיּֽוֹם:

◁ וַיֵּרָ֤א ראה ni יֹשֵׁ֥ב ישב q

◁ מַמְרֵ֑א מַמְרֵא GN

ב וַיִּשָּׂ֤א עֵינָיו֙ וַיַּ֔רְא
וְהִנֵּה֙ שְׁלֹשָׁ֣ה אֲנָשִׁ֔ים
נִצָּבִ֖ים עָלָ֑יו
וַיַּ֗רְא וַיָּ֤רָץ לִקְרָאתָם֙ מִפֶּ֣תַח הָאֹ֔הֶל
וַיִּשְׁתַּ֖חוּ אָֽרְצָה:

ג   וַיֹּאמַ֗ר

אֲדֹנָ֗י אִם־נָ֨א מָצָ֤אתִי חֵן֙ בְּעֵינֶ֔יךָ

אַל־נָ֥א תַעֲבֹ֖ר מֵעַ֥ל עַבְדֶּֽךָ׃

ד   יֻקַּֽח־נָ֣א מְעַט־מַ֔יִם

וְרַחֲצ֖וּ רַגְלֵיכֶ֑ם

וְהִֽשָּׁעֲנ֖וּ תַּ֥חַת הָעֵֽץ׃

ה   וְאֶקְחָ֨ה פַת־לֶ֜חֶם וְסַעֲד֤וּ לִבְּכֶם֙ אַחַ֣ר תַּעֲבֹ֔רוּ

כִּֽי־עַל־כֵּ֥ן עֲבַרְתֶּ֖ם עַֽל־עַבְדְּכֶ֑ם

וַיֹּ֣אמְר֔וּ

כֵּ֥ן תַּעֲשֶׂ֖ה כַּאֲשֶׁ֥ר דִּבַּֽרְתָּ׃

◁ וַיִּשָּׂא נשא q וַיַּ֣רְא/וַיַּרְא ראה q נִצָּבִים נצב ni וַיָּ֖רָץ רוץ q
לִקְרָאתָם֙ קרא q וַיִּשְׁתַּ֥חוּ חוה hišt וַיֹּאמַ֗ר אמר q מָצָ֤אתִי מצא q
תַעֲבֹר עבר q יֻקַּֽח־ לקח pu וְרַחֲצ֖וּ רחץ q וְהִֽשָּׁעֲנ֖וּ שען ni
וְאֶקְחָ֨ה לקח q וְסַעֲד֤וּ סעד q תַּעֲבֹ֔רוּ עבר q עֲבַרְתֶּ֖ם עבר q
וַיֹּ֣אמְר֔וּ אמר q תַּעֲשֶׂ֖ה עשה q דִּבַּֽרְתָּ דבר pi

◁ בְּעֵינֶ֔יךָ עַ֫יִן רַגְלֵיכֶ֑ם רֶ֫גֶל

ו   וַיְמַהֵ֧ר אַבְרָהָ֛ם הָאֹ֖הֱלָה אֶל־שָׂרָ֑ה

וַיֹּ֕אמֶר מַהֲרִ֗י שְׁלֹ֤שׁ סְאִים֙ קֶ֣מַח סֹ֔לֶת

ל֖וּשִׁי וַעֲשִׂ֥י עֻגֽוֹת׃

◁ וַיְמַהֵ֧ר מהר pi מַהֲרִ֗י מהר pi ל֖וּשִׁי לוש q וַעֲשִׂ֥י עשה q

◁ אַבְרָהָ֛ם אַבְרָהָ֛ם PN שָׂרָ֑ה שָׂרָה PN סְאִים֙ סְאָה

ז וְאֶל־הַבָּקָ֖ר רָ֣ץ אַבְרָהָ֑ם
וַיִּקַּ֨ח בֶּן־בָּקָ֜ר רַ֤ךְ וָטוֹב֙ וַיִּתֵּ֣ן אֶל־הַנַּ֔עַר
וַיְמַהֵ֖ר לַעֲשׂ֥וֹת אֹתֽוֹ׃

ח וַיִּקַּ֨ח חֶמְאָ֜ה וְחָלָ֗ב וּבֶן־הַבָּקָר֙ אֲשֶׁ֣ר עָשָׂ֔ה
וַיִּתֵּ֖ן לִפְנֵיהֶ֑ם
וְהֽוּא־עֹמֵ֧ד עֲלֵיהֶ֛ם תַּ֥חַת הָעֵ֖ץ וַיֹּאכֵֽלוּ׃

◃ רָ֣ץ רוץ q וַיִּקַּ֨ח לקח q וַיִּתֵּ֣ן/וַיִּתֵּ֖ן נתן q
וַיְמַהֵ֖ר מהר pi לַעֲשׂ֥וֹת עשׂה q עָשָׂ֔ה עשׂה q
עֹמֵ֧ד עמד q וַיֹּאכֵֽלוּ אכל q

◃ אַבְרָהָ֑ם אַבְרָהָם PN

ט וַיֹּאמְר֣וּ אֵלָ֔יו
אַיֵּ֖ה שָׂרָ֣ה אִשְׁתֶּ֑ךָ
וַיֹּ֖אמֶר הִנֵּ֥ה בָאֹֽהֶל׃

י וַיֹּ֗אמֶר שׁ֣וֹב אָשׁ֤וּב אֵלֶ֙יךָ֙ כָּעֵ֣ת חַיָּ֔ה
וְהִנֵּה־בֵ֖ן לְשָׂרָ֣ה אִשְׁתֶּ֑ךָ
וְשָׂרָ֥ה שֹׁמַ֛עַת פֶּ֥תַח הָאֹ֖הֶל וְה֥וּא אַחֲרָֽיו׃

◃ וַיֹּאמְר֣וּ אמר q שׁ֣וֹב שׁוב q
אָשׁ֤וּב שׁוב q שֹׁמַ֛עַת שׁמע q

◃ שָׂרָ֣ה שָׂרָה PN אִשְׁתֶּ֑ךָ אִשָּׁה
לְשָׂרָ֣ה שָׂרָה PN וְשָׂרָ֥ה שָׂרָה PN

יא וְאַבְרָהָ֤ם וְשָׂרָה֙ זְקֵנִ֔ים
בָּאִ֖ים בַּיָּמִ֑ים
חָדַל֙ לִהְי֣וֹת לְשָׂרָ֔ה
אֹ֖רַח כַּנָּשִֽׁים׃
יב וַתִּצְחַ֥ק שָׂרָ֖ה בְּקִרְבָּ֣הּ לֵאמֹ֑ר
אַחֲרֵ֤י בְלֹתִי֙ הָֽיְתָה־לִּ֣י עֶדְנָ֔ה
וַֽאדֹנִ֖י זָקֵֽן׃

◃ בָּאִים בוא q חָדַל֙ חדל q לִהְי֣וֹת היה q
וַתִּצְחַ֥ק צחק q לֵאמֹ֑ר אמר q בְלֹתִי֙ בלה q
הָֽיְתָה־ היה q זָקֵֽן זקן q

◃ וְאַבְרָהָ֤ם אַבְרָהָם PN וְשָׂרָה֙ שָׂרָה PN
בַּיָּמִ֑ים יוֹם לְשָׂרָ֔ה שָׂרָה PN כַּנָּשִֽׁים אִשָּׁה
שָׂרָ֖ה שָׂרָה PN בְּקִרְבָּ֣הּ קֶ֫רֶב

יג וַיֹּ֥אמֶר יְהוָ֖ה אֶל־אַבְרָהָ֑ם
לָ֣מָּה זֶּה֩ צָחֲקָ֨ה שָׂרָ֜ה לֵאמֹ֗ר
הַאַ֥ף אֻמְנָ֛ם אֵלֵ֖ד וַאֲנִ֥י זָקַֽנְתִּי׃
יד הֲיִפָּלֵ֥א מֵיְהוָ֖ה דָּבָ֑ר
לַמּוֹעֵ֞ד אָשׁ֥וּב אֵלֶ֛יךָ כָּעֵ֥ת חַיָּ֖ה וּלְשָׂרָ֥ה בֵֽן׃

◃ צָחֲקָ֨ה צחק q לֵאמֹ֗ר אמר q אֵלֵ֖ד ילד q
זָקַֽנְתִּי זקן q הֲיִפָּלֵ֥א פלא ni אָשׁ֥וּב שׁוב q

◃ אַבְרָהָ֑ם אַבְרָהָם PN שָׂרָ֜ה שָׂרָה PN וּלְשָׂרָ֥ה שָׂרָה PN

טו   וַתְּכַחֵ֨שׁ שָׂרָ֧ה ׀ לֵאמֹ֛ר לֹ֥א צָחַ֖קְתִּי כִּ֣י ׀ יָרֵ֑אָה
וַיֹּ֥אמֶר ׀ לֹ֖א כִּ֥י צָחָֽקְתְּ׃

◁ וַתְּכַחֵ֨שׁ כחשׁ pi לֵאמֹ֛ר אמר q צָחַ֖קְתִּי צחק q
יָרֵ֑אָה ירא q צָחָֽקְתְּ צחק q

◁ שָׂרָ֧ה ׀ שָׂרָה PN

2.4

The Binding of Isaac

GENESIS 22:1–19	בראשית כב:א–יט

God, **Abraham**, Abraham's two young men, **Isaac**, **an angel of YHWH**

א וַיְהִ֗י אַחַר֙ הַדְּבָרִ֣ים הָאֵ֔לֶּה
וְהָ֣אֱלֹהִ֔ים
נִסָּ֖ה אֶת־אַבְרָהָ֑ם
וַיֹּ֣אמֶר אֵלָ֔יו
אַבְרָהָ֖ם וַיֹּ֥אמֶר הִנֵּֽנִי׃
ב וַיֹּ֡אמֶר קַח־נָ֠א אֶת־בִּנְךָ֙ אֶת־יְחִֽידְךָ֤ אֲשֶׁר־אָהַ֙בְתָּ֙
אֶת־יִצְחָ֔ק
וְלֶךְ־לְךָ֔
אֶל־אֶ֖רֶץ הַמֹּרִיָּ֑ה
וְהַעֲלֵ֤הוּ שָׁם֙ לְעֹלָ֔ה
עַ֚ל אַחַ֣ד הֶהָרִ֔ים
אֲשֶׁ֖ר אֹמַ֥ר אֵלֶֽיךָ׃

▹ וַיְהִ֗י היה q ‏ נִסָּ֖ה נסה pi ‏ קַח־ לקח q ‏ אָהַ֙בְתָּ֙ אהב q
וְלֶךְ־ הלך q ‏ וְהַעֲלֵ֤הוּ עלה hi ‏ אֹמַ֖ר אמר q

▹ אַבְרָהָ֔ם / אַבְרָהָ֑ם PN
יִצְחָ֔ק יִצְחָ֔ק PN ‏ הַמֹּרִיָּ֑ה מֹרִיָּה GN

ג ‏ וַיַּשְׁכֵּ֨ם אַבְרָהָ֜ם בַּבֹּ֗קֶר ‏ וַֽיַּחֲבֹשׁ֙ אֶת־חֲמֹר֔וֹ

וַיִּקַּ֞ח אֶת־שְׁנֵ֤י נְעָרָיו֙ אִתּ֔וֹ

וְאֵ֖ת יִצְחָ֣ק בְּנ֑וֹ

וַיְבַקַּע֙ עֲצֵ֣י עֹלָ֔ה

וַיָּ֣קׇם וַיֵּ֔לֶךְ

אֶל־הַמָּק֖וֹם ‏ אֲשֶׁר־אָֽמַר־ל֥וֹ הָאֱלֹהִֽים:

▹ וַיַּשְׁכֵּ֨ם שכם hi ‏ וַֽיַּחֲבֹשׁ֙ חבש q ‏ וַיִּקַּ֞ח לקח q ‏ וַיְבַקַּע֙ בקע pi
וַיָּ֣קׇם קום q ‏ וַיֵּ֔לֶךְ הלך q ‏ אָֽמַר־ אמר q

▹ אַבְרָהָ֜ם אַבְרָהָ֜ם PN ‏ יִצְחָ֣ק יִצְחָ֣ק PN

ד ‏ בַּיּ֣וֹם הַשְּׁלִישִׁ֗י ‏ וַיִּשָּׂ֨א אַבְרָהָ֧ם אֶת־עֵינָ֛יו
וַיַּ֥רְא אֶת־הַמָּק֖וֹם ‏ מֵרָחֹֽק:

ה ‏ וַיֹּ֨אמֶר אַבְרָהָ֜ם אֶל־נְעָרָ֗יו ‏ שְׁבוּ־לָכֶ֥ם פֹּה֙
עִֽם־הַחֲמ֔וֹר

וַאֲנִ֣י וְהַנַּ֔עַר

נֵלְכָ֖ה עַד־כֹּ֑ה

וְנִֽשְׁתַּחֲוֶ֖ה ‏ וְנָשׁ֥וּבָה אֲלֵיכֶֽם:

◃ וַיִּשָּׂא נשׂא q וַיַּרְא ראה q שְׁבוּ־ ישׁב q נֵלְכָה הלך q
וְנִשְׁתַּחֲוֶה חוה hišt וְנָשׁוּבָה שׁוב q

◃ אַבְרָהָם אַבְרָהָם PN אַבְרָהָם אַבְרָהָם PN

ו וַיִּקַּח אַבְרָהָם אֶת־עֲצֵי הָעֹלָה
וַיָּשֶׂם עַל־יִצְחָק בְּנוֹ
וַיִּקַּח בְּיָדוֹ
אֶת־הָאֵשׁ וְאֶת־הַמַּאֲכֶלֶת
וַיֵּלְכוּ שְׁנֵיהֶם יַחְדָּו׃

◃ וַיִּקַּח / וַיִּקַּח לקח q וַיָּשֶׂם שׂים q וַיֵּלְכוּ הלך q

◃ אַבְרָהָם אַבְרָהָם PN יִצְחָק יִצְחָק PN הַמַּאֲכֶלֶת מַאֲכֶלֶת

ז וַיֹּאמֶר יִצְחָק אֶל־אַבְרָהָם אָבִיו וַיֹּאמֶר אָבִי
וַיֹּאמֶר הִנֶּנִּי בְנִי
וַיֹּאמֶר הִנֵּה הָאֵשׁ וְהָעֵצִים
וְאַיֵּה הַשֶּׂה לְעֹלָה׃

ח וַיֹּאמֶר אַבְרָהָם
אֱלֹהִים יִרְאֶה־לּוֹ הַשֶּׂה לְעֹלָה בְּנִי
וַיֵּלְכוּ שְׁנֵיהֶם יַחְדָּו׃

◃ יִרְאֶה־ ראה q וַיֵּלְכוּ הלך q

◃ יִצְחָק יִצְחָק PN אַבְרָהָם / אַבְרָהָם אַבְרָהָם PN

ט וַיָּבֹ֗אוּ אֶֽל־הַמָּקוֹם֮ אֲשֶׁ֣ר אָֽמַר־ל֣וֹ הָאֱלֹהִים֒
וַיִּ֨בֶן שָׁ֤ם אַבְרָהָם֙ אֶת־הַמִּזְבֵּ֔חַ
וַֽיַּעֲרֹ֖ךְ אֶת־הָעֵצִ֑ים
וַֽיַּעֲקֹד֙ אֶת־יִצְחָ֣ק בְּנ֔וֹ
וַיָּ֤שֶׂם אֹתוֹ֙ עַל־הַמִּזְבֵּ֔חַ
מִמַּ֖עַל לָעֵצִֽים׃
י וַיִּשְׁלַ֤ח אַבְרָהָם֙ אֶת־יָד֔וֹ
וַיִּקַּ֖ח אֶת־הַֽמַּאֲכֶ֑לֶת
לִשְׁחֹ֖ט אֶת־בְּנֽוֹ׃

◃ וַיָּבֹ֗אוּ בוא q אָֽמַר־ אמר q וַיִּ֨בֶן בנה q
וַֽיַּעֲרֹ֖ךְ ערך q וַֽיַּעֲקֹד֙ עקד q וַיָּ֤שֶׂם שׂים q
וַיִּשְׁלַ֤ח שׁלח q וַיִּקַּ֖ח לקח q לִשְׁחֹ֖ט שׁחט q

◃ אַבְרָהָם֙ / אַבְרָהָם֙ אַבְרָהָם PN
יִצְחָ֣ק יִצְחָק PN הַֽמַּאֲכֶ֑לֶת מַאֲכֶ֫לֶת

יא וַיִּקְרָ֨א אֵלָ֜יו מַלְאַ֤ךְ יְהוָה֙ מִן־הַשָּׁמַ֔יִם
וַיֹּ֖אמֶר אַבְרָהָ֣ם ׀ אַבְרָהָ֑ם
וַיֹּ֖אמֶר הִנֵּֽנִי׃
יב וַיֹּ֗אמֶר אַל־תִּשְׁלַ֤ח יָֽדְךָ֙ אֶל־הַנַּ֔עַר
וְאַל־תַּ֥עַשׂ ל֖וֹ מְא֑וּמָה
כִּ֣י ׀ עַתָּ֣ה יָדַ֗עְתִּי כִּֽי־יְרֵ֤א אֱלֹהִים֙ אַ֔תָּה
וְלֹ֥א חָשַׂ֛כְתָּ אֶת־בִּנְךָ֥ אֶת־יְחִידְךָ֖ מִמֶּֽנִּי׃

▹ וַיִּקְרָא קרא q תִּשְׁלַח שלח q תַּעַשׂ עשׂה q
יָדַעְתִּי ידע q חָשַׂכְתָּ חשׂך q

▹ אַבְרָהָם| / אַבְרָהָם אַבְרָהָם PN יְחִידְךָ יָחִיד

יג וַיִּשָּׂא אַבְרָהָם אֶת־עֵינָיו וַיַּרְא וְהִנֵּה־אַיִל
אַחַר
נֶאֱחַז בַּסְּבַךְ בְּקַרְנָיו
וַיֵּלֶךְ אַבְרָהָם וַיִּקַּח אֶת־הָאַיִל
וַיַּעֲלֵהוּ לְעֹלָה תַּחַת בְּנוֹ׃

יד וַיִּקְרָא אַבְרָהָם שֵׁם־הַמָּקוֹם הַהוּא יְהוָה| יִרְאֶה
אֲשֶׁר יֵאָמֵר הַיּוֹם
בְּהַר יְהוָה יֵרָאֶה׃

▹ וַיִּשָּׂא נשׂא q וַיַּרְא ראה q נֶאֱחַז אחז ni וַיֵּלֶךְ הלך q
וַיִּקַּח לקח q וַיַּעֲלֵהוּ עלה hi וַיִּקְרָא קרא q
יִרְאֶה ראה q יֵאָמֵר אמר ni יֵרָאֶה ראה ni

▹ אַבְרָהָם / אַבְרָהָם / אַבְרָהָם אַבְרָהָם PN בְּקַרְנָיו קֶרֶן

טו וַיִּקְרָא מַלְאַךְ יְהוָה אֶל־אַבְרָהָם
שֵׁנִית מִן־הַשָּׁמָיִם׃

טז וַיֹּאמֶר
בִּי נִשְׁבַּעְתִּי נְאֻם־יְהוָה
כִּי יַעַן אֲשֶׁר עָשִׂיתָ אֶת־הַדָּבָר הַזֶּה
וְלֹא חָשַׂכְתָּ אֶת־בִּנְךָ אֶת־יְחִידֶךָ׃

יז כִּֽי־בָרֵ֣ךְ אֲבָרֶכְךָ֗ וְהַרְבָּ֨ה אַרְבֶּ֤ה אֶֽת־זַרְעֲךָ֙
כְּכוֹכְבֵ֣י הַשָּׁמַ֔יִם
וְכַח֕וֹל
אֲשֶׁ֖ר עַל־שְׂפַ֣ת הַיָּ֑ם
וְיִרַ֣שׁ זַרְעֲךָ֔
אֵ֖ת שַׁ֥עַר אֹיְבָֽיו׃
יח וְהִתְבָּרְכ֣וּ בְזַרְעֲךָ֔
כֹּ֖ל גּוֹיֵ֣י הָאָ֑רֶץ
עֵ֕קֶב
אֲשֶׁ֥ר שָׁמַ֖עְתָּ בְּקֹלִֽי׃

◃ וַיִּקְרָא קרא q נִשְׁבַּעְתִּי שׁבע ni עָשִׂיתָ עשׂה q
חָשַׂכְתָּ חשׂך q בָרֵךְ ברך pi אֲבָרֶכְךָ ברך pi
וְהַרְבָּה רבה hi אַרְבֶּה רבה hi וְיִרַשׁ ירשׁ q
אֹיְבָיו איב q וְהִתְבָּרְכוּ ברך hith שָׁמַעְתָּ שׁמע q

◃ אַבְרָהָם אַבְרָהָם PN יְחִידְךָ יָחִיד וְכַחוֹל חוֹל שְׂפַת שָׂפָה

יט וַיָּ֤שָׁב אַבְרָהָם֙ אֶל־נְעָרָ֔יו
וַיָּקֻ֛מוּ וַיֵּלְכ֥וּ יַחְדָּ֖ו אֶל־בְּאֵ֣ר שָׁ֑בַע
וַיֵּ֧שֶׁב אַבְרָהָ֛ם בִּבְאֵ֥ר שָֽׁבַע׃ פ

◃ וַיָּשָׁב שׁוב q וַיָּקֻמוּ קום q וַיֵּלְכוּ הלך q וַיֵּשֶׁב ישׁב q

◃ אַבְרָהָם/אַבְרָהָם אַבְרָהָם PN בְּאֵר שָׁבַע בְּאֵר שֶׁבַע GN
בִּבְאֵר שָׁבַע בְּאֵר שֶׁבַע GN

2.5

Jacob and Esau's Birth and Birthright

GENESIS 25:19–34	בראשית כה:יט-לד

Isaac, **YHWH**, **Rebekah**, **Esau**, **Jacob**

יט וְאֵ֛לֶּה תּוֹלְדֹ֥ת יִצְחָ֖ק בֶּן־אַבְרָהָ֑ם
אַבְרָהָ֖ם הוֹלִ֥יד אֶת־יִצְחָֽק׃
כ וַיְהִ֣י יִצְחָק֙ בֶּן־אַרְבָּעִ֣ים שָׁנָ֔ה
בְּקַחְתּ֣וֹ אֶת־רִבְקָ֗ה בַּת־בְּתוּאֵל֙ הָֽאֲרַמִּ֔י
מִפַּדַּ֖ן אֲרָ֑ם
אֲח֛וֹת לָבָ֥ן הָאֲרַמִּ֖י ל֥וֹ לְאִשָּֽׁה׃

◃ הוֹלִ֥יד ילד hi וַיְהִ֣י היה q בְּקַחְתּ֣וֹ לקח q

◃ יִצְחָֽק / יִצְחָק֙ / יִצְחָ֖ק יִצְחָק PN
אַבְרָהָ֑ם / אַבְרָהָ֖ם אַבְרָהָם PN
רִבְקָ֗ה רִבְקָה PN בְּתוּאֵל֙ בְּתוּאֵל PN
הָֽאֲרַמִּ֔י / הָאֲרַמִּ֖י אֲרַמִּי GENT
מִפַּדַּ֖ן אֲרָ֑ם פַּדַּן אֲרָם GN לָבָ֥ן לָבָן PN

כא   וַיֶּעְתַּ֨ר יִצְחָ֤ק לַֽיהוָה֙ לְנֹ֣כַח אִשְׁתּ֔וֹ

כִּ֥י עֲקָרָ֖ה הִ֑וא

וַיֵּעָ֤תֶר לוֹ֙ יְהוָ֔ה

וַתַּ֖הַר רִבְקָ֥ה אִשְׁתּֽוֹ:

▷ וַיֶּעְתַּ֨ר עתר q   וַיֵּעָ֤תֶר עתר ni   וַתַּ֖הַר הרה q

▷ יִצְחָ֤ק יצחק PN   אִשְׁתּ֔וֹ / אִשְׁתּֽוֹ אשה

     הִ֑וא הוא   רִבְקָ֥ה רבקה PN

כב   וַיִּתְרֹֽצֲצ֤וּ הַבָּנִים֙ בְּקִרְבָּ֔הּ

וַתֹּ֣אמֶר אִם־כֵּ֔ן

לָ֥מָּה זֶּ֖ה אָנֹ֑כִי

וַתֵּ֖לֶךְ לִדְרֹ֥שׁ אֶת־יְהוָֽה:

כג   וַיֹּ֨אמֶר יְהוָ֜ה לָ֗הּ שְׁנֵ֤י גיים גוֹיִם֙ בְּבִטְנֵ֔ךְ

וּשְׁנֵ֣י לְאֻמִּ֔ים

מִמֵּעַ֖יִךְ יִפָּרֵ֑דוּ

וּלְאֹם֙ מִלְאֹ֣ם יֶֽאֱמָ֔ץ

וְרַ֖ב יַעֲבֹ֥ד צָעִֽיר:

▷ וַיִּתְרֹֽצֲצ֤וּ רצץ hithpoel   וַתֹּ֣אמֶר אמר q

   וַתֵּ֖לֶךְ ילך q   לִדְרֹ֥שׁ דרש q   יִפָּרֵ֑דוּ פרד ni

   יֶֽאֱמָ֔ץ אמץ q   יַעֲבֹ֥ד עבד q

▷ בְּקִרְבָּ֔הּ קֶ֫רֶב   בְּבִטְנֵ֔ךְ בֶּ֫טֶן

   לְאֻמִּ֔ים לְאֹם   מִמֵּעַ֖יִךְ מֵעֶה

כד   וַיִּמְלְא֥וּ יָמֶ֛יהָ   לָלֶ֖דֶת

וְהִנֵּ֥ה תוֹמִ֖ם   בְּבִטְנָֽהּ׃

כה   וַיֵּצֵ֤א הָרִאשׁוֹן֙ אַדְמוֹנִ֔י

כֻּלּ֖וֹ   כְּאַדֶּ֣רֶת שֵׂעָ֑ר

וַיִּקְרְא֥וּ שְׁמ֖וֹ   עֵשָֽׂו׃

כו   וְאַחֲרֵי־כֵ֞ן יָצָ֣א אָחִ֗יו   וְיָד֤וֹ אֹחֶ֙זֶת֙ בַּעֲקֵ֣ב עֵשָׂ֔ו

וַיִּקְרָ֥א שְׁמ֖וֹ   יַעֲקֹ֑ב

וְיִצְחָ֛ק בֶּן־שִׁשִּׁ֥ים שָׁנָ֖ה   בְּלֶ֥דֶת אֹתָֽם׃

◁   וַיִּמְלְא֥וּ מלא q   לָלֶ֖דֶת ילד q   וַיֵּצֵ֤א יצא q

    וַיִּקְרְא֥וּ קרא q   יָצָ֣א יצא q   אֹחֶ֙זֶת֙ אחז q

    וַיִּקְרָ֥א קרא q   בְּלֶ֥דֶת ילד q

◁   יָמֶ֛יהָ יוֹם   תוֹמִ֖ם תּוֹאָם   בְּבִטְנָֽהּ בֶּטֶן

    עֵשָֽׂו / עֵשָׂ֔ו עֵשָׂו PN   יַעֲקֹ֑ב יַעֲקֹב PN

    וְיִצְחָ֛ק יִצְחָק PN

כז   וַיִּגְדְּלוּ֙ הַנְּעָרִ֔ים

וַיְהִ֣י עֵשָׂ֗ו אִ֛ישׁ יֹדֵ֥עַ צַ֖יִד   אִ֣ישׁ שָׂדֶ֑ה

וְיַעֲקֹב֙ אִ֣ישׁ תָּ֔ם

יֹשֵׁ֖ב   אֹהָלִֽים׃

כח   וַיֶּאֱהַ֥ב יִצְחָ֛ק אֶת־עֵשָׂ֖ו   כִּי־צַ֣יִד בְּפִ֑יו

וְרִבְקָ֖ה   אֹהֶ֥בֶת אֶת־יַעֲקֹֽב׃

◁ וַיִּגְדְּלוּ֙ גדל q וַיְהִ֣י היה q יֹדֵ֣עַ ידע q
יֹשֵׁ֖ב ישב q וַיֶּאֱהַ֥ב אהב q אֹהֶ֥בֶת אהב q

◁ עֵשָׂו / עֵשָׂ֖ו עֵשָׂו PN וְיַעֲקֹב֙ יַעֲקֹב PN
יִצְחָ֛ק יִצְחָק PN בְּפִ֑יו פֶּה וְרִבְקָ֖ה רִבְקָה PN
יַעֲקֹֽב יַעֲקֹב PN

כט וַיָּ֥זֶד יַעֲקֹ֖ב נָזִ֑יד
וַיָּבֹ֥א עֵשָׂ֛ו מִן־הַשָּׂדֶ֖ה וְה֥וּא עָיֵֽף׃
ל וַיֹּ֨אמֶר עֵשָׂ֜ו אֶֽל־יַעֲקֹ֗ב
הַלְעִיטֵ֤נִי נָא֙ מִן־הָֽאָדֹ֤ם הָאָדֹם֙ הַזֶּ֔ה
כִּ֥י עָיֵ֖ף אָנֹ֑כִי
עַל־כֵּ֥ן קָרָֽא־שְׁמ֖וֹ אֱדֽוֹם׃
לא וַיֹּ֖אמֶר יַעֲקֹ֑ב
מִכְרָ֥ה כַיּ֛וֹם אֶת־בְּכֹרָתְךָ֖ לִֽי׃
לב וַיֹּ֣אמֶר עֵשָׂ֔ו
הִנֵּ֛ה אָנֹכִ֥י הוֹלֵ֖ךְ לָמ֑וּת
וְלָמָּה־זֶּ֥ה לִ֖י בְּכֹרָֽה׃
לג וַיֹּ֣אמֶר יַעֲקֹ֗ב הִשָּׁ֤בְעָה לִּי֙ כַּיּ֔וֹם
וַיִּשָּׁבַ֖ע ל֑וֹ
וַיִּמְכֹּ֥ר אֶת־בְּכֹרָת֖וֹ לְיַעֲקֹֽב׃

לד וְיַעֲקֹ֞ב נָתַ֣ן לְעֵשָׂ֗ו לֶ֚חֶם וּנְזִ֣יד עֲדָשִׁ֔ים
וַיֹּ֣אכַל וַיֵּ֔שְׁתְּ
וַיָּ֖קָם וַיֵּלַ֑ךְ
וַיִּ֥בֶז עֵשָׂ֖ו אֶת־הַבְּכֹרָֽה׃ ס

◃ וַיָּ֣זֶד זיד hi וַיָּבֹ֤א בוא q הַלְעִיטֵ֤נִי לעט hi
קְרָא־ קרא q מִכְרָ֥ה מכר q הוֹלֵ֣ךְ הלך q
לָמ֔וּת מות q הִשָּֽׁבְעָה֙ שבע ni וַיִּשָּׁבַ֖ע שבע ni
וַיִּמְכֹּ֥ר מכר q נָתַ֣ן נתן q וַיֹּ֣אכַל אכל q
וַיֵּ֔שְׁתְּ שתה q וַיָּ֖קָם קום q וַיֵּלַ֑ךְ הלך q וַיִּ֥בֶז בזה q

◃ יַעֲקֹ֖ב / יַעֲקֹ֗ב / יַעֲקֹ֔ב יַעֲקֹב PN
עֵשָׂ֖ו / עֵשָׂ֔ו / עֵשָׂ֗ו / עֵשָׂ֖ו עֵשָׂו PN
אֱד֑וֹם אֱדוֹם PN בְּכֹרָֽתְךָ֖ בְּכֹרָה
בְּכֹרָת֖וֹ בְּכֹרָה לְיַעֲקֹֽב יַעֲקֹב PN
וְיַעֲקֹ֞ב יַעֲקֹב PN לְעֵשָׂ֗ו עֵשָׂו PN
עֲדָשִׁ֔ים עֲדָשָׁה

2.6

Jacob's Ladder

GENESIS 28:10–22	בראשית כח:י–כב

Jacob, angels of God, **YHWH**

י וַיֵּצֵ֥א יַעֲקֹ֖ב מִבְּאֵ֣ר שָׁ֑בַע
וַיֵּ֖לֶךְ חָרָֽנָה׃
יא וַיִּפְגַּ֨ע בַּמָּק֜וֹם וַיָּ֤לֶן שָׁם֙ כִּי־בָ֣א הַשֶּׁ֔מֶשׁ
וַיִּקַּח֙ מֵאַבְנֵ֣י הַמָּק֔וֹם
וַיָּ֖שֶׂם מְרַאֲשֹׁתָ֑יו
וַיִּשְׁכַּ֖ב בַּמָּק֥וֹם הַהֽוּא׃

◁ וַיֵּצֵא יצא q וַיֵּלֶךְ הלך q וַיִּפְגַּע פגע q
וַיָּלֶן לין q בָא בוא q וַיִּקַּח לקח q
וַיָּשֶׂם שׂים q וַיִּשְׁכַּב שׁכב q

◁ יַעֲקֹב יַעֲקֹב PN מִבְּאֵר שָׁבַע בְּאֵר שֶׁבַע GN
חָרָנָה חָרָן GN מֵאַבְנֵי אֶבֶן
מְרַאֲשֹׁתָיו מְרַאֲשׁוֹת

יב וַֽיַּחֲלֹ֗ם וְהִנֵּ֤ה סֻלָּם֙ מֻצָּ֣ב אַ֔רְצָה
וְרֹאשׁ֖וֹ מַגִּ֣יעַ הַשָּׁמָ֑יְמָה
וְהִנֵּה֙ מַלְאֲכֵ֣י אֱלֹהִ֔ים
עֹלִ֥ים וְיֹרְדִ֖ים בּֽוֹ׃

◃ וַֽיַּחֲלֹ֗ם חלם q מֻצָּ֣ב נצב ho מַגִּ֣יעַ נגע hi
עֹלִ֥ים עלה q וְיֹרְדִ֖ים ירד q

יג וְהִנֵּ֨ה יְהוָ֜ה נִצָּ֣ב עָלָיו֮ וַיֹּאמַר֒
אֲנִ֣י יְהוָ֗ה אֱלֹהֵי֙ אַבְרָהָ֣ם אָבִ֔יךָ
וֵאלֹהֵ֖י יִצְחָ֑ק
הָאָ֗רֶץ אֲשֶׁ֤ר אַתָּה֙ שֹׁכֵ֣ב עָלֶ֔יהָ
לְךָ֥ אֶתְּנֶ֖נָּה וּלְזַרְעֶֽךָ׃
יד וְהָיָ֤ה זַרְעֲךָ֙ כַּעֲפַ֣ר הָאָ֔רֶץ
וּפָרַצְתָּ֛ יָ֥מָּה וָקֵ֖דְמָה וְצָפֹ֣נָה וָנֶ֑גְבָּה
וְנִבְרֲכ֥וּ בְךָ֛ כָּל־מִשְׁפְּחֹ֥ת הָאֲדָמָ֖ה וּבְזַרְעֶֽךָ׃
טו וְהִנֵּ֨ה אָנֹכִ֜י עִמָּ֗ךְ וּשְׁמַרְתִּ֙יךָ֙ בְּכֹ֣ל אֲשֶׁר־תֵּלֵ֔ךְ
וַהֲשִׁ֣בֹתִ֔יךָ
אֶל־הָאֲדָמָ֖ה הַזֹּ֑את
כִּ֚י לֹ֣א אֶֽעֱזָבְךָ֔
עַ֚ד אֲשֶׁ֣ר אִם־עָשִׂ֔יתִי
אֵ֥ת אֲשֶׁר־דִּבַּ֖רְתִּי לָֽךְ׃

◁ נִצָּ֣ב נצב ni וַיֹּאמַ֓ר אמר q שֹׁכֵ֣ב שכב q אֶתְּנֶ֖נָּה נתן q
וְהָיָ֤ה היה q וּפָרַצְתָּ֥ פרץ q וְנִבְרְכ֥וּ ברך ni
וּשְׁמַרְתִּ֙יךָ֙ שמר q תֵּלֵ֔ךְ הלך q וַהֲשִׁ֣בֹתִ֔יךָ שוב hi
אֶֽעֱזָבְךָ֔ עזב q עָשִׂ֕יתִי עשה q דִּבַּ֖רְתִּי דבר pi

◁ אַבְרָהָ֣ם אַבְרָהָם PN יִצְחָ֑ק יִצְחָק PN וּֽלְזַרְעֶ֥ךָ זֶ֫רַע וּבְזַרְעֶ֥ךָ זֶ֫רַע

טז וַיִּיקַ֣ץ יַעֲקֹב֮ מִשְּׁנָתוֹ֒
וַיֹּ֕אמֶר
אָכֵן֙ יֵ֣שׁ יְהוָ֔ה
בַּמָּק֖וֹם הַזֶּ֑ה
וְאָנֹכִ֖י לֹ֥א יָדָֽעְתִּי׃
יז וַיִּירָא֙ וַיֹּאמַ֔ר
מַה־נּוֹרָ֖א הַמָּק֣וֹם הַזֶּ֑ה
אֵ֣ין זֶ֗ה כִּ֚י אִם־בֵּ֣ית אֱלֹהִ֔ים
וְזֶ֖ה שַׁ֥עַר הַשָּׁמָֽיִם׃

◁ וַיִּיקַ֣ץ יקץ q יָדָֽעְתִּי ידע q וַיִּירָא֙ ירא q וַיֹּאמַ֔ר אמר q נוֹרָ֖א ירא ni
◁ יַעֲקֹב֮ יַעֲקֹב PN מִשְּׁנָתוֹ֒ שֵׁנָה

יח וַיַּשְׁכֵּ֨ם יַעֲקֹ֜ב בַּבֹּ֗קֶר
וַיִּקַּ֤ח אֶת־הָאֶ֙בֶן֙ אֲשֶׁר־שָׂ֣ם מְרַאֲשֹׁתָ֔יו
וַיָּ֥שֶׂם אֹתָ֖הּ מַצֵּבָ֑ה
וַיִּצֹ֥ק שֶׁ֖מֶן עַל־רֹאשָֽׁהּ׃

יט וַיִּקְרָא אֶת־שֵׁם־הַמָּקוֹם הַהוּא בֵּית־אֵל
וְאוּלָם לוּז שֵׁם־הָעִיר לָרִאשֹׁנָה׃

◃ וַיַּשְׁכֵּם שׁכם hi וַיִּקַּח לקח q שָׂם שׂים q
וַיָּשֶׂם שׂים q וַיִּצֹק יצק q וַיִּקְרָא קרא q

◃ יַעֲקֹב יַעֲקֹב PN מְרַאֲשֹׁתָיו מְרַאֲשׁוֹת בֵּית־אֵל בֵּית־אֵל GN
לוּז לוּז GN לָרִאשֹׁנָה רִאשׁוֹן

כ וַיִּדַּר יַעֲקֹב נֶדֶר לֵאמֹר
אִם־יִהְיֶה אֱלֹהִים עִמָּדִי
וּשְׁמָרַנִי בַּדֶּרֶךְ הַזֶּה אֲשֶׁר אָנֹכִי הוֹלֵךְ
וְנָתַן־לִי לֶחֶם לֶאֱכֹל וּבֶגֶד לִלְבֹּשׁ׃
כא וְשַׁבְתִּי בְשָׁלוֹם אֶל־בֵּית אָבִי
וְהָיָה יְהוָה לִי לֵאלֹהִים׃
כב וְהָאֶבֶן הַזֹּאת אֲשֶׁר־שַׂמְתִּי מַצֵּבָה
יִהְיֶה בֵּית אֱלֹהִים
וְכֹל אֲשֶׁר תִּתֶּן־לִי
עַשֵּׂר אֲעַשְּׂרֶנּוּ לָךְ׃

◃ וַיִּדַּר נדר q לֵאמֹר אמר q יִהְיֶה / יִהְיֶה היה q וּשְׁמָרַנִי שׁמר q
הוֹלֵךְ הלך q וְנָתַן־ נתן q לֶאֱכֹל אכל q לִלְבֹּשׁ לבשׁ q
וְשַׁבְתִּי שׁוב q וְהָיָה היה q שַׂמְתִּי שׂים q תִּתֶּן־ נתן q
עַשֵּׂר עשׂר pi אֲעַשְּׂרֶנּוּ עשׂר pi

◃ יַעֲקֹב יַעֲקֹב PN לֵאלֹהִים אֱלֹהִים

2.7

Jacob Wrestles the Angel

GENESIS 32:23–33 [22–32]	בראשית לב:כג-לג

Jacob, Jacob's wives and children, **a man**

כג וַיָּ֣קָם ׀ בַּלַּ֣יְלָה ה֗וּא
וַיִּקַּ֞ח אֶת־שְׁתֵּ֤י נָשָׁיו֙ וְאֶת־שְׁתֵּ֣י שִׁפְחֹתָ֔יו
וְאֶת־אַחַ֥ד עָשָׂ֖ר יְלָדָ֑יו
וַֽיַּעֲבֹ֔ר
אֵ֖ת מַעֲבַ֥ר יַבֹּֽק׃
כד וַיִּקָּחֵ֔ם
וַיַּעֲבִרֵ֖ם אֶת־הַנָּ֑חַל
וַיַּעֲבֵ֖ר אֶת־אֲשֶׁר־לֽוֹ׃

◃ וַיָּקָם ׀ קום q   וַיִּקַּח לקח q   וַיַּעֲבֹר עבר q
וַיִּקָּחֵם לקח q   וַיַּעֲבִרֵם עבר hi   וַיַּעֲבֵר עבר hi

◃ נָשָׁיו אִשָּׁה   שִׁפְחֹתָיו שִׁפְחָה   יַבֹּק יַבֹּק GN

כה וַיִּוָּתֵ֥ר יַעֲקֹ֖ב לְבַדּ֑וֹ
וַיֵּאָבֵ֥ק אִישׁ֙ עִמּ֔וֹ
עַ֖ד עֲל֥וֹת הַשָּֽׁחַר׃

כו וַיַּ֗רְא כִּ֣י לֹ֤א יָכֹל֙ ל֔וֹ
וַיִּגַּ֖ע בְּכַף־יְרֵכ֑וֹ
וַתֵּ֨קַע֙ כַּף־יֶ֣רֶךְ יַעֲקֹ֔ב
בְּהֵֽאָבְק֖וֹ עִמּֽוֹ׃

◃ וַיִּוָּתֵ֥ר יתר ni וַיֵּאָבֵ֥ק אבק ni עֲל֥וֹת עלה q וַיַּ֗רְא ראה q
יָכֹל֙ יכל q וַיִּגַּ֖ע נגע q וַתֵּ֨קַע֙ יקע q בְּהֵֽאָבְק֖וֹ אבק ni

◃ יַעֲקֹ֔ב / יַעֲקֹ֑ב יַעֲקֹב PN יְרֵכ֑וֹ יָרֵךְ

כז וַיֹּ֣אמֶר שַׁלְּחֵ֔נִי
כִּ֥י עָלָ֖ה הַשָּׁ֑חַר
וַיֹּ֨אמֶר֙ לֹ֣א אֲשַֽׁלֵּחֲךָ֔
כִּ֖י אִם־בֵּֽרַכְתָּֽנִי׃
כח וַיֹּ֥אמֶר אֵלָ֖יו מַה־שְּׁמֶ֑ךָ
וַיֹּ֖אמֶר יַעֲקֹֽב׃
כט וַיֹּ֗אמֶר לֹ֤א יַעֲקֹב֙ יֵאָמֵ֥ר עוֹד֙ שִׁמְךָ֔
כִּ֖י אִם־יִשְׂרָאֵ֑ל
כִּֽי־שָׂרִ֧יתָ עִם־אֱלֹהִ֛ים וְעִם־אֲנָשִׁ֖ים וַתּוּכָֽל׃
ל וַיִּשְׁאַ֣ל יַעֲקֹ֗ב וַיֹּ֨אמֶר֙ הַגִּֽידָה־נָּ֣א שְׁמֶ֔ךָ
וַיֹּ֕אמֶר
לָ֥מָּה זֶּ֖ה תִּשְׁאַ֣ל לִשְׁמִ֑י
וַיְבָ֥רֶךְ אֹת֖וֹ שָֽׁם׃

◃ שַׁלְּחֵ֫נִי שלח pi עָלָ֣ה עלה q אֲשַׁלֵּֽחֲךָ֔ שלח pi בֵּֽרַכְתָּֽנִי ברך pi
יֵאָמֵ֣ר אמר ni שָׂרִ֧יתָ שׂרה q וַתּוּכָֽל יכל q וַיִּשְׁאַ֣ל שׁאל q
הַגִּֽידָה־ נגד hi תִּשְׁאַ֣ל שׁאל q וַיְבָ֥רֶךְ ברך pi

◃ יַעֲקֹ֑ב / יַעֲקֹב֙ / יַעֲקֹ֔ב יַעֲקֹב PN

לא וַיִּקְרָ֥א יַעֲקֹ֛ב שֵׁ֥ם הַמָּק֖וֹם פְּנִיאֵ֑ל
כִּֽי־רָאִ֤יתִי אֱלֹהִים֙ פָּנִ֣ים אֶל־פָּנִ֔ים
וַתִּנָּצֵ֖ל נַפְשִֽׁי׃

◃ וַיִּקְרָ֥א קרא q רָאִ֤יתִי ראה q וַתִּנָּצֵ֖ל נצל ni

◃ יַעֲקֹ֛ב יַעֲקֹב PN פְּנִיאֵ֑ל פְּנִיאֵל GN

לב וַֽיִּזְרַח־ל֣וֹ הַשֶּׁ֔מֶשׁ
כַּאֲשֶׁ֥ר עָבַ֖ר אֶת־פְּנוּאֵ֑ל
וְה֥וּא צֹלֵ֖עַ עַל־יְרֵכֽוֹ׃

לג עַל־כֵּ֞ן לֹֽא־יֹאכְל֨וּ בְנֵֽי־יִשְׂרָאֵ֜ל אֶת־גִּ֣יד הַנָּשֶׁ֗ה
אֲשֶׁר֙ עַל־כַּ֣ף הַיָּרֵ֔ךְ
עַ֖ד הַיּ֣וֹם הַזֶּ֑ה
כִּ֤י נָגַע֙ בְּכַף־יֶ֣רֶךְ יַעֲקֹ֔ב
בְּגִ֖יד הַנָּשֶֽׁה׃

◃ וַֽיִּזְרַח־ זרח q עָבַ֖ר עבר q צֹלֵ֖עַ צלע q יֹאכְל֨וּ אכל q נָגַע֙ נגע q

◃ פְּנוּאֵ֑ל פְּנוּאֵל יְרֵכֽוֹ יָרֵךְ יַעֲקֹ֔ב יַעֲקֹב PN

2.8

Joseph's Dreams

GENESIS 37:1–11	בראשית לז:א–יא

Jacob, Joseph, Joseph's brothers

א וַיֵּ֣שֶׁב יַעֲקֹ֔ב
בְּאֶ֖רֶץ מְגוּרֵ֣י אָבִ֑יו
בְּאֶ֖רֶץ כְּנָֽעַן׃

◁ וַיֵּ֣שֶׁב ישׁב q

◁ יַעֲקֹ֔ב יַעֲקֹב PN מְגוּרֵ֣י מָגוֹר כְּנָֽעַן כְּנַ֫עַן GN

ב אֵ֣לֶּה ׀ תֹּלְד֣וֹת יַעֲקֹ֗ב יוֹסֵ֞ף בֶּן־שְׁבַֽע־עֶשְׂרֵ֤ה שָׁנָה֙
הָיָ֨ה רֹעֶ֤ה אֶת־אֶחָיו֙ בַּצֹּ֔אן
וְה֣וּא נַ֗עַר אֶת־בְּנֵ֥י בִלְהָ֛ה וְאֶת־בְּנֵ֥י זִלְפָּ֖ה
נְשֵׁ֣י אָבִ֑יו
וַיָּבֵ֥א יוֹסֵ֛ף אֶת־דִּבָּתָ֥ם רָעָ֖ה אֶל־אֲבִיהֶֽם׃

◁ הָיָ֨ה היה q רֹעֶ֤ה רעה q וַיָּבֵ֥א בוא hi

◁ יַעֲקֹ֗ב יַעֲקֹב PN יוֹסֵ֞ף / יוֹסֵ֛ף יוֹסֵף PN בִלְהָ֛ה בִּלְהָה PN
זִלְפָּ֖ה זִלְפָּה PN נְשֵׁ֣י אִשָּׁה דִּבָּתָ֥ם דִּבָּה

ג וְיִשְׂרָאֵ֗ל אָהַ֤ב אֶת־יוֹסֵף֙ מִכָּל־בָּנָ֔יו
כִּֽי־בֶן־זְקֻנִ֥ים ה֖וּא ל֑וֹ
וְעָ֥שָׂה ל֖וֹ כְּתֹ֥נֶת פַּסִּֽים׃
ד וַיִּרְא֣וּ אֶחָ֗יו כִּֽי־אֹת֞וֹ אָהַ֤ב אֲבִיהֶם֙ מִכָּל־אֶחָ֔יו
וַֽיִּשְׂנְא֖וּ אֹת֑וֹ
וְלֹ֥א יָכְל֖וּ דַּבְּר֥וֹ לְשָׁלֹֽם׃

◃ אָהַ֤ב אהב q וְעָ֥שָׂה עשׂה q
וַיִּרְא֣וּ ראה q וַֽיִּשְׂנְא֖וּ שׂנא q
יָכְל֖וּ יכל q דַּבְּר֥וֹ דבר pi
◃ יוֹסֵף֙ יוֹסֵף PN כְּתֹ֥נֶת כֻּתֹּ֫נֶת

ה וַיַּחֲלֹ֤ם יוֹסֵף֙ חֲל֔וֹם
וַיַּגֵּ֖ד לְאֶחָ֑יו
וַיּוֹסִ֥פוּ ע֖וֹד שְׂנֹ֥א אֹתֽוֹ׃

◃ וַיַּחֲלֹ֤ם חלם q וַיַּגֵּ֖ד נגד hi
וַיּוֹסִ֥פוּ יסף hi שְׂנֹ֥א שׂנא q
◃ יוֹסֵף֙ יוֹסֵף PN

ו   וַיֹּאמֶר אֲלֵיהֶ֑ם

שִׁמְעוּ־נָ֕א

הַחֲל֥וֹם הַזֶּ֖ה אֲשֶׁ֥ר חָלָֽמְתִּי׃

ז   וְ֠הִנֵּה אֲנַ֜חְנוּ מְאַלְּמִ֤ים אֲלֻמִּים֙ בְּת֣וֹךְ הַשָּׂדֶ֔ה

וְהִנֵּ֛ה קָ֥מָה אֲלֻמָּתִ֖י וְגַם־נִצָּ֑בָה

וְהִנֵּ֤ה תְסֻבֶּ֙ינָה֙ אֲלֻמֹּ֣תֵיכֶ֔ם

וַתִּֽשְׁתַּחֲוֶ֖יןָ לַאֲלֻמָּתִֽי׃

◁ שִׁמְעוּ־ שמע q חָלַ֫מְתִּי חלם q מְאַלְּמִ֤ים אלם pi
    קָ֥מָה קום q נִצָּ֑בָה נצב ni תְסֻבֶּ֙ינָה֙ סבב q
    וַתִּֽשְׁתַּחֲוֶ֖יןָ חוה hišt

◁ אֲלֻמִּים֙ אֲלֻמָּה בְּת֣וֹךְ תָּ֫וֶךְ אֲלֻמָּתִ֖י אֲלֻמָּה
    אֲלֻמֹּ֣תֵיכֶ֔ם אֲלֻמָּה לַאֲלֻמָּתִֽי אֲלֻמָּה

ח   וַיֹּ֤אמְרוּ לוֹ֙ אֶחָ֔יו

הֲמָלֹ֤ךְ תִּמְלֹךְ֙ עָלֵ֔ינוּ

אִם־מָשׁ֥וֹל תִּמְשֹׁ֖ל בָּ֑נוּ

וַיּוֹסִ֤פוּ עוֹד֙ שְׂנֹ֣א אֹת֔וֹ

עַל־חֲלֹמֹתָ֖יו וְעַל־דְּבָרָֽיו׃

◁ וַיֹּ֤אמְרוּ אמר q הֲמָלֹ֤ךְ מלך q תִּמְלֹךְ֙ מלך q
    מָשׁ֥וֹל משל q תִּמְשֹׁ֖ל משל q וַיּוֹסִ֤פוּ יסף hi
    שְׂנֹ֣א שׂנא q

◁ אֶחָ֔יו אָח חֲלֹמֹתָ֖יו חֲלוֹם

ט וַיַּחֲלֹם עוֹד חֲלוֹם אַחֵר
וַיְסַפֵּר אֹתוֹ לְאֶחָיו
וַיֹּאמֶר הִנֵּה חָלַמְתִּי חֲלוֹם עוֹד
וְהִנֵּה הַשֶּׁמֶשׁ וְהַיָּרֵחַ וְאַחַד עָשָׂר כּוֹכָבִים
מִשְׁתַּחֲוִים לִי׃

◃ וַיַּחֲלֹם חלם q וַיְסַפֵּר ספר pi חָלַמְתִּי חלם q מִשְׁתַּחֲוִים חוה hišt
◃ לְאֶחָיו אָח

י וַיְסַפֵּר אֶל־אָבִיו וְאֶל־אֶחָיו
וַיִּגְעַר־בּוֹ אָבִיו
וַיֹּאמֶר לוֹ
מָה הַחֲלוֹם הַזֶּה אֲשֶׁר חָלָמְתָּ
הֲבוֹא נָבוֹא אֲנִי וְאִמְּךָ וְאַחֶיךָ
לְהִשְׁתַּחֲוֺת לְךָ אָרְצָה׃

◃ וַיְסַפֵּר ספר pi וַיִּגְעַר־ גער q חָלָמְתָּ חלם q
הֲבוֹא בוא q נָבוֹא בוא q לְהִשְׁתַּחֲוֺת חוה hišt
◃ אֶחָיו אָח וְאַחֶיךָ אָח

יא וַיְקַנְאוּ־בוֹ אֶחָיו
וְאָבִיו שָׁמַר אֶת־הַדָּבָר׃

◃ וַיְקַנְאוּ־ קנא pi שָׁמַר שמר q
◃ אֶחָיו אָח

Israel in Egypt

3.1

Joseph Reveals Himself to His Brothers

GENESIS 45:1–8	בראשית מה:א–ח

Joseph, the Egyptians, Joseph's brothers

א וְלֹא־יָכֹל יוֹסֵף לְהִתְאַפֵּק לְכֹל הַנִּצָּבִים עָלָיו
וַיִּקְרָא
הוֹצִיאוּ כָל־אִישׁ מֵעָלָי
וְלֹא־עָמַד אִישׁ אִתּוֹ
בְּהִתְוַדַּע יוֹסֵף אֶל־אֶחָיו׃
ב וַיִּתֵּן אֶת־קֹלוֹ בִּבְכִי
וַיִּשְׁמְעוּ מִצְרַיִם
וַיִּשְׁמַע בֵּית פַּרְעֹה׃

◃ יָכֹל יכל q לְהִתְאַפֵּק אפק hith הַנִּצָּבִים נצב ni
וַיִּקְרָא קרא q הוֹצִיאוּ יצא hi עָמַד עמד q
בְּהִתְוַדַּע ידע hith וַיִּתֵּן נתן q וַיִּשְׁמְעוּ שמע q
וַיִּשְׁמַע שמע q

◃ יוֹסֵף יוֹסֵף PN מֵעָלַי עַל יוֹסֵף יוֹסֵף PN
אֶחָיו אָח פַּרְעֹה פַּרְעֹה PN

ג וַיֹּ֨אמֶר יוֹסֵ֤ף אֶל־אֶחָיו֙ אֲנִ֣י יוֹסֵ֔ף
הַע֥וֹד אָבִ֖י חָ֑י
וְלֹֽא־יָכְל֤וּ אֶחָיו֙ לַעֲנ֣וֹת אֹת֔וֹ
כִּ֥י נִבְהֲל֖וּ מִפָּנָֽיו׃

◁ יָכְלוּ יכל q לַעֲנוֹת ענה q נִבְהֲלוּ בהל ni
◁ יוֹסֵף / יוֹסֵף יוֹסֵף PN אֶחָיו אָח

ד וַיֹּ֨אמֶר יוֹסֵ֧ף אֶל־אֶחָ֛יו גְּשׁוּ־נָ֥א אֵלַ֖י וַיִּגָּ֑שׁוּ
וַיֹּ֗אמֶר אֲנִי֙ יוֹסֵ֣ף אֲחִיכֶ֔ם
אֲשֶׁר־מְכַרְתֶּ֥ם אֹתִ֖י מִצְרָֽיְמָה׃
ה וְעַתָּ֣ה ׀ אַל־תֵּעָצְב֗וּ וְאַל־יִ֨חַר֙ בְּעֵ֣ינֵיכֶ֔ם
כִּֽי־מְכַרְתֶּ֥ם אֹתִ֖י הֵ֑נָּה
כִּ֣י לְמִֽחְיָ֔ה
שְׁלָחַ֥נִי אֱלֹהִ֖ים לִפְנֵיכֶֽם׃
ו כִּי־זֶ֛ה שְׁנָתַ֥יִם הָרָעָ֖ב בְּקֶ֣רֶב הָאָ֑רֶץ
וְעוֹד֙ חָמֵ֣שׁ שָׁנִ֔ים
אֲשֶׁ֥ר אֵין־חָרִ֖ישׁ וְקָצִֽיר׃
ז וַיִּשְׁלָחֵ֤נִי אֱלֹהִים֙ לִפְנֵיכֶ֔ם
לָשׂ֥וּם לָכֶ֛ם שְׁאֵרִ֖ית בָּאָ֑רֶץ
וּלְהַחֲי֣וֹת לָכֶ֔ם
לִפְלֵיטָ֖ה גְּדֹלָֽה׃

ח וְעַתָּ֗ה לֹֽא־אַתֶּ֞ם שְׁלַחְתֶּ֤ם אֹתִי֙ הֵ֔נָּה
כִּ֖י הָאֱלֹהִ֑ים
וַיְשִׂימֵ֨נִי לְאָ֜ב לְפַרְעֹ֗ה וּלְאָדוֹן֙ לְכָל־בֵּית֔וֹ
וּמֹשֵׁ֖ל בְּכָל־אֶ֥רֶץ מִצְרָֽיִם׃

◃ גְּשׁוּ־ נגשׁ q וַיִּגָּ֑שׁוּ נגשׁ q מְכַרְתֶּ֥ם מכר q
תֵּעָ֣צְבוּ עצב ni יִ֙חַר֙ חרה q שְׁלָחַ֥נִי שׁלח q
וַיִּשְׁלָחֵ֤נִי שׁלח q לָשׂ֥וּם שׂים q וּלְהַחֲי֣וֹת חיה hi
שְׁלַחְתֶּ֤ם שׁלח q וַיְשִׂימֵ֨נִי שׂים q וּמֹשֵׁ֖ל משׁל q

◃ יוֹסֵ֣ף / יוֹסֵ֣ף יוֹסֵף PN אֶחָ֣יו אָח
בְּעֵ֣ינֵיכֶ֔ם עַ֫יִן לְפַרְעֹה פַּרְעֹה PN

3.2

Joseph and His Brothers Reconcile

GENESIS 50:15–21 | **בראשית נ:טו–כא**

Joseph's brothers, Joseph

טו וַיִּרְא֤וּ אֲחֵֽי־יוֹסֵף֙ כִּי־מֵ֣ת אֲבִיהֶ֔ם
וַיֹּ֣אמְר֔וּ
ל֥וּ יִשְׂטְמֵ֖נוּ יוֹסֵ֑ף
וְהָשֵׁ֤ב יָשִׁיב֙ לָ֔נוּ
אֵ֚ת כָּל־הָ֣רָעָ֔ה
אֲשֶׁ֥ר גָּמַ֖לְנוּ אֹתֽוֹ׃

◁ וַיִּרְא֤וּ ראה q מֵ֣ת מות q
וַיֹּ֣אמְר֔וּ אמר q יִשְׂטְמֵ֖נוּ שׂטם q
וְהָשֵׁ֤ב שׁוב hi יָשִׁיב֙ שׁוב hi
גָּמַ֖לְנוּ גמל q

◁ יוֹסֵף֙ / יוֹסֵ֑ף יוֹסֵף PN

טז וַיְצַוּ֕וּ

אֶל־יוֹסֵ֖ף לֵאמֹ֑ר

אָבִ֣יךָ צִוָּ֔ה

לִפְנֵ֥י מוֹת֖וֹ לֵאמֹֽר׃

יז כֹּה־תֹאמְר֣וּ לְיוֹסֵ֗ף אָ֣נָּ֡א שָׂ֣א נָ֠א

פֶּ֣שַׁע אַחֶ֤יךָ וְחַטָּאתָם֙ כִּי־רָעָ֣ה גְמָל֔וּךָ

וְעַתָּה֙ שָׂ֣א נָ֔א

לְפֶ֥שַׁע עַבְדֵ֖י אֱלֹהֵ֣י אָבִ֑יךָ

וַיֵּ֥בְךְּ יוֹסֵ֖ף בְּדַבְּרָ֥ם אֵלָֽיו׃

יח וַיֵּלְכוּ֙ גַּם־אֶחָ֔יו

וַֽיִּפְּל֖וּ לְפָנָ֑יו

וַיֹּ֣אמְר֔וּ

הִנֶּ֥נּוּ לְךָ֖ לַעֲבָדִֽים׃

▹ וַיְצַוּ֕וּ צוה pi לֵאמֹ֑ר / לֵאמֹֽר אמר q
צִוָּ֔ה צוה pi תֹאמְר֣וּ אמר q שָׂ֣א נשׂא q
גְמָל֔וּךָ גמל q וַיֵּ֥בְךְּ בכה q בְּדַבְּרָ֥ם דבר pi
וַיֵּלְכוּ֙ הלך q וַֽיִּפְּל֖וּ נפל q וַיֹּ֣אמְר֔וּ אמר q

▹ יוֹסֵ֖ף יוֹסֵף PN מוֹת֖וֹ מָוֶת
לְיוֹסֵ֗ף יוֹסֵף PN אֶחָ֔יו אָח

יט וַיֹּ֧אמֶר אֲלֵהֶ֛ם יוֹסֵ֖ף אַל־תִּירָ֑אוּ
כִּ֛י הֲתַ֥חַת אֱלֹהִ֖ים אָֽנִי׃
כ וְאַתֶּ֕ם
חֲשַׁבְתֶּ֥ם עָלַ֖י רָעָ֑ה
אֱלֹהִים֙ חֲשָׁבָ֣הּ לְטֹבָ֔ה
לְמַ֗עַן עֲשֹׂ֛ה כַּיּ֥וֹם הַזֶּ֖ה לְהַחֲיֹ֥ת עַם־רָֽב׃
כא וְעַתָּה֙ אַל־תִּירָ֔אוּ
אָנֹכִ֛י אֲכַלְכֵּ֥ל אֶתְכֶ֖ם וְאֶֽת־טַפְּכֶ֑ם
וַיְנַחֵ֣ם אוֹתָ֔ם
וַיְדַבֵּ֖ר עַל־לִבָּֽם׃

◃ וַיֹּ֧אמֶר אמר q תִּירָ֑אוּ ירא q
חֲשַׁבְתֶּ֥ם חשב q חֲשָׁבָ֣הּ חשב q
עֲשֹׂ֛ה עשה q לְהַחֲיֹ֥ת חיה hi
תִּירָ֔אוּ ירא q אֲכַלְכֵּ֥ל כול pilpel
וַיְנַחֵ֣ם נחם pi וַיְדַבֵּ֖ר דבר pi

◃ יוֹסֵ֖ף יוסף PN טַפְּכֶ֑ם טַף

3.3

The Birth of Moses

EXODUS 2:1–8	שמות ב:א–ח

Moses' father, Moses' mother, Moses, **Moses' sister**,
Pharaoh's daughter, the attendants of Pharaoh's daughter

א וַיֵּ֥לֶךְ אִ֖ישׁ   מִבֵּ֥ית לֵוִ֑י

וַיִּקַּ֖ח   אֶת־בַּת־לֵוִֽי׃

ב וַתַּ֥הַר הָאִשָּׁ֖ה   וַתֵּ֣לֶד בֵּ֑ן

וַתֵּ֤רֶא אֹתוֹ֙   כִּי־ט֣וֹב ה֔וּא

וַֽתִּצְפְּנֵ֖הוּ   שְׁלֹשָׁ֥ה יְרָחִֽים׃

◄ וַיֵּ֥לֶךְ הלך q וַיִּקַּ֖ח לקח q וַתַּ֥הַר הרה q

וַתֵּ֣לֶד ילד q וַתֵּ֤רֶא ראה q וַֽתִּצְפְּנֵ֖הוּ צפן q

◄ לֵוִ֑י / לֵוִ֖י לֵוִ֥י PN

ג וְלֹא־יָכְלָ֣ה עוֹד֮ הַצְּפִינוֹ֒

וַתִּֽקַּֽח־לוֹ֙ תֵּ֣בַת גֹּ֔מֶא

וַתַּחְמְרָ֥ה בַחֵמָ֖ר   וּבַזָּ֑פֶת

וַתָּ֤שֶׂם בָּהּ֙   אֶת־הַיֶּ֔לֶד

וַתָּ֥שֶׂם בַּסּ֖וּף   עַל־שְׂפַ֥ת הַיְאֹֽר׃

ד וַתֵּתַצַּ֥ב אֲחֹת֖וֹ מֵרָחֹ֑ק

לְדֵעָ֕ה

מַה־יֵּעָשֶׂ֖ה לֽוֹ׃

◃ יְכֹלָ֫ה יכל q הַצְּפִינוֹ֒ צפן hi וַתִּֽקַּח־ לקח q וַתַּחְמְרָ֥ה חמר q
וַתָּ֫שֶׂם/וַתָּ֥שֶׂם שׂים q וַתֵּתַצַּ֥ב יצב hith לְדֵעָ֕ה ידע q יֵּעָשֶׂ֖ה עשׂה ni

◃ וּבַזָּ֫פֶת זֶ֫פֶת הַיְאֹר יְאֹר GN אֲחֹתוֹ אָחוֹת

ה וַתֵּ֤רֶד בַּת־פַּרְעֹה֙ לִרְחֹ֣ץ עַל־הַיְאֹ֔ר

וְנַעֲרֹתֶ֥יהָ הֹלְכֹ֖ת עַל־יַ֣ד הַיְאֹ֑ר

וַתֵּ֤רֶא אֶת־הַתֵּבָה֙ בְּת֣וֹךְ הַסּ֔וּף

וַתִּשְׁלַ֥ח אֶת־אֲמָתָ֖הּ וַתִּקָּחֶֽהָ׃

ו וַתִּפְתַּח֙ וַתִּרְאֵ֣הוּ אֶת־הַיֶּ֔לֶד

וְהִנֵּה־נַ֖עַר בֹּכֶ֑ה

וַתַּחְמֹ֣ל עָלָ֔יו

וַתֹּ֕אמֶר

מִיַּלְדֵ֥י הָֽעִבְרִ֖ים זֶֽה׃

◃ וַתֵּ֤רֶד ירד q לִרְחֹ֣ץ רחץ q הֹלְכֹ֖ת הלך q
וַתֵּ֤רֶא ראה q וַתִּשְׁלַ֥ח שׁלח q וַתִּקָּחֶ֖הָ לקח q
וַתִּפְתַּח֙ פתח q וַתִּרְאֵ֣הוּ ראה q בֹּכֶ֑ה בכה q
וַתַּחְמֹ֣ל חמל q וַתֹּ֕אמֶר אמר q

◃ פַּרְעֹה֙ פַּרְעֹה PN הַיְאֹ֔ר/הַיְאֹ֑ר יְאֹר GN
וְנַעֲרֹתֶ֥יהָ נַעֲרָה מִיַּלְדֵ֥י יֶ֫לֶד הָֽעִבְרִ֖ים עִבְרִי GENT

ז וַתֹּ֣אמֶר אֲחֹתוֹ֮ אֶל־בַּת־פַּרְעֹה֒
הַאֵלֵ֗ךְ וְקָרָ֤אתִי לָךְ֙ אִשָּׁ֣ה מֵינֶ֔קֶת
מִ֖ן הָֽעִבְרִיֹּ֑ת
וְתֵינִ֥ק לָ֖ךְ אֶת־הַיָּֽלֶד׃
ח וַתֹּֽאמֶר־לָ֥הּ בַּת־פַּרְעֹ֖ה לֵ֑כִי
וַתֵּ֙לֶךְ֙ הָֽעַלְמָ֔ה
וַתִּקְרָ֖א אֶת־אֵ֥ם הַיָּֽלֶד׃

◁ וַתֹּ֣אמֶר / וַתֹּֽאמֶר־ אמר q הַאֵלֵ֗ךְ הלך q
וְקָרָ֤אתִי קרא q מֵינֶ֔קֶת ינק hi וְתֵינִ֥ק ינק hi
לֵ֑כִי הלך q וַתֵּ֙לֶךְ֙ הלך q וַתִּקְרָ֖א קרא q

◁ אֲחֹתוֹ֮ אָחוֹת פַּרְעֹה֒ / פַּרְעֹ֖ה פַּרְעֹה PN
הָֽעִבְרִיֹּ֑ת עִבְרִי GENT

3.4

The Burning Bush

EXODUS 3:1–15 — **שמות ג:א–טו**

Moses, an angel of YHWH, **YHWH/God**

א וּמֹשֶׁ֗ה הָיָ֥ה רֹעֶ֛ה אֶת־צֹ֛אן יִתְר֥וֹ חֹתְנ֖וֹ כֹּהֵ֣ן מִדְיָ֑ן
וַיִּנְהַ֤ג אֶת־הַצֹּאן֙ אַחַ֣ר הַמִּדְבָּ֔ר
וַיָּבֹ֛א אֶל־הַ֥ר הָאֱלֹהִ֖ים חֹרֵֽבָה׃

◁ הָיָה היה q רֹעֶה רעה q וַיִּנְהַג נהג q וַיָּבֹא בוא q
◁ יִתְרוֹ יִתְרוֹ PN חֹתְנוֹ חֹתֵן מִדְיָן מִדְיָן GN חֹרֵבָה חֹרֵב GN

ב וַיֵּרָא֩ מַלְאַ֨ךְ יְהוָ֥ה אֵלָ֛יו בְּלַבַּת־אֵ֖שׁ מִתּ֣וֹךְ הַסְּנֶ֑ה
וַיַּ֗רְא וְהִנֵּ֤ה הַסְּנֶה֙ בֹּעֵ֣ר בָּאֵ֔שׁ
וְהַסְּנֶ֖ה אֵינֶ֥נּוּ אֻכָּֽל׃
ג וַיֹּ֣אמֶר מֹשֶׁ֔ה
אָסֻֽרָה־נָּ֣א וְאֶרְאֶ֔ה
אֶת־הַמַּרְאֶ֥ה הַגָּדֹ֖ל הַזֶּ֑ה
מַדּ֖וּעַ לֹא־יִבְעַ֥ר הַסְּנֶֽה׃

◃ וַיֵּרָ֨א ראה ni וַיַּ֗רְא ראה q בֹּעֵ֣ר בער q אֻכָּֽל אכל pu
אָסֻֽרָה־ סור q וְאֶרְאֶ֔ה ראה q יִבְעַ֥ר בער q

◃ בְּלַבַּת־ לַבָּה מִתּ֣וֹךְ תָּוֶךְ אֵינֶ֥נּוּ אַ֫יִן

ד וַיַּ֥רְא יְהוָ֖ה כִּ֣י סָ֣ר לִרְא֑וֹת
וַיִּקְרָ֨א אֵלָ֜יו אֱלֹהִ֗ים מִתּ֣וֹךְ הַסְּנֶ֔ה
וַיֹּ֥אמֶר מֹשֶׁ֖ה מֹשֶׁ֑ה וַיֹּ֖אמֶר הִנֵּֽנִי׃

ה וַיֹּ֖אמֶר אַל־תִּקְרַ֣ב הֲלֹ֑ם
שַׁל־נְעָלֶ֙יךָ֙ מֵעַ֣ל רַגְלֶ֔יךָ
כִּ֣י הַמָּק֗וֹם אֲשֶׁ֤ר אַתָּה֙ עוֹמֵ֣ד עָלָ֔יו
אַדְמַת־קֹ֖דֶשׁ הֽוּא׃

ו וַיֹּ֗אמֶר אָנֹכִי֙ אֱלֹהֵ֣י אָבִ֔יךָ
אֱלֹהֵ֧י אַבְרָהָ֛ם אֱלֹהֵ֥י יִצְחָ֖ק וֵאלֹהֵ֣י יַעֲקֹ֑ב
וַיַּסְתֵּ֤ר מֹשֶׁה֙ פָּנָ֔יו
כִּ֣י יָרֵ֔א
מֵהַבִּ֖יט אֶל־הָאֱלֹהִֽים׃

◃ וַיַּ֣רְא ראה q סָ֣ר סור q לִרְא֑וֹת ראה q
וַיִּקְרָ֨א קרא q תִּקְרַ֣ב קרב q שַׁל־ נשל q
עוֹמֵ֣ד עמד q וַיַּסְתֵּ֤ר סתר hi
יָרֵ֔א ירא q מֵהַבִּ֖יט נבט hi

◃ מִתּ֣וֹךְ תָּ֣וֶךְ נְעָלֶ֙יךָ֙ נַ֫עַל רַגְלֶ֔יךָ רֶ֫גֶל
אַבְרָהָ֛ם אַבְרָהָם PN יִצְחָ֖ק יִצְחָק PN
יַעֲקֹ֑ב יַעֲקֹב PN

ז וַיֹּ֣אמֶר יְהוָ֔ה

רָאֹ֥ה רָאִ֛יתִי אֶת־עֳנִ֥י עַמִּ֖י אֲשֶׁ֣ר בְּמִצְרָ֑יִם

וְאֶת־צַעֲקָתָ֤ם שָׁמַ֙עְתִּי֙ מִפְּנֵ֣י נֹֽגְשָׂ֔יו

כִּ֥י יָדַ֖עְתִּי אֶת־מַכְאֹבָֽיו׃

ח וָאֵרֵ֞ד לְהַצִּיל֣וֹ ׀ מִיַּ֣ד מִצְרַ֗יִם

וּֽלְהַעֲלֹתוֹ֮ מִן־הָאָ֣רֶץ הַהִוא֒

אֶל־אֶ֤רֶץ טוֹבָה֙ וּרְחָבָ֔ה

אֶל־אֶ֛רֶץ זָבַ֥ת חָלָ֖ב וּדְבָ֑שׁ

אֶל־מְק֤וֹם הַֽכְּנַעֲנִי֙ וְהַ֣חִתִּ֔י

וְהָֽאֱמֹרִי֙ וְהַפְּרִזִּ֔י

וְהַחִוִּ֖י וְהַיְבוּסִֽי׃

ט וְעַתָּ֕ה

הִנֵּ֛ה צַעֲקַ֥ת בְּנֵֽי־יִשְׂרָאֵ֖ל בָּ֣אָה אֵלָ֑י

וְגַם־רָאִ֙יתִי֙ אֶת־הַלַּ֔חַץ

אֲשֶׁ֥ר מִצְרַ֖יִם לֹחֲצִ֥ים אֹתָֽם׃

י וְעַתָּ֣ה לְכָ֔ה

וְאֶֽשְׁלָחֲךָ֖ אֶל־פַּרְעֹ֑ה

וְהוֹצֵ֛א אֶת־עַמִּ֥י בְנֵֽי־יִשְׂרָאֵ֖ל מִמִּצְרָֽיִם׃

◃ רָאֹה ראה q רָאִיתִי / רָאִיתִי ראה q שָׁמַעְתִּי שמע q
נֹגְשָׂיו נגשׂ q יָדַעְתִּי ידע q וָאֵרֵד ירד q לְהַצִּילוֹ | נצל hi
וּלְהַעֲלֹתוֹ עלה hi זָבַת זוב q בָּאָה בוא q לֹחֲצִים לחץ q
לְכָה הלך q וְאֶשְׁלָחֲךָ שׁלח q וְהוֹצֵא יצא hi

◃ צַעֲקָתָם צְעָקָה הַכְּנַעֲנִי כְּנַעֲנִי GENT וְהַחִתִּי חִתִּי GENT
וְהָאֱמֹרִי אֱמֹרִי GENT וְהַפְּרִזִּי פְּרִזִּי GENT וְהַחִוִּי חִוִּי GENT
וְהַיְבוּסִי יְבוּסִי GENT צַעֲקַת צְעָקָה פַּרְעֹה פַּרְעֹה PN

יא וַיֹּאמֶר מֹשֶׁה אֶל־הָאֱלֹהִים
מִי אָנֹכִי
כִּי אֵלֵךְ אֶל־פַּרְעֹה
וְכִי אוֹצִיא אֶת־בְּנֵי יִשְׂרָאֵל מִמִּצְרָיִם׃

◃ אֵלֵךְ הלך q אוֹצִיא יצא hi
◃ פַּרְעֹה פַּרְעֹה PN

יב וַיֹּאמֶר כִּי־אֶהְיֶה עִמָּךְ
וְזֶה־לְּךָ הָאוֹת
כִּי אָנֹכִי שְׁלַחְתִּיךָ
בְּהוֹצִיאֲךָ אֶת־הָעָם מִמִּצְרַיִם
תַּעַבְדוּן אֶת־הָאֱלֹהִים
עַל הָהָר הַזֶּה׃

◃ אֶהְיֶה היה q שְׁלַחְתִּיךָ שׁלח q בְּהוֹצִיאֲךָ יצא hi תַּעַבְדוּן עבד q

יג וַיֹּ֨אמֶר מֹשֶׁ֜ה אֶל־הָֽאֱלֹהִ֗ים
הִנֵּ֨ה אָנֹכִ֣י בָא֮ אֶל־בְּנֵ֣י יִשְׂרָאֵל֒
וְאָמַרְתִּ֣י לָהֶ֔ם
אֱלֹהֵ֥י אֲבוֹתֵיכֶ֖ם שְׁלָחַ֣נִי אֲלֵיכֶ֑ם
וְאָֽמְרוּ־לִ֣י מַה־שְּׁמ֔וֹ
מָ֥ה אֹמַ֖ר אֲלֵהֶֽם׃

◁ בָא֮ בוא q וְאָמַרְתִּ֣י אמר q שְׁלָחַ֣נִי שלח q
וְאָֽמְרוּ־ אמר q אֹמַ֖ר אמר q

◁ אֲבוֹתֵיכֶ֖ם אָב

יד וַיֹּ֤אמֶר אֱלֹהִים֙ אֶל־מֹשֶׁ֔ה
אֶֽהְיֶ֖ה אֲשֶׁ֣ר אֶֽהְיֶ֑ה
וַיֹּ֗אמֶר כֹּ֤ה תֹאמַר֙ לִבְנֵ֣י יִשְׂרָאֵ֔ל
אֶֽהְיֶ֖ה שְׁלָחַ֥נִי אֲלֵיכֶֽם׃
טו וַיֹּאמֶר֩ ע֨וֹד אֱלֹהִ֜ים אֶל־מֹשֶׁ֗ה
כֹּֽה־תֹאמַר֮ אֶל־בְּנֵ֣י יִשְׂרָאֵל֒
יְהוָ֞ה אֱלֹהֵ֣י אֲבֹתֵיכֶ֗ם אֱלֹהֵ֨י אַבְרָהָ֜ם
אֱלֹהֵ֥י יִצְחָ֛ק וֵאלֹהֵ֥י יַעֲקֹ֖ב שְׁלָחַ֣נִי אֲלֵיכֶ֑ם
זֶה־שְּׁמִ֣י לְעֹלָ֔ם
וְזֶ֥ה זִכְרִ֖י לְדֹ֥ר דֹּֽר׃

◁ אֶֽהְיֶ֖ה/אֶֽהְיֶ֑ה היה q תֹאמַר֙/תֹאמַר֮ אמר q שְׁלָחַ֥נִי/שְׁלָחַ֣נִי שלח q

◁ אֲבֹתֵיכֶ֗ם אָב אַבְרָהָ֜ם PN יִצְחָ֛ק PN יַעֲקֹ֖ב PN

3.5

God Commands Moses to Go to Pharaoh

EXODUS 6:2–13	שמות ו׃ב–יג

God, **Moses**, the Israelites, Aaron

ב וַיְדַבֵּ֥ר אֱלֹהִ֖ים אֶל־מֹשֶׁ֑ה

וַיֹּ֥אמֶר אֵלָ֖יו אֲנִ֥י יְהוָֽה׃

ג וָאֵרָ֗א אֶל־אַבְרָהָ֛ם אֶל־יִצְחָ֥ק וְאֶל־יַעֲקֹ֖ב
בְּאֵ֣ל שַׁדָּ֑י

וּשְׁמִ֣י יְהוָ֔ה

לֹ֥א נוֹדַ֖עְתִּי לָהֶֽם׃

ד וְגַ֨ם הֲקִמֹ֤תִי אֶת־בְּרִיתִי֙ אִתָּ֔ם

לָתֵ֥ת לָהֶ֖ם אֶת־אֶ֣רֶץ כְּנָ֑עַן

אֵ֛ת אֶ֥רֶץ מְגֻרֵיהֶ֖ם אֲשֶׁר־גָּ֥רוּ בָֽהּ׃

ה וְגַ֣ם׀ אֲנִ֣י שָׁמַ֗עְתִּי אֶֽת־נַאֲקַת֙ בְּנֵ֣י יִשְׂרָאֵ֔ל
אֲשֶׁ֥ר מִצְרַ֖יִם מַעֲבִדִ֣ים אֹתָ֑ם

וָאֶזְכֹּ֖ר אֶת־בְּרִיתִֽי׃

▷ וַיְדַבֵּר דבר pi וָאֵרָא ראה ni נוֹדַעְתִּי ידע ni
הֲקִמֹ֫תִי קום hi לָתֵת נתן q גֵּרוּ גור q
שָׁמַ֫עְתִּי שמע q מַעֲבִדִים עבד hi וָאֶזְכֹּר זכר q

▷ אַבְרָהָם אברהם PN יִצְחָק יצחק PN יַעֲקֹב יעקב PN
בְּאֵל אֵל שַׁדַּי שַׁדַּי כְּנַ֫עַן כְּנַ֫עַן GN מְגֻרֵיהֶם מָגוֹר

ו   לָכֵ֞ן אֱמֹ֣ר לִבְנֵֽי־יִשְׂרָאֵל֮ אֲנִ֣י יְהוָה֒

וְהוֹצֵאתִ֣י אֶתְכֶ֗ם   מִתַּ֙חַת֙   סִבְלֹ֣ת מִצְרַ֔יִם

וְהִצַּלְתִּ֥י אֶתְכֶ֖ם   מֵעֲבֹדָתָ֑ם

וְגָאַלְתִּ֤י אֶתְכֶם֙   בִּזְר֣וֹעַ נְטוּיָ֔ה

וּבִשְׁפָטִ֖ים   גְּדֹלִֽים:

ז   וְלָקַחְתִּ֨י אֶתְכֶ֥ם לִי֙   לְעָ֔ם

וְהָיִ֥יתִי לָכֶ֖ם   לֵֽאלֹהִ֑ים

וִֽידַעְתֶּ֗ם   כִּ֣י אֲנִ֤י יְהוָה֙   אֱלֹ֣הֵיכֶ֔ם

הַמּוֹצִ֣יא אֶתְכֶ֔ם

מִתַּ֖חַת   סִבְל֥וֹת מִצְרָֽיִם:

ח   וְהֵבֵאתִ֤י אֶתְכֶם֙ אֶל־הָאָ֔רֶץ

אֲשֶׁ֤ר נָשָׂ֙אתִי֙   אֶת־יָדִ֔י

לָתֵ֣ת אֹתָ֔הּ

לְאַבְרָהָ֥ם לְיִצְחָ֖ק   וּֽלְיַעֲקֹ֑ב

וְנָתַתִּ֙י אֹתָ֥הּ לָכֶ֛ם מוֹרָשָׁ֖ה   אֲנִ֥י יְהוָֽה:

◃ אֱמֹר אמר q וְהוֹצֵאתִ֣י יצא hi
וְהִצַּלְתִּ֣י נצל hi וְגָאַלְתִּ֤י גאל q
נְטוּיָ֔ה נטה q וְלָקַחְתִּ֨י לקח q
וְהָיִ֥יתִי היה q וִֽידַעְתֶּ֗ם ידע q
הַמּוֹצִ֣יא יצא hi וְהֵבֵאתִ֤י בוא hi
נָשָׂ֨אתִי֙ נשׂא q לָתֵ֣ת נתן q
וְנָתַתִּ֨י נתן q

◃ לְאַבְרָהָ֥ם אַבְרָהָם PN לְיִצְחָ֣ק יִצְחָק PN וּֽלְיַעֲקֹ֑ב יַעֲקֹב PN

ט וַיְדַבֵּ֤ר מֹשֶׁה֙ כֵּ֔ן אֶל־בְּנֵ֖י יִשְׂרָאֵ֑ל
וְלֹ֤א שָֽׁמְעוּ֙ אֶל־מֹשֶׁ֔ה
מִקֹּ֣צֶר ר֔וּחַ
וּמֵעֲבֹדָ֖ה קָשָֽׁה׃ פ

◃ וַיְדַבֵּ֤ר דבר pi שָֽׁמְעוּ֙ שׁמע q

י וַיְדַבֵּ֥ר יְהוָ֖ה אֶל־מֹשֶׁ֥ה לֵּאמֹֽר׃
יא בֹּ֣א דַבֵּ֔ר
אֶל־פַּרְעֹ֖ה מֶ֣לֶךְ מִצְרָ֑יִם
וִֽישַׁלַּ֥ח אֶת־בְּנֵֽי־יִשְׂרָאֵ֖ל מֵאַרְצֽוֹ׃

◃ וַיְדַבֵּ֥ר דבר pi לֵּאמֹֽר אמר q בֹּ֣א בוא q
דַבֵּ֔ר דבר pi וִֽישַׁלַּ֥ח שׁלח pi

◃ פַּרְעֹ֖ה פַּרְעֹה PN

יב וַיְדַבֵּ֣ר מֹשֶׁ֔ה
לִפְנֵ֥י יְהוָ֖ה לֵאמֹ֑ר
הֵ֤ן בְּנֵֽי־יִשְׂרָאֵל֙ לֹא־שָׁמְע֣וּ אֵלַ֔י
וְאֵיךְ֙ יִשְׁמָעֵ֣נִי פַרְעֹ֔ה
וַאֲנִ֖י עֲרַ֥ל שְׂפָתָֽיִם׃ פ

◃ וַיְדַבֵּ֣ר דבר pi לֵאמֹ֑ר אמר q
שָׁמְע֣וּ שמע q יִשְׁמָעֵ֣נִי שמע q
◃ פַרְעֹ֔ה פַּרְעֹה PN שְׂפָתָֽיִם שָׂפָה

יג וַיְדַבֵּ֣ר יְהוָה֮ אֶל־מֹשֶׁ֣ה וְאֶֽל־אַהֲרֹן֒
וַיְצַוֵּם֙ אֶל־בְּנֵ֣י יִשְׂרָאֵ֔ל
וְאֶל־פַּרְעֹ֖ה מֶ֣לֶךְ מִצְרָ֑יִם
לְהוֹצִ֥יא אֶת־בְּנֵֽי־יִשְׂרָאֵ֖ל מֵאֶ֥רֶץ מִצְרָֽיִם׃ ס

◃ וַיְדַבֵּ֣ר דבר pi וַיְצַוֵּם֙ צוה pi לְהוֹצִ֥יא יצא hi
◃ אַהֲרֹן֒ אַהֲרֹן PN פַּרְעֹ֖ה פַּרְעֹה PN

3.6

The Crossing of the Sea

EXODUS 13:17–14:31 **שמות יג:יז - יד:לא**

Pharaoh, **the Israelites**, **God / YHWH**, **Moses**, **Pharaoh's servants**, **Pharaoh's army** (including officers and charioteers), an angel of YHWH

יז וַיְהִ֗י בְּשַׁלַּ֣ח פַּרְעֹה֮ אֶת־הָעָם֒
וְלֹא־נָחָ֣ם אֱלֹהִ֗ים דֶּ֚רֶךְ אֶ֣רֶץ פְּלִשְׁתִּ֔ים
כִּ֥י קָר֖וֹב ה֑וּא
כִּ֣י ׀ אָמַ֣ר אֱלֹהִ֗ים פֶּֽן־יִנָּחֵ֥ם הָעָ֛ם
בִּרְאֹתָ֥ם מִלְחָמָ֖ה וְשָׁ֥בוּ מִצְרָֽיְמָה׃
יח וַיַּסֵּ֨ב אֱלֹהִ֧ים ׀ אֶת־הָעָ֛ם דֶּ֥רֶךְ הַמִּדְבָּ֖ר יַם־ס֑וּף
וַחֲמֻשִׁ֛ים עָל֥וּ בְנֵֽי־יִשְׂרָאֵ֖ל מֵאֶ֥רֶץ מִצְרָֽיִם׃

◃ וַיְהִי היה q בְּשַׁלַּח שׁלח pi
נָחָם נחה q אָמַר אמר q
יִנָּחֵם נחם ni בִּרְאֹתָם ראה q
וְשָׁבוּ שׁוב q וַיַּסֵּב סבב hi
וַחֲמֻשִׁים חמשׁ q עָלוּ עלה q

◃ פַּרְעֹה פַּרְעֹה PN פְּלִשְׁתִּים פְּלִשְׁתִּי GENT
יַם־סוּף יַם־סוּף GN

יט וַיִּקַּ֥ח מֹשֶׁ֛ה אֶת־עַצְמ֥וֹת יוֹסֵ֖ף עִמּ֑וֹ
כִּי֩ הַשְׁבֵּ֨עַ הִשְׁבִּ֜יעַ אֶת־בְּנֵ֤י יִשְׂרָאֵל֙ לֵאמֹ֔ר
פָּקֹ֨ד יִפְקֹ֤ד אֱלֹהִים֙ אֶתְכֶ֔ם
וְהַעֲלִיתֶ֧ם אֶת־עַצְמֹתַ֛י מִזֶּ֖ה אִתְּכֶֽם׃

◃ וַיִּקַּח לקח q הַשְׁבֵּעַ שבע hi הִשְׁבִּיעַ שבע hi לֵאמֹר אמר q
פָּקֹד פקד q יִפְקֹד פקד q וְהַעֲלִיתֶם עלה hi
◃ יוֹסֵף יוֹסֵף PN עַצְמֹתַי עֶצֶם

כ וַיִּסְע֖וּ מִסֻּכֹּ֑ת
וַֽיַּחֲנ֣וּ בְאֵתָ֔ם
בִּקְצֵ֖ה הַמִּדְבָּֽר׃

◃ וַיִּסְעוּ נסע q וַיַּחֲנוּ חנה q
◃ מִסֻּכֹּת סֻכּוֹת GN בְאֵתָם אֵתָם GN

כא וַֽיהוָ֡ה הֹלֵךְ֩ לִפְנֵיהֶ֨ם יוֹמָ֜ם בְּעַמּ֤וּד עָנָן֙
לַנְחֹתָ֣ם הַדֶּ֔רֶךְ
וְלַ֛יְלָה בְּעַמּ֥וּד אֵ֖שׁ לְהָאִ֣יר לָהֶ֑ם
לָלֶ֖כֶת יוֹמָ֥ם וָלָֽיְלָה׃
כב לֹֽא־יָמִ֞ישׁ עַמּ֤וּד הֶֽעָנָן֙ יוֹמָ֔ם
וְעַמּ֥וּד הָאֵ֖שׁ לָ֑יְלָה
לִפְנֵ֖י הָעָֽם׃ פ

◃ הֹלֵ֙ךְ הלך q לַנְחֹתָ֣ם נחה hi לְהָאִ֣יר אור hi
לָלֶ֖כֶת הלך q יָמִ֞ישׁ מושׁ q

א וַיְדַבֵּ֥ר יְהוָ֖ה אֶל־מֹשֶׁ֥ה לֵּאמֹֽר׃
ב דַּבֵּר֮ אֶל־בְּנֵ֣י יִשְׂרָאֵל֒
וְיָשֻׁ֗בוּ וְיַחֲנוּ֙ לִפְנֵי֙ פִּ֣י הַחִירֹ֔ת
בֵּ֥ין מִגְדֹּ֖ל וּבֵ֣ין הַיָּ֑ם
לִפְנֵי֙ בַּ֣עַל צְפֹ֔ן
נִכְח֥וֹ תַחֲנ֖וּ עַל־הַיָּֽם׃
ג וְאָמַ֤ר פַּרְעֹה֙ לִבְנֵ֣י יִשְׂרָאֵ֔ל
נְבֻכִ֥ים הֵ֖ם בָּאָ֑רֶץ
סָגַ֥ר עֲלֵיהֶ֖ם הַמִּדְבָּֽר׃
ד וְחִזַּקְתִּ֣י אֶת־לֵב־פַּרְעֹה֮ וְרָדַ֣ף אַחֲרֵיהֶם֒
וְאִכָּבְדָ֤ה בְּפַרְעֹה֙ וּבְכָל־חֵיל֔וֹ
וְיָדְע֥וּ מִצְרַ֖יִם כִּֽי־אֲנִ֣י יְהוָ֑ה
וַיַּעֲשׂוּ־כֵֽן׃

◃ וַיְדַבֵּ֥ר דבר pi לֵּאמֹֽר אמר q דַּבֵּר֮ דבר pi וְיָשֻׁ֗בוּ שׁוב q
וְיַחֲנוּ֙ חנה q תַחֲנ֖וּ חנה q וְאָמַ֤ר אמר q נְבֻכִ֥ים בוך ni
סָגַ֥ר סגר q וְחִזַּקְתִּ֣י חזק pi וְרָדַ֣ף רדף q וְאִכָּבְדָ֤ה כבד ni
וְיָדְע֥וּ ידע q וַיַּעֲשׂוּ־ עשׂה q

◃ פִּ֣י הַחִירֹ֔ת פִּי הַחִירֹת GN מִגְדֹּ֖ל מִגְדֹּל GN
בַּ֣עַל צְפֹ֔ן בַּ֫עַל צְפוֹן GN נִכְח֥וֹ נֹ֫כַח
פַּרְעֹה֙ / פַּרְעֹה֮ פַּרְעֹה PN בְּפַרְעֹה֙ פַּרְעֹה PN חֵיל֔וֹ חַ֫יִל

ה וַיֻּגַּד֙ לְמֶ֣לֶךְ מִצְרַ֔יִם

כִּ֥י בָרַ֖ח הָעָ֑ם

וַ֠יֵּהָפֵךְ לְבַ֨ב פַּרְעֹ֤ה וַעֲבָדָיו֙ אֶל־הָעָ֔ם

וַיֹּֽאמְרוּ֙ מַה־זֹּ֣את עָשִׂ֔ינוּ

כִּֽי־שִׁלַּ֥חְנוּ אֶת־יִשְׂרָאֵ֖ל מֵעָבְדֵֽנוּ׃

◃ וַיֻּגַּד֙ נגד ho בָרַ֖ח ברח q וַ֠יֵּהָפֵךְ הפך ni
וַיֹּֽאמְרוּ֙ אמר q עָשִׂ֔ינוּ עשה q
שִׁלַּ֥חְנוּ שלח pi מֵעָבְדֵֽנוּ עבד q

◃ פַּרְעֹ֤ה פַּרְעֹה PN

ו וַיֶּאְסֹ֖ר אֶת־רִכְבּ֑וֹ

וְאֶת־עַמּ֖וֹ לָקַ֥ח עִמּֽוֹ׃

ז וַיִּקַּ֗ח שֵׁשׁ־מֵא֥וֹת רֶ֙כֶב֙ בָּח֔וּר

וְכֹ֖ל רֶ֣כֶב מִצְרָ֑יִם

וְשָׁלִשִׁ֖ם עַל־כֻּלּֽוֹ׃

ח וַיְחַזֵּ֣ק יְהוָ֗ה אֶת־לֵ֤ב פַּרְעֹה֙ מֶ֣לֶךְ מִצְרַ֔יִם

וַיִּרְדֹּ֕ף

אַחֲרֵ֖י בְּנֵ֣י יִשְׂרָאֵ֑ל

וּבְנֵ֣י יִשְׂרָאֵ֔ל

יֹצְאִ֖ים בְּיָ֥ד רָמָֽה׃

ט וַיִּרְדְּפ֨וּ מִצְרַ֜יִם אַחֲרֵיהֶ֗ם
וַיַּשִּׂ֤יגוּ אוֹתָם֙ חֹנִ֣ים עַל־הַיָּ֔ם
כָּל־סוּס֙ רֶ֣כֶב פַּרְעֹ֔ה
וּפָרָשָׁ֖יו וְחֵיל֑וֹ
עַל־פִּי֙ הַֽחִירֹ֔ת
לִפְנֵ֖י בַּ֥עַל צְפֹֽן׃

◁ וַיֶּאְסֹ֖ר אסר q לָקַ֥ח לקח q וַיִּקַּ֗ח לקח q
בָּח֔וּר בחר q וַיְחַזֵּ֣ק חזק pi וַיִּרְדֹּ֔ף רדף q
יֹצְאִ֖ים יצא q רָמָֽה רום q וַיִּרְדְּפ֨וּ רדף q
וַיַּשִּׂ֤יגוּ נשׂג hi חֹנִ֣ים חנה q

◁ וְשָׁלִשִׁ֖ם שָׁלִישׁ פַּרְעֹה֙ / פַּרְעֹ֔ה פַּרְעֹה PN וְחֵיל֑וֹ חַיִל
פִּי הַחִירֹ֔ת פִּי הַחִירֹת GN בַּ֥עַל צְפֹ֖ן בַּעַל צְפוֹן GN

י וּפַרְעֹ֖ה הִקְרִ֑יב
וַיִּשְׂא֣וּ בְנֵֽי־יִשְׂרָאֵ֣ל אֶת־עֵינֵיהֶ֡ם
וְהִנֵּ֣ה מִצְרַ֣יִם ׀ נֹסֵ֣עַ אַחֲרֵיהֶ֗ם וַיִּֽירְאוּ֙ מְאֹ֔ד
וַיִּצְעֲק֥וּ בְנֵֽי־יִשְׂרָאֵ֖ל אֶל־יְהוָֽה׃
יא וַיֹּאמְרוּ֮ אֶל־מֹשֶׁה֒
הֲֽמִבְּלִ֤י אֵין־קְבָרִים֙ בְּמִצְרַ֔יִם
לְקַחְתָּ֖נוּ לָמ֣וּת בַּמִּדְבָּ֑ר
מַה־זֹּאת֙ עָשִׂ֣יתָ לָּ֔נוּ
לְהוֹצִיאָ֖נוּ מִמִּצְרָֽיִם׃

יב הֲלֹא־זֶ֣ה הַדָּבָ֗ר
אֲשֶׁ֩ר דִּבַּ֨רְנוּ אֵלֶ֤יךָ בְמִצְרַ֙יִם֙ לֵאמֹ֔ר
חֲדַ֥ל מִמֶּ֖נּוּ וְֽנַעַבְדָ֣ה אֶת־מִצְרָ֑יִם
כִּ֣י ט֥וֹב לָ֙נוּ֙ עֲבֹ֣ד אֶת־מִצְרַ֔יִם
מִמֻּתֵ֖נוּ בַּמִּדְבָּֽר׃

▹ הִקְרִ֑יב קרב hi וַיִּשְׂא֩וּ נשׂא q נֹסֵ֣עַ נסע q
וַיִּֽירְא֙וּ ירא q וַיִּצְעֲק֥וּ צעק q וַיֹּאמְר֞וּ אמר q
לְקַחְתָּ֖נוּ לקח q לָמ֣וּת מות q עָשִׂ֣יתָ עשׂה q
לְהוֹצִיאָ֖נוּ יצא hi דִּבַּ֨רְנוּ דבר pi לֵאמֹ֔ר אמר q
חֲדַ֥ל חדל q וְֽנַעַבְדָ֣ה עבד q עֲבֹ֣ד עבד q מִמֻּתֵ֖נוּ מות q
▹ וּפַרְעֹ֖ה פַּרְעֹה PN הֲמִבְּלֵ֥י בְּלִי

יג וַיֹּ֨אמֶר מֹשֶׁ֣ה אֶל־הָעָם֮ אַל־תִּירָ֒אוּ֒
הִֽתְיַצְּב֗וּ וּרְאוּ֙ אֶת־יְשׁוּעַ֣ת יְהוָ֔ה
אֲשֶׁר־יַעֲשֶׂ֥ה לָכֶ֖ם הַיּ֑וֹם
כִּ֗י אֲשֶׁ֨ר רְאִיתֶ֤ם אֶת־מִצְרַ֙יִם֙ הַיּ֔וֹם
לֹ֥א תֹסִ֛פוּ לִרְאֹתָ֥ם ע֖וֹד עַד־עוֹלָֽם׃
יד יְהוָ֖ה יִלָּחֵ֣ם לָכֶ֑ם
וְאַתֶּ֖ם תַּחֲרִשֽׁוּן׃ פ

▹ תִּירָ֒אוּ֒ ירא q הִֽתְיַצְּב֗וּ יצב hith וּרְאוּ֙ ראה q
יַעֲשֶׂ֥ה עשׂה q רְאִיתֶ֤ם ראה q תֹסִ֛פוּ יסף hi
לִרְאֹתָ֥ם ראה q יִלָּחֵ֣ם לחם ni תַּחֲרִשֽׁוּן חרשׁ hi

טו וַיֹּ֥אמֶר יְהוָה֙ אֶל־מֹשֶׁ֔ה
מַה־תִּצְעַ֖ק אֵלָ֑י
דַּבֵּ֥ר אֶל־בְּנֵֽי־יִשְׂרָאֵ֖ל וְיִסָּֽעוּ׃

טז וְאַתָּ֞ה הָרֵ֣ם אֶֽת־מַטְּךָ֗
וּנְטֵ֧ה אֶת־יָדְךָ֛ עַל־הַיָּ֖ם וּבְקָעֵ֑הוּ
וְיָבֹ֧אוּ בְנֵֽי־יִשְׂרָאֵ֛ל בְּת֥וֹךְ הַיָּ֖ם בַּיַּבָּשָֽׁה׃

יז וַאֲנִ֗י הִנְנִ֤י מְחַזֵּק֙ אֶת־לֵ֣ב מִצְרַ֔יִם
וְיָבֹ֖אוּ אַחֲרֵיהֶ֑ם
וְאִכָּבְדָ֤ה בְּפַרְעֹה֙ וּבְכָל־חֵיל֔וֹ
בְּרִכְבּ֖וֹ וּבְפָרָשָֽׁיו׃

יח וְיָדְע֥וּ מִצְרַ֖יִם כִּֽי־אֲנִ֣י יְהוָ֑ה
בְּהִכָּבְדִ֣י בְּפַרְעֹ֔ה
בְּרִכְבּ֖וֹ וּבְפָרָשָֽׁיו׃

◃ תִּצְעַק צעק q דַּבֵּר דבר pi
וְיִסָּעוּ נסע q הָרֵם רום hi
וּנְטֵה נטה q וּבְקָעֵהוּ בקע q
וְיָבֹאוּ / וְיָבֹאוּ בוא q מְחַזֵּק חזק pi
וְאִכָּבְדָה כבד ni וְיָדְעוּ ידע q
בְּהִכָּבְדִי כבד ni

◃ בְּתוֹךְ תָּוֶךְ בְּפַרְעֹה / בְּפַרְעֹה פַּרְעֹה PN
חֵילוֹ חַיִל בְּרִכְבּוֹ רֶכֶב וּבְפָרָשָׁיו פָּרָשׁ
וּבְפָרָשָׁיו פָּרָשׁ

יט   וַיִּסַּ֞ע מַלְאַ֣ךְ הָאֱלֹהִ֗ים הַהֹלֵךְ֙ לִפְנֵי֙ מַחֲנֵ֣ה יִשְׂרָאֵ֔ל

וַיֵּ֖לֶךְ מֵאַחֲרֵיהֶ֑ם

וַיִּסַּ֞ע עַמּ֤וּד הֶֽעָנָן֙ מִפְּנֵיהֶ֔ם

וַיַּֽעֲמֹ֖ד מֵאַחֲרֵיהֶֽם׃

כ   וַיָּבֹ֞א בֵּ֣ין ׀ מַחֲנֵ֣ה מִצְרַ֗יִם וּבֵין֙ מַחֲנֵ֣ה יִשְׂרָאֵ֔ל

וַיְהִ֤י הֶֽעָנָן֙ וְהַחֹ֔שֶׁךְ

וַיָּ֖אֶר אֶת־הַלָּ֑יְלָה

וְלֹא־קָרַ֥ב זֶ֛ה אֶל־זֶ֖ה כָּל־הַלָּֽיְלָה׃

                    ◁   וַיִּסַּ֞ע נסע q   הַהֹלֵךְ֙ הלך q

                       וַיֵּ֖לֶךְ הלך q   וַיַּֽעֲמֹ֖ד עמד q

                       וַיָּבֹ֞א בוא q   וַיְהִ֤י היה q

                       וַיָּ֖אֶר אור hi   קָרַ֥ב קרב q

כא   וַיֵּ֨ט מֹשֶׁ֣ה אֶת־יָדוֹ֮ עַל־הַיָּם֒

וַיּ֣וֹלֶךְ יְהֹוָ֣ה ׀ אֶת־הַ֠יָּם בְּר֨וּחַ קָדִ֤ים עַזָּה֙ כָּל־הַלַּ֔יְלָה

וַיָּ֥שֶׂם אֶת־הַיָּ֖ם לֶחָרָבָ֑ה

וַיִּבָּקְע֖וּ הַמָּֽיִם׃

כב   וַיָּבֹ֧אוּ בְנֵֽי־יִשְׂרָאֵ֛ל בְּת֥וֹךְ הַיָּ֖ם בַּיַּבָּשָׁ֑ה

וְהַמַּ֤יִם לָהֶם֙ חֹמָ֔ה

מִֽימִינָ֖ם וּמִשְּׂמֹאלָֽם׃

כג וַיִּרְדְּפוּ מִצְרַיִם וַיָּבֹאוּ אַחֲרֵיהֶם
כֹּל סוּס פַּרְעֹה
רִכְבּוֹ וּפָרָשָׁיו
אֶל־תּוֹךְ הַיָּם׃

◃ וַיֵּט נטה q וַיּוֹלֶךְ הלך hi וַיָּשֶׂם שׂים q וַיִּבָּקְעוּ בקע ni
וַיָּבֹאוּ/וַיָּבֹאוּ בוא q וַיִּרְדְּפוּ רדף q
◃ מִימִינָם יָמִין וּמִשְּׂמֹאלָם שְׂמֹאל פַּרְעֹה פַּרְעֹה PN

כד וַיְהִי בְּאַשְׁמֹרֶת הַבֹּקֶר
וַיַּשְׁקֵף יְהוָה אֶל־מַחֲנֵה מִצְרַיִם
בְּעַמּוּד אֵשׁ וְעָנָן
וַיָּהָם
אֵת מַחֲנֵה מִצְרָיִם׃
כה וַיָּסַר אֵת אֹפַן מַרְכְּבֹתָיו
וַיְנַהֲגֵהוּ בִּכְבֵדֻת
וַיֹּאמֶר מִצְרַיִם אָנוּסָה מִפְּנֵי יִשְׂרָאֵל
כִּי יְהוָה
נִלְחָם לָהֶם בְּמִצְרָיִם׃ פ

◃ וַיְהִי היה q וַיַּשְׁקֵף שׁקף hi וַיָּהָם המם q וַיָּסַר סור hi
וַיְנַהֲגֵהוּ נהג pi אָנוּסָה נוס q נִלְחָם לחם ni
◃ בְּאַשְׁמֹרֶת אַשְׁמוּרָה מַרְכְּבֹתָיו מֶרְכָּבָה

כו וַיֹּאמֶר יְהוָה אֶל־מֹשֶׁה
נְטֵה אֶת־יָדְךָ עַל־הַיָּם
וְיָשֻׁבוּ הַמַּיִם עַל־מִצְרַיִם
עַל־רִכְבּוֹ וְעַל־פָּרָשָׁיו׃

כז וַיֵּט מֹשֶׁה אֶת־יָדוֹ עַל־הַיָּם
וַיָּשָׁב הַיָּם לִפְנוֹת בֹּקֶר לְאֵיתָנוֹ
וּמִצְרַיִם נָסִים לִקְרָאתוֹ
וַיְנַעֵר יְהוָה אֶת־מִצְרַיִם בְּתוֹךְ הַיָּם׃

כח וַיָּשֻׁבוּ הַמַּיִם וַיְכַסּוּ אֶת־הָרֶכֶב וְאֶת־הַפָּרָשִׁים
לְכֹל חֵיל פַּרְעֹה
הַבָּאִים אַחֲרֵיהֶם בַּיָּם
לֹא־נִשְׁאַר בָּהֶם עַד־אֶחָד׃

כט וּבְנֵי יִשְׂרָאֵל הָלְכוּ בַיַּבָּשָׁה בְּתוֹךְ הַיָּם
וְהַמַּיִם לָהֶם חֹמָה
מִימִינָם וּמִשְּׂמֹאלָם׃

◁ נְטֵה נטה q וְיָשֻׁבוּ / וַיָּשֻׁבוּ שׁוב q
וַיֵּט נטה q וַיָּשָׁב שׁוב q
לִפְנוֹת פנה q נָסִים נוס q
לִקְרָאתוֹ קרא q וַיְנַעֵר נער pi
וַיְכַסּוּ כסה pi הַבָּאִים בוא q
נִשְׁאַר שׁאר ni הָלְכוּ הלך q

◁ לְאֵיתָנוֹ אֵיתָן פַּרְעֹה פַּרְעֹה PN
מִימִינָם יָמִין וּמִשְּׂמֹאלָם שְׂמֹאל

ל וַיּ֨וֹשַׁע יְהוָ֜ה בַּיּ֥וֹם הַה֛וּא אֶת־יִשְׂרָאֵ֖ל מִיַּ֣ד מִצְרָ֑יִם
וַיַּ֤רְא יִשְׂרָאֵל֙ אֶת־מִצְרַ֔יִם
מֵ֖ת עַל־שְׂפַ֥ת הַיָּֽם׃
לא וַיַּ֨רְא יִשְׂרָאֵ֜ל אֶת־הַיָּ֣ד הַגְּדֹלָ֗ה
אֲשֶׁ֨ר עָשָׂ֤ה יְהוָה֙ בְּמִצְרַ֔יִם
וַיִּֽירְא֥וּ הָעָ֖ם אֶת־יְהוָ֑ה
וַיַּֽאֲמִ֙ינוּ֙ בַּֽיהוָ֔ה
וּבְמֹשֶׁ֖ה עַבְדּֽוֹ׃ פ

◃ וַיּ֨וֹשַׁע ישע hi וַיַּ֤רְא ראה q
מֵ֖ת מות q וַיַּ֨רְא ראה q
עָשָׂ֤ה עשה q וַיִּֽירְא֥וּ ירא q
וַיַּֽאֲמִ֙ינוּ֙ אמן hi

3.7

Manna and Quail

EXODUS 16:1–36 שמות טז:א-לו

the Israelites, **Moses**, **Aaron**, **YHWH**, the Israelite leaders

א וַיִּסְעוּ֙ מֵֽאֵילִ֔ם
וַיָּבֹ֜אוּ כָּל־עֲדַ֤ת בְּנֵֽי־יִשְׂרָאֵל֙ אֶל־מִדְבַּר־סִ֔ין
אֲשֶׁ֥ר בֵּין־אֵילִ֖ם וּבֵ֣ין סִינָ֑י
בַּחֲמִשָּׁ֨ה עָשָׂ֥ר יוֹם֙ לַחֹ֣דֶשׁ הַשֵּׁנִ֔י
לְצֵאתָ֖ם מֵאֶ֥רֶץ מִצְרָֽיִם׃

◃ וַיִּסְעוּ֙ נסע q וַיָּבֹ֜אוּ בוא q
לְצֵאתָ֖ם יצא q

◃ מֵֽאֵילִ֔ם אֵילִם GN עֲדַ֤ת עֵדָה
סִ֔ין סִין GN אֵילִ֖ם אֵילִם GN
סִינָ֑י סִינַי GN

ב וילינו וַיִּלּ֜וֹנוּ כָּל־עֲדַ֧ת בְּנֵֽי־יִשְׂרָאֵ֛ל
עַל־מֹשֶׁ֥ה וְעַֽל־אַהֲרֹ֖ן בַּמִּדְבָּֽר׃

ג וַיֹּאמְר֨וּ אֲלֵהֶ֜ם בְּנֵ֣י יִשְׂרָאֵ֗ל
מִֽי־יִתֵּ֨ן מוּתֵ֤נוּ בְיַד־יְהוָה֙ בְּאֶ֣רֶץ מִצְרַ֔יִם
בְּשִׁבְתֵּ֙נוּ֙ עַל־סִ֣יר הַבָּשָׂ֔ר
בְּאָכְלֵ֥נוּ לֶ֖חֶם לָשֹׂ֑בַע
כִּֽי־הוֹצֵאתֶ֤ם אֹתָ֙נוּ֙ אֶל־הַמִּדְבָּ֣ר הַזֶּ֔ה
לְהָמִ֛ית אֶת־כָּל־הַקָּהָ֥ל הַזֶּ֖ה בָּרָעָֽב׃ ס

◃ וַיִּלֹּ֫ונוּ לון ni וַיֹּאמְר֫וּ אמר q יִתֵּ֫ן נתן q מוּתֵ֫נוּ מות q בְּשִׁבְתֵּ֫נוּ ישב q
בְּאָכְלֵנוּ אכל q הוֹצֵאתֶם יצא hi לְהָמִית מות hi

◃ עֲדַת עֵדָה אַהֲרֹן PN

ד וַיֹּ֤אמֶר יְהוָה֙ אֶל־מֹשֶׁ֔ה
הִנְנִ֨י מַמְטִ֥יר לָכֶ֛ם לֶ֖חֶם מִן־הַשָּׁמָ֑יִם
וְיָצָ֨א הָעָ֤ם וְלָֽקְטוּ֙ דְּבַר־י֣וֹם בְּיוֹמ֔וֹ
לְמַ֧עַן אֲנַסֶּ֛נּוּ הֲיֵלֵ֥ךְ בְּתוֹרָתִ֖י אִם־לֹֽא׃
ה וְהָיָה֙ בַּיּ֣וֹם הַשִּׁשִּׁ֔י
וְהֵכִ֖ינוּ אֵ֣ת אֲשֶׁר־יָבִ֑יאוּ
וְהָיָ֣ה מִשְׁנֶ֔ה
עַ֥ל אֲשֶׁר־יִלְקְט֖וּ י֥וֹם ׀ יֽוֹם׃ ס

◃ מַמְטִיר מטר hi וְיָצָא יצא q וְלָקְטוּ לקט q אֲנַסֶּנּוּ נסה pi הֲיֵלֵךְ הלך q
וְהָיָה/וְהָיָה היה q וְהֵכִינוּ כון hi יָבִיאוּ בוא hi יִלְקְטוּ לקט q

◃ בְּתוֹרָתִי תּוֹרָה

ו וַיֹּ֣אמֶר מֹשֶׁה֙ וְאַהֲרֹ֔ן
אֶל־כָּל־בְּנֵ֖י יִשְׂרָאֵ֑ל
עֶ֕רֶב
וִֽידַעְתֶּ֔ם
כִּ֧י יְהוָ֛ה הוֹצִ֥יא אֶתְכֶ֖ם מֵאֶ֥רֶץ מִצְרָֽיִם׃

ז וּבֹ֗קֶר וּרְאִיתֶם֙ אֶת־כְּב֣וֹד יְהוָ֔ה
בְּשָׁמְע֥וֹ אֶת־תְּלֻנֹּתֵיכֶ֖ם עַל־יְהוָ֑ה
וְנַ֣חְנוּ מָ֔ה
כִּ֥י תלונו תַלִּ֖ינוּ עָלֵֽינוּ׃

◃ וִֽידַעְתֶּ֔ם ידע q הוֹצִ֥יא יצא hi וּרְאִיתֶם֙ ראה q
בְּשָׁמְע֥וֹ שמע q תַלִּ֖ינוּ לון hi

◃ וְאַהֲרֹ֔ן אַהֲרֹן PN תְּלֻנֹּתֵיכֶ֖ם תְּלֻנָּה

ח וַיֹּ֣אמֶר מֹשֶׁ֗ה בְּתֵ֣ת יְהוָה֩ לָכֶ֨ם בָּעֶ֜רֶב בָּשָׂ֣ר לֶאֱכֹ֗ל
וְלֶ֤חֶם בַּבֹּ֙קֶר֙ לִשְׂבֹּ֔עַ
בִּשְׁמֹ֤עַ יְהוָה֙ אֶת־תְּלֻנֹּ֣תֵיכֶ֔ם
אֲשֶׁר־אַתֶּ֥ם מַלִּינִ֖ם עָלָ֑יו
וְנַ֣חְנוּ מָ֔ה
לֹא־עָלֵ֥ינוּ תְלֻנֹּתֵיכֶ֖ם כִּ֥י עַל־יְהוָֽה׃

◃ בְּתֵ֣ת נתן q לֶאֱכֹ֗ל אכל q לִשְׂבֹּ֔עַ שׂבע q בִּשְׁמֹ֤עַ שׁמע q מַלִּינִ֖ם לון hi

◃ תְּלֻנֹּ֣תֵיכֶ֔ם / תְלֻנֹּתֵיכֶ֖ם תְּלֻנָּה

ט וַיֹּאמֶר מֹשֶׁה אֶל־אַהֲרֹן
אֱמֹר אֶל־כָּל־עֲדַת בְּנֵי יִשְׂרָאֵל
קִרְבוּ לִפְנֵי יְהוָה
כִּי שָׁמַע
אֵת תְּלֻנֹּתֵיכֶם׃

י וַיְהִי כְּדַבֵּר אַהֲרֹן אֶל־כָּל־עֲדַת בְּנֵי־יִשְׂרָאֵל
וַיִּפְנוּ אֶל־הַמִּדְבָּר
וְהִנֵּה כְּבוֹד יְהוָה
נִרְאָה בֶּעָנָן׃ פ

▹ אֱמֹר אמר q קִרְבוּ קרב q שָׁמַע שמע q
וַיְהִי היה q כְּדַבֵּר דבר pi וַיִּפְנוּ פנה q
נִרְאָה ראה ni

▹ אַהֲרֹן / אַהֲרֹן אַהֲרֹן PN עֲדַת / עֲדַת עֵדָה
תְּלֻנֹּתֵיכֶם תְּלֻנָּה

יא וַיְדַבֵּר יְהוָה אֶל־מֹשֶׁה לֵּאמֹר׃

יב שָׁמַעְתִּי אֶת־תְּלוּנֹּת בְּנֵי יִשְׂרָאֵל
דַּבֵּר אֲלֵהֶם לֵאמֹר
בֵּין הָעַרְבַּיִם תֹּאכְלוּ בָשָׂר
וּבַבֹּקֶר תִּשְׂבְּעוּ־לָחֶם
וִידַעְתֶּם
כִּי אֲנִי יְהוָה אֱלֹהֵיכֶם׃

◁ וַיְדַבֵּר דבר pi לֵאמֹר / לֵאמֹר אמר q שָׁמַעְתִּי שמע q דַּבֵּר דבר pi
תֹּאכְלוּ אכל q תִּשְׂבְּעוּ־ שׂבע q וִידַעְתֶּם ידע q

◁ תְּלוּנֹּת תְּלֻנָּה הָעַרְבַּיִם עֶרֶב

יג וַיְהִ֣י בָעֶ֔רֶב
וַתַּ֣עַל הַשְּׂלָ֔ו
וַתְּכַ֖ס אֶת־הַֽמַּחֲנֶ֑ה
וּבַבֹּ֗קֶר הָֽיְתָה֙ שִׁכְבַ֣ת הַטַּ֔ל
סָבִ֖יב לַֽמַּחֲנֶֽה׃
יד וַתַּ֖עַל שִׁכְבַ֣ת הַטָּ֑ל
וְהִנֵּ֞ה עַל־פְּנֵ֣י הַמִּדְבָּ֗ר דַּ֚ק מְחֻסְפָּ֔ס
דַּ֥ק כַּכְּפֹ֖ר עַל־הָאָֽרֶץ׃

◁ וַיְהִי היה q וַתַּעַל / וַתַּעַל עלה q וַתְּכַס כסה pi
הָיְתָה היה q מְחֻסְפָּס חסף pualal

◁ הַשְּׂלָו שְׂלָו כַּכְּפֹר כְּפוֹר

טו וַיִּרְא֣וּ בְנֵֽי־יִשְׂרָאֵ֗ל וַיֹּ֨אמְר֜וּ אִ֤ישׁ אֶל־אָחִיו֙ מָ֣ן ה֔וּא
כִּ֛י לֹ֥א יָדְע֖וּ מַה־ה֑וּא
וַיֹּ֤אמֶר מֹשֶׁה֙ אֲלֵהֶ֔ם
ה֣וּא הַלֶּ֔חֶם
אֲשֶׁ֨ר נָתַ֧ן יְהוָ֛ה לָכֶ֖ם לְאָכְלָֽה׃

טז זֶ֤ה הַדָּבָר֙ אֲשֶׁ֣ר צִוָּ֣ה יְהֹוָ֔ה
לִקְט֣וּ מִמֶּ֔נּוּ
אִ֖ישׁ לְפִ֣י אָכְל֑וֹ
עֹ֣מֶר לַגֻּלְגֹּ֗לֶת מִסְפַּר֙ נַפְשֹׁ֣תֵיכֶ֔ם
אִ֛ישׁ לַאֲשֶׁ֥ר בְּאָהֳל֖וֹ תִּקָּֽחוּ׃

יז וַיַּֽעֲשׂוּ־כֵ֖ן בְּנֵ֣י יִשְׂרָאֵ֑ל
וַיִּלְקְט֔וּ
הַמַּרְבֶּ֖ה וְהַמַּמְעִֽיט׃

יח וַיָּמֹ֣דּוּ בָעֹ֔מֶר
וְלֹ֤א הֶעְדִּיף֙ הַמַּרְבֶּ֔ה
וְהַמַּמְעִ֖יט לֹ֣א הֶחְסִ֑יר
אִ֥ישׁ לְפִֽי־אָכְל֖וֹ לָקָֽטוּ׃

▹ וַיִּרְא֤וּ ראה q   וַיֹּאמְר֗וּ אמר q   יָדְע֔וּ ידע q   נָתַ֣ן נתן q   צִוָּ֣ה צוה pi
לִקְט֣וּ לקט q   תִּקָּֽחוּ לקח q   וַיַּֽעֲשׂוּ־ עשה q   וַיִּלְקְט֔וּ לקט q
הַמַּרְבֶּ֖ה רבה hi   וְהַמַּמְעִֽיט / וְהַמַּמְעִ֖יט מעט hi   וַיָּמֹ֣דּוּ מדד q
הֶעְדִּיף֙ עדף hi   הַמַּרְבֶּ֔ה רבה hi   הֶחְסִ֑יר חסר hi   לָקָֽטוּ לקט q

▹ לְאָכְלָה אָכְלָה   מִמֶּ֔נּוּ מִן   לְפִ֣י פֶּה   אָכְל֑וֹ / אָכְל֖וֹ אֹכֶל
נַפְשֹׁ֣תֵיכֶ֔ם נֶ֫פֶשׁ   בְּאָהֳל֖וֹ אֹ֫הֶל

יט וַיֹּ֥אמֶר מֹשֶׁ֖ה אֲלֵהֶ֑ם
אִ֕ישׁ
אַל־יוֹתֵ֥ר מִמֶּ֖נּוּ עַד־בֹּֽקֶר׃

כ וְלֹא־שָׁמְע֣וּ אֶל־מֹשֶׁ֗ה
וַיּוֹתִ֨רוּ אֲנָשִׁ֤ים מִמֶּ֙נּוּ֙ עַד־בֹּ֔קֶר
וַיָּ֥רֻם תּוֹלָעִ֖ים וַיִּבְאַ֑שׁ
וַיִּקְצֹ֥ף עֲלֵהֶ֖ם מֹשֶֽׁה׃

◃ יוֹתֵר יתר hi שָׁמְעוּ שמע q וַיּוֹתִרוּ יתר hi
וַיָּרֻם רמם q וַיִּבְאַשׁ באשׁ q וַיִּקְצֹף קצף q

◃ מִמֶּנּוּ / מִמֶּנּוּ מִן תּוֹלָעִים תּוֹלֵעָה

כא וַיִּלְקְט֤וּ אֹתוֹ֙ בַּבֹּ֣קֶר בַּבֹּ֔קֶר
אִ֖ישׁ כְּפִ֣י אָכְל֑וֹ
וְחַ֥ם הַשֶּׁ֖מֶשׁ וְנָמָֽס׃

◃ וַיִּלְקְטוּ לקט q וְחַם חמם q וְנָמָס מסס ni

◃ אָכְלוֹ אֹכֶל

כב וַיְהִ֣י ׀ בַּיּ֣וֹם הַשִּׁשִּׁ֗י לָֽקְט֥וּ לֶ֙חֶם֙ מִשְׁנֶ֔ה
שְׁנֵ֥י הָעֹ֖מֶר לָאֶחָ֑ד
וַיָּבֹ֙אוּ֙ כָּל־נְשִׂיאֵ֣י הָֽעֵדָ֔ה
וַיַּגִּ֖ידוּ לְמֹשֶֽׁה׃

כג וַיֹּ֣אמֶר אֲלֵהֶ֗ם ה֚וּא אֲשֶׁ֣ר דִּבֶּ֣ר יְהוָ֔ה
שַׁבָּת֧וֹן שַׁבַּת־קֹ֛דֶשׁ לַיהוָ֖ה מָחָ֑ר
אֵ֣ת אֲשֶׁר־תֹּאפ֞וּ אֵפ֗וּ וְאֵ֤ת אֲשֶׁר־תְּבַשְּׁלוּ֙ בַּשֵּׁ֔לוּ
וְאֵת֙ כָּל־הָ֣עֹדֵ֔ף
הַנִּ֧יחוּ לָכֶ֛ם לְמִשְׁמֶ֖רֶת עַד־הַבֹּֽקֶר׃

כד וַיַּנִּיחוּ אֹתוֹ עַד־הַבֹּקֶר
כַּאֲשֶׁר צִוָּה מֹשֶׁה
וְלֹא הִבְאִישׁ
וְרִמָּה לֹא־הָיְתָה בּוֹ׃

◃ וַיְהִי| היה q לָקְטוּ לקט q וַיָּבֹאוּ בוא q וַיַּגִּידוּ נגד hi דִּבֶּר דבר pi
תֹּאפוּ אפה q אֵפוּ אפה q תְּבַשְּׁלוּ בשל pi בַּשֵּׁלוּ בשל pi הָעֹדֵף עדף q
הַנִּיחוּ נוח hi וַיַּנִּיחוּ נוח hi צִוָּה צוה pi הִבְאִישׁ באש hi הָיְתָה היה q

כה וַיֹּאמֶר מֹשֶׁה אִכְלֻהוּ הַיּוֹם
כִּי־שַׁבָּת הַיּוֹם לַיהוָה
הַיּוֹם
לֹא תִמְצָאֻהוּ בַּשָּׂדֶה׃
כו שֵׁשֶׁת יָמִים תִּלְקְטֻהוּ
וּבַיּוֹם הַשְּׁבִיעִי שַׁבָּת לֹא יִהְיֶה־בּוֹ׃

◃ אִכְלֻהוּ אכל q תִמְצָאֻהוּ מצא q תִּלְקְטֻהוּ לקט q יִהְיֶה־ היה q

כז וַיְהִי בַּיּוֹם הַשְּׁבִיעִי
יָצְאוּ מִן־הָעָם לִלְקֹט
וְלֹא מָצָאוּ׃ ס
כח וַיֹּאמֶר יְהוָה אֶל־מֹשֶׁה
עַד־אָנָה מֵאַנְתֶּם
לִשְׁמֹר מִצְוֹתַי וְתוֹרֹתָי׃

כט רְא֗וּ כִּֽי־יְהוָה֮ נָתַ֣ן לָכֶ֣ם הַשַּׁבָּת֒
עַל־כֵּ֨ן ה֣וּא נֹתֵ֥ן לָכֶ֛ם בַּיּ֥וֹם הַשִּׁשִּׁ֖י
לֶ֣חֶם יוֹמָ֑יִם
שְׁב֣וּ ׀ אִ֣ישׁ תַּחְתָּ֗יו אַל־יֵ֥צֵא אִ֛ישׁ מִמְּקֹמ֖וֹ
בַּיּ֥וֹם הַשְּׁבִיעִֽי׃

ל וַיִּשְׁבְּת֥וּ הָעָ֖ם בַּיּ֥וֹם הַשְּׁבִעִֽי׃

◃ וַיְהִי֙ היה q יָצְא֥וּ יצא q לִלְקֹ֖ט לקט q מָצָֽאוּ מצא q
מֵאַנְתֶּ֔ם מאן pi לִשְׁמֹ֥ר שׁמר q רְא֗וּ ראה q נָתַ֣ן נתן q
נֹתֵ֥ן נתן q שְׁב֣וּ ׀ ישׁב q יֵ֥צֵא יצא q וַיִּשְׁבְּת֥וּ שׁבת q

◃ מִצְוֹתַ֖י מִצְוָה וְתוֹרֹתָֽי תּוֹרָה מִמְּקֹמ֖וֹ מָקוֹם

לא וַיִּקְרְא֧וּ בֵֽית־יִשְׂרָאֵ֛ל אֶת־שְׁמ֖וֹ מָ֑ן
וְה֗וּא כְּזֶ֤רַע גַּד֙ לָבָ֔ן
וְטַעְמ֖וֹ כְּצַפִּיחִ֥ת בִּדְבָֽשׁ׃

◃ וַיִּקְרְא֧וּ קרא q

לב וַיֹּ֣אמֶר מֹשֶׁ֗ה זֶ֤ה הַדָּבָר֙ אֲשֶׁ֣ר צִוָּ֣ה יְהוָ֔ה
מְלֹ֤א הָעֹ֙מֶר֙ מִמֶּ֔נּוּ
לְמִשְׁמֶ֖רֶת לְדֹרֹתֵיכֶ֑ם
לְמַ֣עַן ׀ יִרְא֣וּ אֶת־הַלֶּ֗חֶם
אֲשֶׁ֨ר הֶאֱכַ֤לְתִּי אֶתְכֶם֙ בַּמִּדְבָּ֔ר
בְּהוֹצִיאִ֥י אֶתְכֶ֖ם מֵאֶ֥רֶץ מִצְרָֽיִם׃

לג וַיֹּ֨אמֶר מֹשֶׁ֜ה אֶֽל־אַהֲרֹ֗ן קַ֚ח צִנְצֶ֣נֶת אַחַ֔ת
וְתֶן־שָׁ֥מָּה מְלֹֽא־הָעֹ֖מֶר מָ֑ן
וְהַנַּ֤ח אֹתוֹ֙ לִפְנֵ֣י יְהוָ֔ה
לְמִשְׁמֶ֖רֶת לְדֹרֹֽתֵיכֶֽם׃
לד כַּאֲשֶׁ֛ר צִוָּ֥ה יְהוָ֖ה אֶל־מֹשֶׁ֑ה
וַיַּנִּיחֵ֧הוּ אַהֲרֹ֛ן לִפְנֵ֥י הָעֵדֻ֖ת לְמִשְׁמָֽרֶת׃

◃ צִוָּה / צִוָּה צוה pi יִרְאוּ ראה q הֶאֱכַלְתִּי אכל hi
בְּהוֹצִיאִי יצא hi קַח לקח q וְתֶן־ נתן q
וְהַנַּח נוח hi וַיַּנִּיחֵהוּ נוח hi

◃ מִמֶּנּוּ מִן לְדֹרֹתֵיכֶם / לְדֹרֹתֵיכֶם דּוֹר אַהֲרֹן / אַהֲרֹן אַהֲרֹן PN

לה וּבְנֵ֣י יִשְׂרָאֵ֗ל אָכְל֤וּ אֶת־הַמָּן֙ אַרְבָּעִ֣ים שָׁנָ֔ה
עַד־בֹּאָ֖ם אֶל־אֶ֣רֶץ נוֹשָׁ֑בֶת
אֶת־הַמָּן֙ אָֽכְל֔וּ
עַד־בֹּאָ֕ם
אֶל־קְצֵ֖ה אֶ֥רֶץ כְּנָֽעַן׃

◃ אָכְלוּ / אָכְלוּ אכל q בֹּאָם / בֹּאָם בוא q נוֹשָׁבֶת ישב ni

◃ כְּנָעַן כְּנָעַן GN

לו וְהָעֹ֕מֶר
עֲשִׂרִ֥ית הָאֵיפָ֖ה הֽוּא׃ פ

ISRAEL IN EGYPT

3.8

Massah and Meribah

EXODUS 17:1–7 | **שמות יז:א–ז**

the Israelites, **Moses**, **YHWH**, the elders of Israel

א וַיִּסְעוּ֩ כָּל־עֲדַ֨ת בְּנֵֽי־יִשְׂרָאֵ֧ל מִמִּדְבַּר־סִ֛ין
לְמַסְעֵיהֶ֖ם עַל־פִּ֣י יְהוָ֑ה
וַֽיַּחֲנוּ֙ בִּרְפִידִ֔ים
וְאֵ֥ין מַ֖יִם לִשְׁתֹּ֥ת הָעָֽם׃

◁ וַיִּסְעוּ֩ נסע q וַֽיַּחֲנוּ֙ חנה q לִשְׁתֹּ֥ת שתה q
◁ עֲדַ֨ת עֵדָה סִ֛ין סִין GN לְמַסְעֵיהֶ֖ם מַסַּע בִּרְפִידִ֔ים רְפִידִים GN

ב וַיָּ֤רֶב הָעָם֙ עִם־מֹשֶׁ֔ה
וַיֹּ֣אמְר֔וּ
תְּנוּ־לָ֥נוּ מַ֖יִם וְנִשְׁתֶּ֑ה
וַיֹּ֤אמֶר לָהֶם֙ מֹשֶׁ֔ה
מַה־תְּרִיבוּן֙ עִמָּדִ֔י
מַה־תְּנַסּ֖וּן אֶת־יְהוָֽה׃

ג   וַיִּצְמָא שָׁם הָעָם לַמַּיִם

וַיָּלֶן הָעָם עַל־מֹשֶׁה

וַיֹּאמֶר לָמָּה זֶּה הֶעֱלִיתָנוּ מִמִּצְרַיִם

לְהָמִית אֹתִי וְאֶת־בָּנַי וְאֶת־מִקְנַי בַּצָּמָא:

◁
וַיָּרֶב ריב q וַיֹּאמְרוּ אמר q
תְּנוּ־ נתן q וְנִשְׁתֶּה שתה q
תְּרִיבוּן ריב q תְּנַסּוּן נסה pi
וַיִּצְמָא צמא q וַיָּלֶן לון hi
הֶעֱלִיתָנוּ עלה hi לְהָמִית מות hi

ד   וַיִּצְעַק מֹשֶׁה אֶל־יְהוָה לֵאמֹר

מָה אֶעֱשֶׂה לָעָם הַזֶּה

עוֹד מְעַט וּסְקָלֻנִי:

ה   וַיֹּאמֶר יְהוָה אֶל־מֹשֶׁה עֲבֹר לִפְנֵי הָעָם

וְקַח אִתְּךָ מִזִּקְנֵי יִשְׂרָאֵל

וּמַטְּךָ אֲשֶׁר הִכִּיתָ בּוֹ אֶת־הַיְאֹר

קַח בְּיָדְךָ וְהָלָכְתָּ:

ו   הִנְנִי עֹמֵד לְפָנֶיךָ שָּׁם| עַל־הַצּוּר בְּחֹרֵב

וְהִכִּיתָ בַצּוּר וְיָצְאוּ מִמֶּנּוּ מַיִם וְשָׁתָה הָעָם

וַיַּעַשׂ כֵּן מֹשֶׁה

לְעֵינֵי זִקְנֵי יִשְׂרָאֵל:

◃ וַיִּצְעַ֣ק צעק q לֵאמֹ֔ר אמר q
אֶעֱשֶׂ֖ה עשׂה q וּסְקָלֻֽנִי סקל q
עֲבֹר֙ עבר q וְקַ֤ח לקח q
הִכִּ֣יתָ נכה hi קַ֥ח לקח q
וְהָלָֽכְתָּ הלך q עֹמֵ֣ד עמד q
וְהִכִּ֣יתָ נכה hi וְיָצְא֥וּ יצא q
וְשָׁתָ֣ה שׁתה q וַיַּ֤עַשׂ עשׂה q

◃ מִזִּקְנֵ֣י זָקֵן וּמַטְּךָ֗ מַטֶּה הַיְאֹ֔ר יְאֹר GN
בְּחָרֵב֙ חֹרֵב GN מִמֶּ֙נּוּ֙ מִן זִקְנֵ֥י זָקֵן

ז וַיִּקְרָא֙ שֵׁ֣ם הַמָּק֔וֹם
מַסָּ֖ה וּמְרִיבָ֑ה
עַל־רִ֣יב׀ בְּנֵ֣י יִשְׂרָאֵ֗ל
וְעַ֨ל נַסֹּתָ֤ם אֶת־יְהוָה֙ לֵאמֹ֔ר
הֲיֵ֧שׁ יְהוָ֛ה בְּקִרְבֵּ֖נוּ אִם־אָֽיִן׃ פ

◃ וַיִּקְרָא֙ קרא q נַסֹּתָ֤ם נסה pi
לֵאמֹ֔ר אמר q

◃ מַסָּ֖ה מַסָּה GN וּמְרִיבָ֑ה מְרִיבָה GN
בְּקִרְבֵּ֖נוּ קֶ֫רֶב

Israel at Sinai

4.1

The Ten Commandments

EXODUS 19:16–20:21 | **שמות יט:טז - כ:כא**

Moses, **the Israelites**, **God / YHWH**, Aaron, the priests

טז וַיְהִי֩ בַיּ֨וֹם הַשְּׁלִישִׁ֜י בִּהְיֹ֣ת הַבֹּ֗קֶר
וַיְהִי֩ קֹלֹ֨ת וּבְרָקִ֜ים וְעָנָ֤ן כָּבֵד֙ עַל־הָהָ֔ר
וְקֹ֥ל שֹׁפָ֖ר חָזָ֣ק מְאֹ֑ד
וַיֶּחֱרַ֥ד כָּל־הָעָ֖ם אֲשֶׁ֥ר בַּֽמַּחֲנֶֽה׃

יז וַיּוֹצֵ֨א מֹשֶׁ֧ה אֶת־הָעָ֛ם לִקְרַ֥את הָאֱלֹהִ֖ים
מִן־הַֽמַּחֲנֶ֑ה
וַיִּֽתְיַצְּב֖וּ בְּתַחְתִּ֥ית הָהָֽר׃

יח וְהַ֤ר סִינַי֙ עָשַׁ֣ן כֻּלּ֔וֹ
מִ֠פְּנֵי אֲשֶׁ֨ר יָרַ֥ד עָלָ֛יו יְהוָ֖ה בָּאֵ֑שׁ
וַיַּ֤עַל עֲשָׁנוֹ֙ כְּעֶ֣שֶׁן הַכִּבְשָׁ֔ן
וַיֶּחֱרַ֥ד כָּל־הָהָ֖ר מְאֹֽד׃

◁ **וַיְהִי֩** היה q **בִּהְיֹ֣ת** היה q **וַיֶּחֱרַ֥ד** חרד q **וַיּוֹצֵ֨א** יצא hi **לִקְרַ֥את** קרא q
וַיִּֽתְיַצְּב֖וּ יצב hith **עָשַׁ֣ן** עשן q **יָרַ֥ד** ירד q **וַיַּ֤עַל** עלה q

◁ **בְּתַחְתִּ֥ית** תַּחְתִּי **סִינַי֙** סִינַי GN **עֲשָׁנוֹ֙** עָשָׁן **כְּעֶ֣שֶׁן** עָשָׁן

יט וַיְהִי֙ ק֣וֹל הַשּׁוֹפָ֔ר
הוֹלֵ֖ךְ וְחָזֵ֣ק מְאֹ֑ד
מֹשֶׁ֣ה יְדַבֵּ֔ר
וְהָאֱלֹהִ֖ים יַעֲנֶ֥נּוּ בְקֽוֹל׃
כ וַיֵּ֧רֶד יְהוָ֛ה עַל־הַ֥ר סִינַ֖י אֶל־רֹ֣אשׁ הָהָ֑ר
וַיִּקְרָ֨א יְהוָ֧ה לְמֹשֶׁ֛ה אֶל־רֹ֥אשׁ הָהָ֖ר וַיַּ֥עַל מֹשֶֽׁה׃
כא וַיֹּ֤אמֶר יְהוָה֙ אֶל־מֹשֶׁ֔ה
רֵ֖ד הָעֵ֣ד בָּעָ֑ם
פֶּן־יֶהֶרְס֤וּ אֶל־יְהוָה֙ לִרְא֔וֹת
וְנָפַ֥ל מִמֶּ֖נּוּ רָֽב׃
כב וְגַ֧ם הַכֹּהֲנִ֛ים הַנִּגָּשִׁ֥ים אֶל־יְהוָ֖ה יִתְקַדָּ֑שׁוּ
פֶּן־יִפְרֹ֥ץ בָּהֶ֖ם יְהוָֽה׃

◁ וַיְהִי היה q הוֹלֵךְ הלך q יְדַבֵּר דבר pi יַעֲנֶנּוּ ענה q
וַיֵּרֶד ירד q וַיִּקְרָא קרא q וַיַּעַל עלה q רֵד ירד q הָעֵד עוד hi
יֶהֶרְסוּ הרס q לִרְאוֹת ראה q וְנָפַל נפל q הַנִּגָּשִׁים נגש ni
יִתְקַדָּשׁוּ קדש hith יִפְרֹץ פרץ q

◁ סִינַי סִינַי GN מִמֶּנּוּ מִן

כג וַיֹּ֣אמֶר מֹשֶׁה֮ אֶל־יְהוָה֒
לֹא־יוּכַ֣ל הָעָ֔ם
לַעֲלֹ֖ת אֶל־הַ֣ר סִינָ֑י
כִּֽי־אַתָּ֞ה הַעֵדֹ֤תָה בָּ֙נוּ֙ לֵאמֹ֔ר
הַגְבֵּ֥ל אֶת־הָהָ֖ר וְקִדַּשְׁתּֽוֹ׃

כד וַיֹּאמֶר אֵלָיו יְהוָה לֶךְ־רֵד

וְעָלִיתָ אַתָּה וְאַהֲרֹן עִמָּךְ

וְהַכֹּהֲנִים וְהָעָם אַל־יֶהֶרְסוּ לַעֲלֹת אֶל־יְהוָה
פֶּן־יִפְרָץ־בָּם׃

כה וַיֵּרֶד מֹשֶׁה אֶל־הָעָם

וַיֹּאמֶר אֲלֵהֶם׃ ס

◃ יוּכַל יכל q לַעֲלֹת / לַעֲלֹת עלה q
הַעֵדֹתָה עוד hi לֵאמֹר אמר q
הַגְבֵּל גבל hi וְקִדַּשְׁתּוֹ קדש pi
לֶךְ־ הלך q רֵד ירד q וְעָלִיתָ עלה q
יֶהֶרְסוּ הרס q יִפְרָץ־ פרץ q וַיֵּרֶד ירד q

◃ סִינָי סִינַי GN וְאַהֲרֹן אַהֲרֹן PN

א וַיְדַבֵּר אֱלֹהִים

אֵת כָּל־הַדְּבָרִים הָאֵלֶּה לֵאמֹר׃ ס

◃ וַיְדַבֵּר דבר pi לֵאמֹר אמר q

ב אָנֹכִי יְהוָה אֱלֹהֶיךָ

אֲשֶׁר הוֹצֵאתִיךָ מֵאֶרֶץ מִצְרַיִם מִבֵּית עֲבָדִים׃

ג לֹא יִהְיֶה־לְךָ אֱלֹהִים אֲחֵרִים עַל־פָּנָי׃

◃ הוֹצֵאתִיךָ יצא hi יִהְיֶה־ היה q

ד לֹא תַעֲשֶׂה־לְךָ פֶּסֶל | וְכָל־תְּמוּנָה
אֲשֶׁר בַּשָּׁמַיִם | מִמַּעַל
וַאֲשֶׁר בָּאָרֶץ מִתָּחַת
וַאֲשֶׁר בַּמַּיִם | מִתַּחַת לָאָרֶץ׃
ה לֹא־תִשְׁתַּחֲוֶה לָהֶם וְלֹא תָעָבְדֵם
כִּי אָנֹכִי יְהוָה אֱלֹהֶיךָ אֵל קַנָּא
פֹּקֵד עֲוֺן אָבֹת עַל־בָּנִים
עַל־שִׁלֵּשִׁים וְעַל־רִבֵּעִים לְשֹׂנְאָי׃
ו וְעֹשֶׂה חֶסֶד לַאֲלָפִים
לְאֹהֲבַי וּלְשֹׁמְרֵי מִצְוֺתָי׃ ס

◁ תַעֲשֶׂה־ עשׂה q תִשְׁתַּחֲוֶה חוה hišt
תָעָבְדֵם עבד ho פֹּקֵד פקד q
לְשֹׂנְאָי שׂנא q וְעֹשֶׂה עשׂה q
לְאֹהֲבַי אהב q וּלְשֹׁמְרֵי שׁמר q
◁ לַאֲלָפִים אֶלֶף מִצְוֺתָי מִצְוָה

ז לֹא תִשָּׂא אֶת־שֵׁם־יְהוָה אֱלֹהֶיךָ לַשָּׁוְא
כִּי לֹא יְנַקֶּה יְהוָה
אֵת אֲשֶׁר־יִשָּׂא אֶת־שְׁמוֹ לַשָּׁוְא׃ פ

◁ תִשָּׂא נשׂא q יְנַקֶּה נקה pi
יִשָּׂא נשׂא q

ח זָכוֹר֙ אֶת־י֥וֹם הַשַּׁבָּ֖ת לְקַדְּשֽׁוֹ׃

ט שֵׁ֤שֶׁת יָמִים֙ תַּֽעֲבֹ֔ד

וְעָשִׂ֖יתָ כָּל־מְלַאכְתֶּֽךָ׃

י וְי֙וֹם הַשְּׁבִיעִ֔י

שַׁבָּ֖ת ׀ לַיהוָ֣ה אֱלֹהֶ֑יךָ

לֹֽא־תַעֲשֶׂ֣ה כָל־מְלָאכָ֡ה אַתָּ֣ה ׀ וּבִנְךָֽ־וּבִתֶּ֣ךָ

עַבְדְּךָ֣ וַאֲמָֽתְךָ֮ וּבְהֶמְתֶּ֒ךָ֒

וְגֵרְךָ֖ אֲשֶׁ֥ר בִּשְׁעָרֶֽיךָ׃

יא כִּ֣י שֵֽׁשֶׁת־יָמִים֩ עָשָׂ֨ה יְהוָ֜ה אֶת־הַשָּׁמַ֣יִם

וְאֶת־הָאָ֗רֶץ אֶת־הַיָּם֙ וְאֶת־כָּל־אֲשֶׁר־בָּ֔ם

וַיָּ֖נַח בַּיּ֣וֹם הַשְּׁבִיעִ֑י

עַל־כֵּ֗ן בֵּרַ֧ךְ יְהוָ֛ה אֶת־י֥וֹם הַשַּׁבָּ֖ת וַֽיְקַדְּשֵֽׁהוּ׃ ס

▷ זָכוֹר֙ זכר q לְקַדְּשֽׁוֹ קדשׁ pi תַּֽעֲבֹד֙ עבד q וְעָשִׂ֖יתָ עשׂה q

תַעֲשֶׂ֣ה עשׂה q עָשָׂ֨ה עשׂה q וַיָּ֖נַח נוח q בֵּרַ֧ךְ ברך pi וַֽיְקַדְּשֵֽׁהוּ קדשׁ pi

▷ מְלַאכְתֶּֽךָ מְלָאכָה וַאֲמָֽתְךָ֮ אָמָה וּבְהֶמְתֶּ֒ךָ֒ בְּהֵמָה בִּשְׁעָרֶֽיךָ שַׁעַר

יב כַּבֵּ֥ד אֶת־אָבִ֖יךָ וְאֶת־אִמֶּ֑ךָ

לְמַ֙עַן֙ יַאֲרִכ֣וּן יָמֶ֔יךָ

עַ֚ל הָֽאֲדָמָ֔ה

אֲשֶׁר־יְהוָ֥ה אֱלֹהֶ֖יךָ נֹתֵ֥ן לָֽךְ׃ ס

▷ כַּבֵּ֥ד כבד pi יַאֲרִכ֣וּן ארך hi נֹתֵ֥ן נתן q

▷ יָמֶ֔יךָ יוֹם

יג לֹ֥א תִּֿרְצָֽ֖ח׃ ס

◃ תִּֿרְצָֽ֖ח רצח q

יד לֹ֥א תִּֿנְאָֽ֖ף׃ ס

◃ תִּֿנְאָֽ֖ף נאף q

טו לֹ֥א תִּֿגְנֹֽ֖ב׃ ס

◃ תִּֿגְנֹֽ֖ב גנב q

טז לֹֽא־תַעֲנֶ֥ה בְרֵעֲךָ֖ עֵ֥ד שָֽׁקֶר׃ ס

◃ תַעֲנֶ֥ה ענה q

◃ בְרֵעֲךָ֖ רֵעַ

יז לֹ֥א תַחְמֹ֖ד בֵּ֣ית רֵעֶ֑ךָ
לֹֽא־תַחְמֹ֞ד אֵ֣שֶׁת רֵעֶ֗ךָ
וְעַבְדּ֤וֹ וַאֲמָתוֹ֙ וְשׁוֹר֣וֹ וַחֲמֹר֔וֹ
וְכֹ֖ל אֲשֶׁ֥ר לְרֵעֶֽךָ׃ פ

◃ תַחְמֹ֖ד / תַחְמֹ֞ד חמד q

◃ רֵעֶ֑ךָ / רֵעֶ֗ךָ רֵעַ וַאֲמָתוֹ֙ אָמָה
לְרֵעֶֽךָ רֵעַ

יח וְכָל־הָעָם֩ רֹאִ֨ים אֶת־הַקּוֹלֹ֜ת וְאֶת־הַלַּפִּידִ֗ם וְאֵת֙ ק֣וֹל הַשֹּׁפָ֔ר
וְאֶת־הָהָ֖ר עָשֵׁ֑ן
וַיַּ֤רְא הָעָם֙ וַיָּנֻ֔עוּ
וַיַּֽעַמְד֖וּ מֵֽרָחֹֽק׃

יט וַיֹּֽאמְרוּ֙ אֶל־מֹשֶׁ֔ה
דַּבֵּר־אַתָּ֥ה עִמָּ֖נוּ וְנִשְׁמָ֑עָה
וְאַל־יְדַבֵּ֥ר עִמָּ֛נוּ אֱלֹהִ֖ים פֶּן־נָמֽוּת׃

◁ רֹאִים ראה q וַיַּרְא ראה q וַיָּנֻעוּ נוע q
וַיַּעַמְדוּ עמד q וַיֹּאמְרוּ אמר q
דַּבֵּר־ דבר pi וְנִשְׁמָעָה שמע q
יְדַבֵּר דבר pi נָמוּת מות q

◁ עִמָּנוּ / עִמָּנוּ עִם

כ וַיֹּ֨אמֶר מֹשֶׁ֣ה אֶל־הָעָם֮ אַל־תִּירָאוּ֒
כִּ֗י לְבַֽעֲבוּר֙ נַסּ֣וֹת אֶתְכֶ֔ם
בָּ֖א הָאֱלֹהִ֑ים
וּבַעֲב֗וּר תִּהְיֶ֧ה יִרְאָת֛וֹ עַל־פְּנֵיכֶ֖ם לְבִלְתִּ֥י תֶחֱטָֽאוּ׃

◁ תִּירָאוּ ירא q נַסּוֹת נסה pi בָּא בוא q
תִּהְיֶה היה q תֶחֱטָאוּ חטא q

◁ לְבַעֲבוּר בַּעֲבוּר וּבַעֲבוּר בַּעֲבוּר יִרְאָתוֹ יִרְאָה

כא וַיַּעֲמֹ֥ד הָעָ֖ם מֵרָחֹ֑ק
וּמֹשֶׁה֙ נִגַּ֣שׁ אֶל־הָעֲרָפֶ֔ל
אֲשֶׁר־שָׁ֖ם הָאֱלֹהִֽים׃

◁ וַיַּעֲמֹ֥ד עמד q נִגַּ֣שׁ נגשׁ ni

4.2

The Elders on Mount Sinai

EXODUS 24:1–18	שמות כד:א–יח

YHWH, **Moses**, Aaron, Nadab, Abihu, seventy elders of Israel, **the Israelites**, young Israelite men, Joshua

א וְאֶל־מֹשֶׁ֨ה אָמַ֜ר עֲלֵ֣ה אֶל־יְהוָ֗ה
אַתָּה֙ וְאַהֲרֹן֙ נָדָ֣ב וַאֲבִיה֔וּא
וְשִׁבְעִ֖ים מִזִּקְנֵ֣י יִשְׂרָאֵ֑ל
וְהִשְׁתַּחֲוִיתֶ֖ם מֵרָחֹֽק׃
ב וְנִגַּ֨שׁ מֹשֶׁ֤ה לְבַדּוֹ֙ אֶל־יְהוָ֔ה
וְהֵ֖ם לֹ֣א יִגָּ֑שׁוּ
וְהָעָ֕ם
לֹ֥א יַעֲל֖וּ עִמּֽוֹ׃

◃ אָמַ֜ר אמר q עֲלֵ֣ה עלה q
וְהִשְׁתַּחֲוִיתֶ֖ם חוה hišt
וְנִגַּ֨שׁ נגשׁ ni יִגָּ֑שׁוּ נגשׁ q
יַעֲל֖וּ עלה q

◃ וְאַהֲרֹן֙ אַהֲרֹן PN נָדָ֣ב נָדָב PN
וַאֲבִיה֔וּא אֲבִיהוּא PN מִזִּקְנֵ֣י זָקֵן

ג וַיָּבֹ֣א מֹשֶׁ֗ה וַיְסַפֵּ֤ר לָעָם֙ אֵ֚ת כָּל־דִּבְרֵ֣י יְהוָ֔ה
וְאֵ֖ת כָּל־הַמִּשְׁפָּטִ֑ים
וַיַּ֨עַן כָּל־הָעָ֜ם ק֤וֹל אֶחָד֙ וַיֹּ֣אמְר֔וּ
כָּל־הַדְּבָרִ֛ים אֲשֶׁר־דִּבֶּ֥ר יְהוָ֖ה נַעֲשֶֽׂה׃

◃ וַיָּבֹא בוא q וַיְסַפֵּר ספר pi וַיַּעַן ענה q
וַיֹּאמְרוּ אמר q דִּבֶּר דבר pi נַעֲשֶׂה עשׂה q

ד וַיִּכְתֹּ֣ב מֹשֶׁ֗ה אֵ֚ת כָּל־דִּבְרֵ֣י יְהוָ֔ה
וַיַּשְׁכֵּ֣ם בַּבֹּ֔קֶר
וַיִּ֤בֶן מִזְבֵּ֙חַ֙ תַּ֣חַת הָהָ֑ר
וּשְׁתֵּ֥ים עֶשְׂרֵה֙ מַצֵּבָ֔ה
לִשְׁנֵ֥ים עָשָׂ֖ר שִׁבְטֵ֥י יִשְׂרָאֵֽל׃
ה וַיִּשְׁלַ֗ח אֶֽת־נַעֲרֵי֙ בְּנֵ֣י יִשְׂרָאֵ֔ל
וַיַּעֲל֖וּ עֹלֹ֑ת
וַֽיִּזְבְּח֞וּ זְבָחִ֧ים שְׁלָמִ֛ים לַיהוָ֖ה פָּרִֽים׃
ו וַיִּקַּ֤ח מֹשֶׁה֙ חֲצִ֣י הַדָּ֔ם
וַיָּ֖שֶׂם בָּאַגָּנֹ֑ת
וַחֲצִ֣י הַדָּ֔ם
זָרַ֖ק עַל־הַמִּזְבֵּֽחַ׃

◃ וַיִּכְתֹּב כתב q וַיַּשְׁכֵּם שׁכם hi וַיִּבֶן בנה q וַיִּשְׁלַח שׁלח q
וַיַּעֲלוּ עלה hi וַיִּזְבְּחוּ זבח q וַיִּקַּח לקח q וַיָּשֶׂם שׂים q זָרַק זרק q

◃ שִׁבְטֵי שֵׁבֶט עֹלֹת עֹלָה שְׁלָמִים שֶׁלֶם בָּאַגָּנֹת אַגָּן

ז וַיִּקַּח֙ סֵ֣פֶר הַבְּרִ֔ית
וַיִּקְרָ֖א בְּאָזְנֵ֣י הָעָ֑ם
וַיֹּ֣אמְר֔וּ
כֹּ֛ל אֲשֶׁר־דִּבֶּ֥ר יְהוָ֖ה נַעֲשֶׂ֥ה וְנִשְׁמָֽע׃

ח וַיִּקַּ֤ח מֹשֶׁה֙ אֶת־הַדָּ֔ם
וַיִּזְרֹ֖ק עַל־הָעָ֑ם
וַיֹּ֗אמֶר הִנֵּ֤ה דַם־הַבְּרִית֙
אֲשֶׁ֨ר כָּרַ֤ת יְהוָה֙ עִמָּכֶ֔ם
עַ֥ל כָּל־הַדְּבָרִ֖ים הָאֵֽלֶּה׃

▷ וַיִּקַּח֙ / וַיִּקַּ֤ח לקח q וַיִּקְרָ֖א קרא q
וַיֹּ֣אמְר֔וּ אמר q דִּבֶּ֥ר דבר pi
נַעֲשֶׂ֥ה עשׂה q וְנִשְׁמָֽע שׁמע q
וַיִּזְרֹ֖ק זרק q כָּרַ֤ת כרת q

ט וַיַּ֥עַל מֹשֶׁ֖ה וְאַהֲרֹ֑ן
נָדָב֙ וַאֲבִיה֔וּא
וְשִׁבְעִ֖ים מִזִּקְנֵ֥י יִשְׂרָאֵֽל׃

י וַיִּרְא֕וּ
אֵ֖ת אֱלֹהֵ֣י יִשְׂרָאֵ֑ל
וְתַ֣חַת רַגְלָ֗יו כְּמַעֲשֵׂה֙ לִבְנַ֣ת הַסַּפִּ֔יר
וּכְעֶ֥צֶם הַשָּׁמַ֖יִם לָטֹֽהַר׃

יא וְאֶל־אֲצִילֵי֙ בְּנֵ֣י יִשְׂרָאֵ֔ל
לֹ֥א שָׁלַ֖ח יָד֑וֹ
וַיֶּֽחֱזוּ֙ אֶת־הָ֣אֱלֹהִ֔ים
וַיֹּאכְל֖וּ וַיִּשְׁתּֽוּ׃ ס

◃ וַיַּ֥עַל עלה q וַיִּרְא֗וּ ראה q
שָׁלַ֖ח שלח q וַיֶּֽחֱזוּ֙ חזה q
וַיֹּאכְל֖וּ אכל q וַיִּשְׁתּֽוּ שתה q

◃ וְאַהֲרֹ֔ן אַהֲרֹן PN נָדָב֙ נָדָב PN
וַאֲבִיה֔וּא אֲבִיהוּא PN מִזִּקְנֵ֣י זָקֵן
רַגְלָ֗יו רֶ֫גֶל לִבְנַ֣ת לְבֵנָה אֲצִילֵי֙ אָצִיל

יב וַיֹּ֨אמֶר יְהוָ֜ה אֶל־מֹשֶׁ֗ה
עֲלֵ֥ה אֵלַ֛י הָהָ֖רָה וֶהְיֵה־שָׁ֑ם
וְאֶתְּנָ֨ה לְךָ֜ אֶת־לֻחֹ֣ת הָאֶ֗בֶן וְהַתּוֹרָה֙ וְהַמִּצְוָ֔ה
אֲשֶׁ֥ר כָּתַ֖בְתִּי לְהוֹרֹתָֽם׃
יג וַיָּ֣קָם מֹשֶׁ֔ה
וִיהוֹשֻׁ֖עַ מְשָׁרְת֑וֹ
וַיַּ֥עַל מֹשֶׁ֖ה אֶל־הַ֥ר הָאֱלֹהִֽים׃

◃ עֲלֵ֥ה עלה q וֶהְיֵה־ היה q וְאֶתְּנָ֨ה נתן q
כָּתַ֖בְתִּי כתב q לְהוֹרֹתָֽם ירה hi וַיָּ֣קָם קום q
מְשָׁרְת֑וֹ שרת pi וַיַּ֥עַל עלה q

◃ לֻחֹ֣ת לוּחַ וִיהוֹשֻׁ֖עַ יְהוֹשֻׁעַ PN

יד   וְאֶל־הַזְּקֵנִים אָמַר֙ שְׁבוּ־לָ֣נוּ בָזֶ֔ה
עַ֚ד אֲשֶׁר־נָשׁ֣וּב אֲלֵיכֶ֔ם
וְהִנֵּ֨ה אַהֲרֹ֤ן וְחוּר֙ עִמָּכֶ֔ם
מִי־בַ֥עַל דְּבָרִ֖ים יִגַּ֥שׁ אֲלֵהֶֽם:

◁   אָמַר֙ אמר q שְׁבוּ־ ישב q נָשׁ֣וּב שוב q יִגַּ֥שׁ נגש q

◁   אַהֲרֹ֤ן אַהֲרֹן PN וְחוּר֙ חוּר PN

טו   וַיַּ֥עַל מֹשֶׁ֖ה אֶל־הָהָ֑ר
וַיְכַ֥ס הֶעָנָ֖ן אֶת־הָהָֽר:

טז   וַיִּשְׁכֹּ֤ן כְּבוֹד־יְהוָה֙ עַל־הַ֣ר סִינַ֔י
וַיְכַסֵּ֥הוּ הֶעָנָ֖ן שֵׁ֣שֶׁת יָמִ֑ים
וַיִּקְרָ֧א אֶל־מֹשֶׁ֛ה בַּיּ֥וֹם הַשְּׁבִיעִ֖י מִתּ֥וֹךְ הֶעָנָֽן:

יז   וּמַרְאֵה֙ כְּב֣וֹד יְהוָ֔ה
כְּאֵ֥שׁ אֹכֶ֖לֶת בְּרֹ֣אשׁ הָהָ֑ר
לְעֵינֵ֖י בְּנֵ֥י יִשְׂרָאֵֽל:

יח   וַיָּבֹ֥א מֹשֶׁ֛ה בְּת֥וֹךְ הֶעָנָ֖ן וַיַּ֣עַל אֶל־הָהָ֑ר
וַיְהִ֤י מֹשֶׁה֙ בָּהָ֔ר
אַרְבָּעִ֣ים י֔וֹם
וְאַרְבָּעִ֖ים לָֽיְלָה:

פ

◁   וַיַּ֥עַל /וַיַּ֣עַל עלה q וַיְכַ֥ס כסה pi וַיִּשְׁכֹּ֤ן שכן q וַיְכַסֵּ֥הוּ כסה pi
וַיִּקְרָ֧א קרא q אֹכֶ֖לֶת אכל q וַיָּבֹ֥א בוא q וַיְהִ֤י היה q

◁   סִינַ֔י סִינַי GN מִתּ֥וֹךְ תָּ֫וֶךְ בְּת֥וֹךְ תָּ֫וֶךְ

4.3

The Golden Calf

EXODUS 32:1–35 **שמות לב:א-לה**

the Israelites, **Moses**, **Aaron**, **YHWH**, **Joshua**, the Levites

א וַיַּ֣רְא הָעָ֔ם
כִּֽי־בֹשֵׁ֥שׁ מֹשֶׁ֖ה לָרֶ֣דֶת מִן־הָהָ֑ר
וַיִּקָּהֵ֨ל הָעָ֜ם עַֽל־אַהֲרֹ֗ן וַיֹּאמְר֤וּ אֵלָיו֙
ק֣וּם | עֲשֵׂה־לָ֣נוּ אֱלֹהִ֗ים אֲשֶׁ֤ר יֵֽלְכוּ֙ לְפָנֵ֔ינוּ
כִּי־זֶ֣ה | מֹשֶׁ֣ה הָאִ֗ישׁ
אֲשֶׁ֤ר הֶֽעֱלָ֙נוּ֙ מֵאֶ֣רֶץ מִצְרַ֔יִם
לֹ֥א יָדַ֖עְנוּ מֶה־הָ֥יָה לֽוֹ׃

◃ **וַיַּ֣רְא** ראה q **בֹשֵׁ֥שׁ** בוש polel
לָרֶ֣דֶת ירד q **וַיִּקָּהֵ֨ל** קהל ni
וַיֹּאמְר֤וּ אמר q **ק֣וּם |** קום q
עֲשֵׂה־ עשה q **יֵֽלְכוּ֙** הלך q
הֶֽעֱלָ֙נוּ֙ עלה hi **יָדַ֖עְנוּ** ידע q
הָ֥יָה היה q

◃ **אַהֲרֹ֗ן** אַהֲרֹן PN

ב וַיֹּאמֶר אֲלֵהֶם אַהֲרֹן
פָּרְקוּ נִזְמֵי הַזָּהָב
אֲשֶׁר בְּאָזְנֵי נְשֵׁיכֶם
בְּנֵיכֶם וּבְנֹתֵיכֶם
וְהָבִיאוּ אֵלָי׃

ג וַיִּתְפָּרְקוּ כָּל־הָעָם
אֶת־נִזְמֵי הַזָּהָב אֲשֶׁר בְּאָזְנֵיהֶם
וַיָּבִיאוּ אֶל־אַהֲרֹן׃

ד וַיִּקַּח מִיָּדָם וַיָּצַר אֹתוֹ בַּחֶרֶט
וַיַּעֲשֵׂהוּ עֵגֶל מַסֵּכָה
וַיֹּאמְרוּ
אֵלֶּה אֱלֹהֶיךָ יִשְׂרָאֵל
אֲשֶׁר הֶעֱלוּךָ מֵאֶרֶץ מִצְרָיִם׃

ה וַיַּרְא אַהֲרֹן
וַיִּבֶן מִזְבֵּחַ לְפָנָיו
וַיִּקְרָא אַהֲרֹן וַיֹּאמַר
חַג לַיהוָה מָחָר׃

▹ פָּרְקוּ פרק pi וְהָבִיאוּ בוא hi וַיִּתְפָּרְקוּ פרק hith וַיָּבִיאוּ בוא hi
וַיִּקַּח לקח q וַיָּצַר צור q וַיַּעֲשֵׂהוּ עשה q וַיֹּאמְרוּ אמר q הֶעֱלוּךָ עלה hi
וַיַּרְא ראה q וַיִּבֶן בנה q וַיִּקְרָא קרא q וַיֹּאמַר אמר q

▹ אַהֲרֹן / אַהֲרֹן / אַהֲרֹן אַהֲרֹן PN נִזְמֵי / נִזְמֵי נֶזֶם בְּאָזְנֵי אֹזֶן
נְשֵׁיכֶם אִשָּׁה בְּנֵיכֶם בֵּן וּבְנֹתֵיכֶם בַּת בְּאָזְנֵיהֶם אֹזֶן מִיָּדָם יָד

ו וַיַּשְׁכִּ֙ימוּ֙ מִֽמָּחֳרָ֔ת
וַיַּעֲל֣וּ עֹלֹ֔ת
וַיַּגִּ֖שׁוּ שְׁלָמִ֑ים
וַיֵּ֤שֶׁב הָעָם֙ לֶאֱכֹ֣ל וְשָׁת֔וֹ
וַיָּקֻ֖מוּ לְצַחֵֽק׃ פ

◁ וַיַּשְׁכִּ֙ימוּ֙ שכם hi וַיַּעֲל֣וּ עלה hi וַיַּגִּ֖שׁוּ נגש hi וַיֵּ֤שֶׁב ישב q
לֶאֱכֹ֣ל אכל q וְשָׁת֔וֹ שתה q וַיָּקֻ֖מוּ קום q לְצַחֵֽק צחק pi

ז וַיְדַבֵּ֥ר יְהוָ֖ה אֶל־מֹשֶׁ֑ה
לֶךְ־רֵ֔ד
כִּ֚י שִׁחֵ֣ת עַמְּךָ֔
אֲשֶׁ֥ר הֶעֱלֵ֖יתָ מֵאֶ֥רֶץ מִצְרָֽיִם׃
ח סָ֣רוּ מַהֵ֗ר מִן־הַדֶּ֙רֶךְ֙ אֲשֶׁ֣ר צִוִּיתִ֔ם
עָשׂ֣וּ לָהֶ֔ם
עֵ֖גֶל מַסֵּכָ֑ה
וַיִּשְׁתַּֽחֲווּ־לוֹ֙ וַיִּזְבְּחוּ־ל֔וֹ
וַיֹּ֣אמְר֔וּ
אֵ֤לֶּה אֱלֹהֶ֙יךָ֙ יִשְׂרָאֵ֔ל
אֲשֶׁ֥ר הֶעֱל֖וּךָ מֵאֶ֥רֶץ מִצְרָֽיִם׃

◁ וַיְדַבֵּ֥ר דבר pi לֶךְ־ הלך q רֵ֔ד ירד q שִׁחֵ֣ת שחת pi הֶעֱלֵ֖יתָ עלה hi
סָ֣רוּ סור q מַהֵ֗ר מהר pi צִוִּיתִ֔ם צוה pi עָשׂ֣וּ עשה q
וַיִּשְׁתַּֽחֲווּ־ חוה hišt וַיִּזְבְּחוּ־ זבח q וַיֹּ֣אמְר֔וּ אמר q הֶעֱל֖וּךָ עלה hi

ט וַיֹּ֥אמֶר יְהוָ֖ה אֶל־מֹשֶׁ֑ה
רָאִ֙יתִי֙ אֶת־הָעָ֣ם הַזֶּ֔ה
וְהִנֵּ֥ה עַם־קְשֵׁה־עֹ֖רֶף הֽוּא׃
י וְעַתָּה֙ הַנִּ֣יחָה לִּ֔י
וְיִֽחַר־אַפִּ֥י בָהֶ֖ם וַאֲכַלֵּ֑ם
וְאֶֽעֱשֶׂ֥ה אוֹתְךָ֖ לְג֥וֹי גָּדֽוֹל׃

▷ רָאִ֙יתִי֙ ראה q הַנִּ֣יחָה נוח hi
וְיִֽחַר־ חרה q וַאֲכַלֵּ֑ם כלה pi
וְאֶֽעֱשֶׂ֥ה עשׂה q

יא וַיְחַ֣ל מֹשֶׁ֔ה
אֶת־פְּנֵ֖י יְהוָ֣ה אֱלֹהָ֑יו
וַיֹּ֗אמֶר לָמָ֤ה יְהוָה֙ יֶחֱרֶ֤ה אַפְּךָ֙ בְּעַמֶּ֔ךָ
אֲשֶׁ֤ר הוֹצֵ֙אתָ֙ מֵאֶ֣רֶץ מִצְרַ֔יִם
בְּכֹ֥חַ גָּד֖וֹל וּבְיָ֥ד חֲזָקָֽה׃
יב לָ֩מָּה֩ יֹאמְר֨וּ מִצְרַ֜יִם לֵאמֹ֗ר
בְּרָעָ֤ה הֽוֹצִיאָם֙ לַהֲרֹ֤ג אֹתָם֙ בֶּֽהָרִ֔ים
וּ֨לְכַלֹּתָ֔ם
מֵעַ֖ל פְּנֵ֣י הָֽאֲדָמָ֑ה
שׁ֚וּב מֵחֲר֣וֹן אַפֶּ֔ךָ
וְהִנָּחֵ֥ם עַל־הָרָעָ֖ה לְעַמֶּֽךָ׃

יג זְכֹ֗ר לְאַבְרָהָ֨ם לְיִצְחָ֜ק וּלְיִשְׂרָאֵ֣ל עֲבָדֶ֗יךָ
אֲשֶׁ֨ר נִשְׁבַּ֣עְתָּ לָהֶם֮ בָּךְ֒
וַתְּדַבֵּ֣ר אֲלֵהֶ֔ם
אַרְבֶּה֙ אֶת־זַרְעֲכֶ֔ם
כְּכוֹכְבֵ֖י הַשָּׁמָ֑יִם
וְכָל־הָאָ֨רֶץ הַזֹּ֜את אֲשֶׁ֣ר אָמַ֗רְתִּי אֶתֵּן֙ לְזַרְעֲכֶ֔ם
וְנָחֲל֖וּ לְעֹלָֽם׃

◃ וַיְחַ֣ל חלה pi יֶחֱרֶ֤ה חרה q הוֹצֵ֙אתָ֙ יצא hi
יֹאמְר֨וּ אמר q לֵאמֹ֗ר אמר q הֽוֹצִיאָ֔ם יצא hi
לַהֲרֹ֣ג הרג q וּֽלְכַלֹּתָ֔ם כלה pi שׁ֚וּב שוב q
וְהִנָּחֵ֥ם נחם ni זְכֹ֗ר זכר q נִשְׁבַּ֣עְתָּ שבע ni
וַתְּדַבֵּ֣ר דבר pi אַרְבֶּה֙ רבה hi אָמַ֗רְתִּי אמר q
אֶתֵּן֙ נתן q וְנָחֲל֖וּ נחל q

◃ בְּעַמֶּ֫ךָ עַם לְעַמֶּ֫ךָ עַם לְאַבְרָהָ֨ם אַבְרָהָם PN
לְיִצְחָ֜ק יִצְחָק PN זַרְעֲכֶ֔ם זֶ֫רַע לְזַרְעֲכֶ֔ם זֶ֫רַע

יד וַיִּנָּ֖חֶם יְהוָ֑ה
עַל־הָ֣רָעָ֔ה
אֲשֶׁ֥ר דִּבֶּ֖ר לַעֲשׂ֥וֹת לְעַמּֽוֹ׃ פ

◃ וַיִּנָּ֖חֶם נחם ni דִּבֶּ֖ר דבר pi
לַעֲשׂ֥וֹת עשׂה q

◃ לְעַמּֽוֹ עַם

טו וַיִּ֜פֶן וַיֵּ֤רֶד מֹשֶׁה֙ מִן־הָהָ֔ר
וּשְׁנֵ֛י לֻחֹ֥ת הָעֵדֻ֖ת בְּיָד֑וֹ
לֻחֹ֗ת כְּתֻבִים֙ מִשְּׁנֵ֣י עֶבְרֵיהֶ֔ם
מִזֶּ֥ה וּמִזֶּ֖ה הֵ֥ם כְּתֻבִֽים׃
טז וְהַ֨לֻּחֹ֔ת
מַעֲשֵׂ֥ה אֱלֹהִ֖ים הֵ֑מָּה
וְהַמִּכְתָּ֗ב מִכְתַּ֤ב אֱלֹהִים֙ ה֔וּא
חָר֖וּת עַל־הַלֻּחֹֽת׃

▹ **וַיִּ֜פֶן** פנה q **וַיֵּ֤רֶד** ירד q
כְּתֻבִים֙ / כְּתֻבִֽים כתב q **חָר֖וּת** חרת q
▹ **לֻחֹ֥ת / לֻחֹ֗ת** לוּחַ **עֶבְרֵיהֶ֔ם** עֵ֫בֶר **וְהַ֨לֻּחֹ֔ת** לוּחַ **הַלֻּחֹֽת** לוּחַ

יז וַיִּשְׁמַ֧ע יְהוֹשֻׁ֛עַ אֶת־ק֥וֹל הָעָ֖ם בְּרֵעֹ֑ה
וַיֹּ֙אמֶר֙ אֶל־מֹשֶׁ֔ה
ק֥וֹל מִלְחָמָ֖ה בַּֽמַּחֲנֶֽה׃
יח וַיֹּ֗אמֶר אֵ֥ין קוֹל֙ עֲנ֣וֹת גְּבוּרָ֔ה
וְאֵ֥ין ק֖וֹל עֲנ֣וֹת חֲלוּשָׁ֑ה
ק֣וֹל עַנּ֔וֹת
אָנֹכִ֖י שֹׁמֵֽעַ׃

▹ **וַיִּשְׁמַ֧ע** שמע q **עֲנ֣וֹת** ענה q **עַנּ֔וֹת** ענה pi **שֹׁמֵֽעַ** שמע q
▹ **יְהוֹשֻׁ֛עַ** יְהוֹשֻׁעַ PN **בְּרֵעֹ֑ה** רֵעַ

יט וַֽיְהִ֗י כַּאֲשֶׁ֤ר קָרַב֙ אֶל־הַֽמַּחֲנֶ֔ה
וַיַּ֥רְא אֶת־הָעֵ֖גֶל וּמְחֹלֹ֑ת
וַיִּֽחַר־אַ֣ף מֹשֶׁ֔ה וַיַּשְׁלֵ֤ךְ מידו מִיָּדָיו֙ אֶת־הַלֻּחֹ֔ת
וַיְשַׁבֵּ֥ר אֹתָ֖ם תַּ֥חַת הָהָֽר׃
כ וַיִּקַּ֞ח אֶת־הָעֵ֨גֶל אֲשֶׁ֤ר עָשׂוּ֙ וַיִּשְׂרֹ֣ף בָּאֵ֔שׁ
וַיִּטְחַ֖ן עַ֣ד אֲשֶׁר־דָּ֑ק
וַיִּ֙זֶר֙ עַל־פְּנֵ֣י הַמַּ֔יִם
וַיַּ֖שְׁקְ אֶת־בְּנֵ֥י יִשְׂרָאֵֽל׃

▷ וַֽיְהִ֗י היה q קָרַב֙ קרב q
וַיַּ֥רְא ראה q וַיִּֽחַר־ חרה q
וַיַּשְׁלֵ֤ךְ שׁלך hi וַיְשַׁבֵּ֥ר שׁבר pi
וַיִּקַּ֞ח לקח q עָשׂוּ֙ עשׂה q
וַיִּשְׂרֹ֣ף שׂרף q וַיִּטְחַ֖ן טחן q
דָּ֑ק דקק q וַיִּ֙זֶר֙ זרה q וַיַּ֖שְׁקְ שׁקה hi

כא וַיֹּ֤אמֶר מֹשֶׁה֙ אֶל־אַהֲרֹ֔ן
מֶֽה־עָשָׂ֥ה לְךָ֖ הָעָ֣ם הַזֶּ֑ה
כִּֽי־הֵבֵ֥אתָ עָלָ֖יו חֲטָאָ֥ה גְדֹלָֽה׃
כב וַיֹּ֣אמֶר אַהֲרֹ֔ן
אַל־יִ֥חַר אַ֖ף אֲדֹנִ֑י
אַתָּה֙ יָדַ֣עְתָּ אֶת־הָעָ֔ם
כִּ֥י בְרָ֖ע הֽוּא׃

כג וַיֹּ֣אמְרוּ לִ֔י
עֲשֵׂה־לָ֣נוּ אֱלֹהִ֔ים
אֲשֶׁ֥ר יֵלְכ֖וּ לְפָנֵ֑ינוּ
כִּי־זֶ֣ה ׀ מֹשֶׁ֣ה הָאִ֗ישׁ
אֲשֶׁ֤ר הֶֽעֱלָ֙נוּ֙ מֵאֶ֣רֶץ מִצְרַ֔יִם
לֹ֥א יָדַ֖עְנוּ מֶה־הָ֥יָה לֽוֹ׃
כד וָאֹמַ֤ר לָהֶם֙ לְמִ֣י זָהָ֔ב
הִתְפָּרָ֖קוּ וַיִּתְּנוּ־לִ֑י
וָאַשְׁלִכֵ֣הוּ בָאֵ֔שׁ
וַיֵּצֵ֖א הָעֵ֥גֶל הַזֶּֽה׃

◁ עָשָׂה עשׂה q הֵבֵאתָ בוא hi
יָחַר חרה q יָדַעְתָּ ידע q וַיֹּאמְרוּ אמר q
עֲשֵׂה־ עשׂה q יֵלְכוּ הלך q הֶעֱלָנוּ עלה hi
יָדַעְנוּ ידע q הָיָה היה q וָאֹמַר אמר q
הִתְפָּרָקוּ פרק hith וַיִּתְּנוּ־ נתן q
וָאַשְׁלִכֵהוּ שׁלך hi וַיֵּצֵא יצא q

◁ אַהֲרֹן אַהֲרֹן PN לְמִי מִי

כה וַיַּ֤רְא מֹשֶׁה֙ אֶת־הָעָ֔ם
כִּ֥י פָרֻ֖עַ ה֑וּא
כִּֽי־פְרָעֹ֣ה אַהֲרֹ֔ן
לְשִׁמְצָ֖ה בְּקָמֵיהֶֽם׃

כו   וַיַּעֲמֹד מֹשֶׁה֙ בְּשַׁ֣עַר הַֽמַּחֲנֶ֔ה
וַיֹּ֕אמֶר

מִ֥י לַיהוָ֖ה אֵלָ֑י
וַיֵּאָסְפ֥וּ אֵלָ֖יו כָּל־בְּנֵ֥י לֵוִֽי׃

כז   וַיֹּ֣אמֶר לָהֶ֗ם כֹּֽה־אָמַ֤ר יְהוָה֙ אֱלֹהֵ֣י יִשְׂרָאֵ֔ל
שִׂ֥ימוּ אִישׁ־חַרְבּ֖וֹ עַל־יְרֵכ֑וֹ
עִבְר֨וּ וָשׁ֜וּבוּ מִשַּׁ֤עַר לָשַׁ֨עַר֙ בַּֽמַּחֲנֶ֔ה
וְהִרְג֧וּ אִֽישׁ־אֶת־אָחִ֛יו וְאִ֥ישׁ אֶת־רֵעֵ֖הוּ
וְאִ֥ישׁ אֶת־קְרֹבֽוֹ׃

◁   וַיַּ֖רְא ראה q   פָּרֻ֣עַ פרע q   פְּרָעֹ֖ה פרע q   בְּקָמֵיהֶ֑ם קום q
וַיַּעֲמֹד֙ עמד q   וַיֵּאָסְפ֥וּ אסף ni   אָמַ֤ר אמר q   שִׂ֥ימוּ שׂים q
עִבְר֨וּ עבר q   וָשׁ֜וּבוּ שׁוב q   וְהִרְג֧וּ הרג q

◁   אַהֲרֹ֛ן אַהֲרֹן PN   לֵוִ֖י לֵוִי PN   יְרֵכ֑וֹ יָרֵ֖ךְ

כח   וַיַּֽעֲשׂ֥וּ בְנֵֽי־לֵוִ֖י כִּדְבַ֣ר מֹשֶׁ֑ה
וַיִּפֹּ֤ל מִן־הָעָם֙ בַּיּ֣וֹם הַה֔וּא
כִּשְׁלֹ֥שֶׁת אַלְפֵ֖י אִֽישׁ׃

כט   וַיֹּ֣אמֶר מֹשֶׁ֗ה מִלְא֨וּ יֶדְכֶ֤ם הַיּוֹם֙ לַֽיהוָ֔ה
כִּ֛י אִ֥ישׁ בִּבְנ֖וֹ וּבְאָחִ֑יו
וְלָתֵ֧ת עֲלֵיכֶ֛ם הַיּ֖וֹם בְּרָכָֽה׃

◁   וַיַּֽעֲשׂ֥וּ עשׂה q   וַיִּפֹּ֤ל נפל q   מִלְא֨וּ מלא q   וְלָתֵ֧ת נתן q

◁   לֵוִ֖י לֵוִי PN   וּבְאָחִ֑יו אָח

ל וַיְהִי֙ מִֽמָּחֳרָ֔ת

וַיֹּ֤אמֶר מֹשֶׁה֙ אֶל־הָעָ֔ם

אַתֶּ֥ם חֲטָאתֶ֖ם חֲטָאָ֣ה גְדֹלָ֑ה

וְעַתָּה֙ אֶֽעֱלֶ֣ה אֶל־יְהוָ֔ה

אוּלַ֥י אֲכַפְּרָ֖ה בְּעַ֥ד חַטַּאתְכֶֽם׃

◃ וַיְהִי֙ היה q חֲטָאתֶ֖ם חטא q
אֶֽעֱלֶ֣ה עלה q אֲכַפְּרָ֖ה כפר pi

לא וַיָּ֧שָׁב מֹשֶׁ֛ה אֶל־יְהוָ֖ה וַיֹּאמַ֑ר

אָ֣נָּ֗א חָטָ֞א הָעָ֤ם הַזֶּה֙ חֲטָאָ֣ה גְדֹלָ֔ה

וַיַּֽעֲשׂ֥וּ לָהֶ֖ם אֱלֹהֵ֥י זָהָֽב׃

לב וְעַתָּ֖ה אִם־תִּשָּׂ֣א חַטָּאתָ֑ם

וְאִם־אַ֕יִן

מְחֵ֣נִי נָ֔א

מִֽסִּפְרְךָ֖ אֲשֶׁ֥ר כָּתָֽבְתָּ׃

◃ וַיָּ֧שָׁב שׁוב q וַיֹּאמַ֑ר אמר q
חָטָ֞א חטא q וַיַּֽעֲשׂ֥וּ עשׂה q
תִּשָּׂ֣א נשׂא q מְחֵ֣נִי מחה q
כָּתָֽבְתָּ כתב q

◃ מִֽסִּפְרְךָ֖ סֵ֫פֶר

לג וַיֹּ֥אמֶר יְהוָ֖ה אֶל־מֹשֶׁ֑ה
מִ֚י אֲשֶׁ֣ר חָֽטָא־לִ֔י
אֶמְחֶ֖נּוּ מִסִּפְרִֽי׃

לד וְעַתָּ֞ה לֵ֣ךְ ׀ נְחֵ֣ה אֶת־הָעָ֗ם אֶ֤ל אֲשֶׁר־דִּבַּ֙רְתִּי֙ לָ֔ךְ
הִנֵּ֥ה מַלְאָכִ֖י יֵלֵ֣ךְ לְפָנֶ֑יךָ
וּבְי֣וֹם פָּקְדִ֔י
וּפָקַדְתִּ֥י עֲלֵיהֶ֖ם חַטָּאתָֽם׃

◃ חָֽטָא־ חטא q אֶמְחֶ֖נּוּ מחה q
לֵ֣ךְ ׀ הלך q נְחֵ֣ה נחה q
דִּבַּ֙רְתִּי֙ דבר pi יֵלֵ֣ךְ הלך q
פָּקְדִ֔י פקד q וּפָקַדְתִּ֥י פקד q

◃ מִסִּפְרִֽי סֵ֫פֶר

לה וַיִּגֹּ֥ף יְהוָ֖ה אֶת־הָעָ֑ם
עַ֚ל אֲשֶׁ֣ר עָשׂ֣וּ אֶת־הָעֵ֔גֶל
אֲשֶׁ֥ר עָשָׂ֖ה אַהֲרֹֽן׃ ס

◃ וַיִּגֹּ֥ף נגף q עָשׂ֣וּ עשׂה q
עָשָׂ֖ה עשׂה q

◃ אַהֲרֹֽן אַהֲרֹן PN

4.4

God Reveals Himself to Moses

EXODUS 33:12–23 שמות לג:יב–כג

Moses, **YHWH**

יב וַיֹּאמֶר מֹשֶׁה אֶל־יְהוָה
רְאֵה אַתָּה אֹמֵר אֵלַי הַעַל אֶת־הָעָם הַזֶּה
וְאַתָּה לֹא הוֹדַעְתַּנִי
אֵת אֲשֶׁר־תִּשְׁלַח עִמִּי
וְאַתָּה אָמַרְתָּ יְדַעְתִּיךָ בְשֵׁם
וְגַם־מָצָאתָ חֵן בְּעֵינָי׃
יג וְעַתָּה אִם־נָא מָצָאתִי חֵן בְּעֵינֶיךָ
הוֹדִעֵנִי נָא אֶת־דְּרָכֶךָ
וְאֵדָעֲךָ
לְמַעַן אֶמְצָא־חֵן בְּעֵינֶיךָ
וּרְאֵה
כִּי עַמְּךָ הַגּוֹי הַזֶּה׃

◁ רְאֵה ראה q אֹמֵר אמר q הַעַל עלה hi הוֹדַעְתַּנִי ידע hi תִּשְׁלַח שׁלח q
אָמַרְתָּ אמר q יְדַעְתִּיךָ ידע q מָצָאתָ / מָצָאתִי מצא q הוֹדִעֵנִי ידע hi
וְאֵדָעֲךָ ידע q אֶמְצָא־ מצא q וּרְאֵה ראה q

◁ בְּעֵינַי עַיִן בְּעֵינֶיךָ / בְּעֵינֶיךָ עַיִן

יד וַיֹּאמַר

פָּנַי יֵלֵכוּ וַהֲנִחֹתִי לָךְ׃

◁ וַיֹּאמַר אמר q יֵלֵכוּ הלך q וַהֲנִחֹתִי נוח hi

◁ פָּנַי פָּנֶה

טו וַיֹּאמֶר אֵלָיו

אִם־אֵין פָּנֶיךָ הֹלְכִים

אַל־תַּעֲלֵנוּ מִזֶּה׃

טז וּבַמֶּה ׀ יִוָּדַע אֵפוֹא

כִּי־מָצָאתִי חֵן בְּעֵינֶיךָ אֲנִי וְעַמֶּךָ

הֲלוֹא בְּלֶכְתְּךָ עִמָּנוּ

וְנִפְלֵינוּ אֲנִי וְעַמְּךָ

מִכָּל־הָעָם

אֲשֶׁר עַל־פְּנֵי הָאֲדָמָה׃ פ

◁ הֹלְכִים הלך q תַּעֲלֵנוּ עלה hi יִוָּדַע ידע ni
מָצָאתִי מצא q בְּלֶכְתְּךָ הלך q וְנִפְלֵינוּ פלה ni

◁ וּבַמֶּה ׀ מָה בְּעֵינֶיךָ עַיִן

יז וַיֹּ֤אמֶר יְהוָה֙ אֶל־מֹשֶׁ֔ה

גַּ֣ם אֶת־הַדָּבָ֥ר הַזֶּ֛ה אֲשֶׁ֥ר דִּבַּ֖רְתָּ אֶֽעֱשֶׂ֑ה

כִּֽי־מָצָ֤אתָ חֵן֙ בְּעֵינַ֔י

וָאֵדָעֲךָ֖ בְּשֵֽׁם׃

◃ דִּבַּ֖רְתָּ דבר pi אֶֽעֱשֶׂ֑ה עשׂה q

מָצָ֤אתָ מצא q וָאֵדָעֲךָ֖ ידע q

◃ בְּעֵינַ֔י עַ֫יִן

יח וַיֹּאמַ֑ר

הַרְאֵ֥נִי נָ֖א אֶת־כְּבֹדֶֽךָ׃

יט וַיֹּ֗אמֶר אֲנִ֨י אַעֲבִ֤יר כָּל־טוּבִי֙ עַל־פָּנֶ֔יךָ

וְקָרָ֧אתִֽי בְשֵׁ֛ם יְהוָ֖ה לְפָנֶ֑יךָ

וְחַנֹּתִי֙ אֶת־אֲשֶׁ֣ר אָחֹ֔ן

וְרִחַמְתִּ֖י אֶת־אֲשֶׁ֥ר אֲרַחֵֽם׃

כ וַיֹּ֕אמֶר

לֹ֥א תוּכַ֖ל לִרְאֹ֣ת אֶת־פָּנָ֑י

כִּ֛י לֹֽא־יִרְאַ֥נִי הָאָדָ֖ם וָחָֽי׃

◃ וַיֹּאמַ֑ר אמר q הַרְאֵ֥נִי ראה hi

אַעֲבִ֤יר עבר hi וְקָרָ֧אתִֽי קרא q

וְחַנֹּתִי֙ חנן q אָחֹ֔ן חנן q

וְרִחַמְתִּ֖י רחם pi אֲרַחֵֽם רחם pi

תוּכַ֖ל יכל q לִרְאֹ֣ת ראה q

יִרְאַ֥נִי ראה q וָחָֽי חיה q

כא וַיֹּ֣אמֶר יְהוָ֔ה

הִנֵּ֥ה מָק֖וֹם אִתִּ֑י

וְנִצַּבְתָּ֖ עַל־הַצּֽוּר׃

כב וְהָיָה֙ בַּעֲבֹ֣ר כְּבֹדִ֔י

וְשַׂמְתִּ֖יךָ בְּנִקְרַ֣ת הַצּ֑וּר

וְשַׂכֹּתִ֥י כַפִּ֛י עָלֶ֖יךָ עַד־עָבְרִֽי׃

כג וַהֲסִרֹתִי֙ אֶת־כַּפִּ֔י

וְרָאִ֖יתָ אֶת־אֲחֹרָ֑י

וּפָנַ֖י לֹ֥א יֵרָאֽוּ׃ ס

◃ וְנִצַּבְתָּ נצב ni וְהָיָה֙ היה q
בַּעֲבֹר עבר q וְשַׂמְתִּיךָ שׂים q
וְשַׂכֹּתִי שׂכך q עָבְרִי עבר q
וַהֲסִרֹתִי֙ סור hi וְרָאִיתָ ראה q
יֵרָאוּ ראה ni

◃ אִתִּי אֵת / אֶת־ אֲחֹרָי אָחוֹר

4.5

Moses’ Glowing Face

EXODUS 34:29–35 | **שמות לד:כט-לה**

Moses, Aaron, the Israelites, the Israelite leaders, YHWH

כט וַיְהִ֗י בְּרֶ֤דֶת מֹשֶׁה֙ מֵהַ֣ר סִינַ֔י
וּשְׁנֵ֨י לֻחֹ֤ת הָעֵדֻת֙ בְּיַד־מֹשֶׁ֔ה
בְּרִדְתּ֖וֹ מִן־הָהָ֑ר
וּמֹשֶׁ֣ה לֹֽא־יָדַ֗ע כִּ֥י קָרַ֛ן ע֥וֹר פָּנָ֖יו בְּדַבְּר֥וֹ אִתּֽוֹ׃

◃ וַיְהִ֗י היה q בְּרֶ֤דֶת ירד q בְּרִדְתּ֖וֹ ירד q
יָדַ֗ע ידע q קָרַ֛ן קרן q בְּדַבְּר֥וֹ דבר pi

◃ סִינַ֔י סִינַי GN

ל וַיַּ֨רְא אַהֲרֹ֜ן וְכָל־בְּנֵ֤י יִשְׂרָאֵל֙ אֶת־מֹשֶׁ֔ה
וְהִנֵּ֥ה קָרַ֖ן ע֣וֹר פָּנָ֑יו
וַיִּֽירְא֖וּ מִגֶּ֥שֶׁת אֵלָֽיו׃
לא וַיִּקְרָ֤א אֲלֵהֶם֙ מֹשֶׁ֔ה
וַיָּשֻׁ֣בוּ אֵלָ֔יו אַהֲרֹ֛ן וְכָל־הַנְּשִׂאִ֖ים בָּעֵדָ֑ה
וַיְדַבֵּ֥ר מֹשֶׁ֖ה אֲלֵהֶֽם׃

לב וְאַֽחֲרֵי־כֵ֥ן נִגְּשׁ֖וּ כָּל־בְּנֵ֣י יִשְׂרָאֵ֑ל
וַיְצַוֵּ֗ם
אֵת֩ כָּל־אֲשֶׁ֨ר דִּבֶּ֧ר יְהוָ֛ה אִתּ֖וֹ בְּהַ֥ר סִינָֽי׃

◃ וַיַּ֥רְא ראה q קָרַ֣ן קרן q וַיִּֽירְא֖וּ ירא q מִגֶּ֥שֶׁת נגשׁ q וַיִּקְרָ֤א קרא q
וַיָּשֻׁ֥בוּ שׁוב q וַיְדַבֵּ֥ר דבר pi נִגְּשׁ֖וּ נגשׁ ni וַיְצַוֵּ֗ם צוה pi דִּבֶּ֧ר דבר pi
◃ אַהֲרֹ֛ן / אַהֲרֹ֖ן אַהֲרֹן PN הַנְּשִׂאִ֖ים נָשִׂיא סִינָֽי סִינַי GN

לג וַיְכַ֣ל מֹשֶׁ֔ה
מְדַבֵּ֖ר אִתָּ֑ם
וַיִּתֵּ֥ן עַל־פָּנָ֖יו מַסְוֶֽה׃
לד וּבְבֹ֨א מֹשֶׁ֜ה לִפְנֵ֤י יְהוָה֙ לְדַבֵּ֣ר אִתּ֔וֹ
יָסִ֥יר אֶת־הַמַּסְוֶ֖ה עַד־צֵאת֑וֹ
וְיָצָ֗א וְדִבֶּר֙ אֶל־בְּנֵ֣י יִשְׂרָאֵ֔ל
אֵ֖ת אֲשֶׁ֥ר יְצֻוֶּֽה׃
לה וְרָא֤וּ בְנֵֽי־יִשְׂרָאֵל֙ אֶת־פְּנֵ֣י מֹשֶׁ֔ה
כִּ֣י קָרַ֔ן
ע֖וֹר פְּנֵ֣י מֹשֶׁ֑ה
וְהֵשִׁ֨יב מֹשֶׁ֤ה אֶת־הַמַּסְוֶה֙ עַל־פָּנָ֔יו
עַד־בֹּא֖וֹ לְדַבֵּ֥ר אִתּֽוֹ׃ ס

◃ וַיְכַ֣ל כלה pi מְדַבֵּ֖ר דבר hith וַיִּתֵּ֥ן נתן q וּבְבֹ֨א בוא q
לְדַבֵּ֣ר / לְדַבֵּ֥ר דבר pi יָסִ֥יר סור hi צֵאת֑וֹ יצא q
וְיָצָ֗א יצא q וְדִבֶּר֙ דבר pi יְצֻוֶּֽה צוה pu וְרָא֤וּ ראה q
קָרַ֔ן קרן q וְהֵשִׁ֨יב שׁוב hi בֹּא֖וֹ בוא q

4.6

Bezalel Makes the Ark

EXODUS 37:1–9 **שמות לז:א–ט**

Bezalel

א וַיַּ֥עַשׂ בְּצַלְאֵ֖ל אֶת־הָאָרֹ֑ן עֲצֵ֖י שִׁטִּ֑ים
אַמָּתַ֨יִם וָחֵ֜צִי אָרְכּ֗וֹ וְאַמָּ֤ה וָחֵ֙צִי֙ רָחְבּ֔וֹ
וְאַמָּ֥ה וָחֵ֖צִי קֹמָתֽוֹ׃

◃ וַיַּ֫עַשׂ עשׂה q
◃ בְּצַלְאֵ֖ל בְּצַלְאֵל PN
אַמָּתַ֨יִם אַמָּה

ב וַיְצַפֵּ֛הוּ זָהָ֥ב טָה֖וֹר מִבַּ֣יִת וּמִח֑וּץ
וַיַּ֥עַשׂ ל֛וֹ זֵ֥ר זָהָ֖ב סָבִֽיב׃

◃ וַיְצַפֵּ֛הוּ צפה pi
וַיַּ֥עַשׂ עשׂה q

ג וַיִּצֹ֣ק ל֗וֹ אַרְבַּע֙ טַבְּעֹ֣ת זָהָ֔ב
עַ֖ל אַרְבַּ֣ע פַּעֲמֹתָ֑יו
וּשְׁתֵּ֣י טַבָּעֹ֗ת עַל־צַלְעוֹ֙ הָֽאֶחָ֔ת
וּשְׁתֵּי֙ טַבָּעֹ֔ות
עַל־צַלְע֖וֹ הַשֵּׁנִֽית׃

◃ וַיִּצֹ֣ק יצק q

◃ טַבְּעֹ֣ת טַבַּ֫עַת פַּעֲמֹתָ֑יו פַּ֫עַם טַבָּעֹ֗ת טַבַּ֫עַת צַלְעוֹ֙ / צַלְע֖וֹ צֵלָע
הָֽאֶחָ֔ת אֶחָד טַבָּעֹ֔ות טַבַּ֫עַת הַשֵּׁנִֽית שֵׁנִי

ד וַיַּ֥עַשׂ בַּדֵּ֖י עֲצֵ֣י שִׁטִּ֑ים
וַיְצַ֥ף אֹתָ֖ם זָהָֽב׃
ה וַיָּבֵ֤א אֶת־הַבַּדִּים֙ בַּטַּבָּעֹ֔ת
עַ֖ל צַלְעֹ֣ת הָאָרֹ֑ן
לָשֵׂ֖את אֶת־הָאָרֹֽן׃

◃ וַיַּ֥עַשׂ עשׂה q וַיְצַ֥ף צפה pi וַיָּבֵ֤א בוא hi לָשֵׂ֖את נשׂא q

◃ בַּטַּבָּעֹ֔ת טַבַּ֫עַת צַלְעֹ֣ת צֵלָע

ו וַיַּ֥עַשׂ כַּפֹּ֖רֶת זָהָ֣ב טָה֑וֹר
אַמָּתַ֤יִם וָחֵ֙צִי֙ אָרְכָּ֔הּ
וְאַמָּ֥ה וָחֵ֖צִי רָחְבָּֽהּ׃

◃ וַיַּ֥עַשׂ עשׂה q

◃ אַמָּתַ֤יִם אַמָּה אָרְכָּ֔הּ אֹ֫רֶךְ רָחְבָּֽהּ רֹ֫חַב

ז וַיַּעַשׂ שְׁנֵי כְרֻבִים זָהָב
מִקְשָׁה עָשָׂה אֹתָם
מִשְּׁנֵי קְצוֹת הַכַּפֹּרֶת׃

ח כְּרוּב־אֶחָד מִקָּצָה מִזֶּה
וּכְרוּב־אֶחָד מִקָּצָה מִזֶּה
מִן־הַכַּפֹּרֶת עָשָׂה אֶת־הַכְּרֻבִים
מִשְּׁנֵי קצוותו קְצוֹתָיו׃

ט וַיִּהְיוּ הַכְּרֻבִים פֹּרְשֵׂי כְנָפַיִם לְמַעְלָה
סֹכְכִים בְּכַנְפֵיהֶם עַל־הַכַּפֹּרֶת
וּפְנֵיהֶם אִישׁ אֶל־אָחִיו
אֶל־הַכַּפֹּרֶת
הָיוּ פְּנֵי הַכְּרֻבִים׃ פ

◃ וַיַּעַשׂ עשׂה q עָשָׂה / עָשָׂה עשׂה q
וַיִּהְיוּ היה q פֹּרְשֵׂי פרשׂ q
סֹכְכִים סכך q הָיוּ היה q

◃ קְצוֹת קָצֶה קְצוֹתָיו קָצָה
לְמַעְלָה מַעַל בְּכַנְפֵיהֶם כָּנָף

4.7

Moses Sets Up the Tabernacle

EXODUS 40:17–38 | **שמות מ:יז-לח**

Moses, Aaron, Aaron’s sons, the Israelites

יז וַיְהִ֞י בַּחֹ֧דֶשׁ הָרִאשׁ֛וֹן בַּשָּׁנָ֥ה הַשֵּׁנִ֖ית
בְּאֶחָ֣ד לַחֹ֑דֶשׁ
הוּקַ֖ם הַמִּשְׁכָּֽן׃
יח וַיָּ֨קֶם מֹשֶׁ֜ה אֶת־הַמִּשְׁכָּ֗ן וַיִּתֵּן֙ אֶת־אֲדָנָ֔יו
וַיָּ֙שֶׂם֙ אֶת־קְרָשָׁ֔יו
וַיִּתֵּ֖ן אֶת־בְּרִיחָ֑יו
וַיָּ֖קֶם אֶת־עַמּוּדָֽיו׃
יט וַיִּפְרֹ֤שׂ אֶת־הָאֹ֙הֶל֙ עַל־הַמִּשְׁכָּ֔ן
וַיָּ֜שֶׂם אֶת־מִכְסֵ֥ה הָאֹ֛הֶל עָלָ֖יו מִלְמָ֑עְלָה
כַּאֲשֶׁ֛ר צִוָּ֥ה יְהוָ֖ה אֶת־מֹשֶֽׁה׃ ס

◃ וַיְהִ֞י היה q הוּקַם קום ho וַיָּ֨קֶם / וַיָּ֖קֶם קום hi
וַיִּתֵּן֙ / וַיִּתֵּ֖ן נתן q וַיָּ֙שֶׂם֙ / וַיָּ֜שֶׂם שׂים q
וַיִּפְרֹ֤שׂ פרשׂ q צִוָּ֥ה צוה pi

◃ אֲדָנָ֔יו אֶ֫דֶן קְרָשָׁ֔יו קֶ֫רֶשׁ מִלְמָ֑עְלָה מַ֫עַל

כ וַיִּקַּ֞ח וַיִּתֵּ֤ן אֶת־הָעֵדֻת֙ אֶל־הָ֣אָרֹ֔ן
וַיָּ֥שֶׂם אֶת־הַבַּדִּ֖ים עַל־הָאָרֹ֑ן
וַיִּתֵּ֧ן אֶת־הַכַּפֹּ֛רֶת עַל־הָאָרֹ֖ן מִלְמָֽעְלָה׃
כא וַיָּבֵ֣א אֶת־הָאָרֹן֮ אֶל־הַמִּשְׁכָּן֒
וַיָּ֗שֶׂם אֵ֚ת פָּרֹ֣כֶת הַמָּסָ֔ךְ
וַיָּ֕סֶךְ
עַ֖ל אֲר֣וֹן הָעֵד֑וּת
כַּאֲשֶׁ֛ר צִוָּ֥ה יְהוָ֖ה אֶת־מֹשֶֽׁה׃ ס

◃ וַיִּקַּ֞ח לקח q וַיִּתֵּ֤ן / וַיִּתֵּ֧ן נתן q
וַיָּ֥שֶׂם / וַיָּ֗שֶׂם שׂים q וַיָּבֵ֣א בוא hi
וַיָּ֕סֶךְ סכך hi צִוָּ֥ה צוה pi

◃ מִלְמָֽעְלָה מַ֫עַל

כב וַיִּתֵּ֤ן אֶת־הַשֻּׁלְחָן֙ בְּאֹ֣הֶל מוֹעֵ֔ד
עַ֛ל יֶ֥רֶךְ הַמִּשְׁכָּ֖ן צָפֹ֑נָה
מִח֖וּץ לַפָּרֹֽכֶת׃
כג וַיַּעֲרֹ֥ךְ עָלָ֛יו עֵ֥רֶךְ לֶ֖חֶם לִפְנֵ֣י יְהוָ֑ה
כַּאֲשֶׁ֛ר צִוָּ֥ה יְהוָ֖ה אֶת־מֹשֶֽׁה׃ ס

◃ וַיִּתֵּ֤ן נתן q וַיַּעֲרֹ֥ךְ ערך q
צִוָּ֥ה צוה pi

כד וַיָּ֥שֶׂם אֶת־הַמְּנֹרָה֙ בְּאֹ֣הֶל מוֹעֵ֔ד
נֹ֖כַח הַשֻּׁלְחָ֑ן
עַ֛ל יֶ֥רֶךְ הַמִּשְׁכָּ֖ן נֶֽגְבָּה׃
כה וַיַּ֥עַל הַנֵּרֹ֖ת לִפְנֵ֣י יְהוָ֑ה
כַּאֲשֶׁ֛ר צִוָּ֥ה יְהוָ֖ה אֶת־מֹשֶֽׁה׃ ס

◃ וַיָּ֥שֶׂם שׂים q וַיַּ֥עַל עלה hi
צִוָּ֥ה צוה pi

כו וַיָּ֛שֶׂם אֶת־מִזְבַּ֥ח הַזָּהָ֖ב בְּאֹ֣הֶל מוֹעֵ֑ד
לִפְנֵ֖י הַפָּרֹֽכֶת׃
כז וַיַּקְטֵ֥ר עָלָ֖יו קְטֹ֣רֶת סַמִּ֑ים
כַּאֲשֶׁ֛ר צִוָּ֥ה יְהוָ֖ה אֶת־מֹשֶֽׁה׃ פ

◃ וַיָּ֛שֶׂם שׂים q וַיַּקְטֵ֥ר קטר hi
צִוָּ֥ה צוה pi

כח וַיָּ֛שֶׂם אֶת־מָסַ֥ךְ הַפֶּ֖תַח לַמִּשְׁכָּֽן׃

◃ וַיָּ֛שֶׂם שׂים q
◃ מָסַ֥ךְ מָסָךְ

כט וְאֵת֙ מִזְבַּ֣ח הָֽעֹלָ֔ה
שָׂ֕ם
פֶּ֖תַח מִשְׁכַּ֣ן אֹֽהֶל־מוֹעֵ֑ד
וַיַּ֣עַל עָלָ֗יו אֶת־הָֽעֹלָה֙ וְאֶת־הַמִּנְחָ֔ה
כַּאֲשֶׁ֛ר צִוָּ֥ה יְהוָ֖ה אֶת־מֹשֶֽׁה׃ ס

◃ שָׂ֕ם שׂים q וַיַּ֣עַל עלה hi צִוָּ֥ה צוה pi

ל וַיָּ֙שֶׂם֙ אֶת־הַכִּיֹּ֔ר
בֵּֽין־אֹ֥הֶל מוֹעֵ֖ד וּבֵ֣ין הַמִּזְבֵּ֑חַ
וַיִּתֵּ֥ן שָׁ֛מָּה מַ֖יִם לְרָחְצָֽה׃
לא וְרָחֲצ֣וּ מִמֶּ֔נּוּ
מֹשֶׁ֖ה וְאַהֲרֹ֣ן וּבָנָ֑יו
אֶת־יְדֵיהֶ֖ם וְאֶת־רַגְלֵיהֶֽם׃
לב בְּבֹאָ֞ם אֶל־אֹ֣הֶל מוֹעֵ֗ד
וּבְקָרְבָתָ֛ם אֶל־הַמִּזְבֵּ֖חַ יִרְחָ֑צוּ
כַּאֲשֶׁ֛ר צִוָּ֥ה יְהוָ֖ה אֶת־מֹשֶֽׁה׃ ס

◃ וַיָּ֙שֶׂם֙ שׂים q וַיִּתֵּ֥ן נתן q
לְרָחְצָֽה רחץ q וְרָחֲצ֣וּ רחץ q
בְּבֹאָ֞ם בוא q וּבְקָרְבָתָ֛ם קרב q
יִרְחָ֑צוּ רחץ q צִוָּ֥ה צוה pi

◃ מִמֶּ֔נּוּ מִן וְאַהֲרֹ֣ן אַהֲרֹן PN

לג   וַיָּ֣קֶם אֶת־הֶחָצֵ֗ר סָבִיב֙ לַמִּשְׁכָּ֣ן וְלַמִּזְבֵּ֔חַ וַיִּתֵּ֕ן

אֶת־מָסַ֖ךְ שַׁ֣עַר הֶחָצֵ֑ר

וַיְכַ֥ל מֹשֶׁ֖ה אֶת־הַמְּלָאכָֽה׃

פ

  ◁ וַיָּ֣קֶם קום hi   וַיִּתֵּ֕ן נתן q
      וַיְכַ֥ל כלה pi

  ◁ מָסַ֖ךְ מָסָךְ

לד   וַיְכַ֥ס הֶעָנָ֖ן אֶת־אֹ֣הֶל מוֹעֵ֑ד

וּכְב֣וֹד יְהוָ֔ה

מָלֵ֖א אֶת־הַמִּשְׁכָּֽן׃

לה   וְלֹא־יָכֹ֣ל מֹשֶׁ֗ה לָבוֹא֙ אֶל־אֹ֣הֶל מוֹעֵ֔ד

כִּֽי־שָׁכַ֥ן עָלָ֖יו הֶעָנָ֑ן

וּכְב֣וֹד יְהוָ֔ה

מָלֵ֖א אֶת־הַמִּשְׁכָּֽן׃

  ◁ וַיְכַ֥ס כסה pi   מָלֵ֖א מלא q
      יָכֹ֣ל יכל q   לָבוֹא֙ בוא q
      שָׁכַ֥ן שכן q

לו   וּבְהֵעָל֤וֹת הֶֽעָנָן֙ מֵעַ֣ל הַמִּשְׁכָּ֔ן

יִסְע֖וּ בְּנֵ֣י יִשְׂרָאֵ֑ל

בְּכֹ֖ל מַסְעֵיהֶֽם׃

לז וְאִם־לֹ֥א יֵעָלֶ֖ה הֶעָנָ֑ן
וְלֹ֣א יִסְע֔וּ
עַד־י֖וֹם הֵעָלֹתֽוֹ׃

לח כִּי֩ עֲנַ֨ן יְהוָ֤ה עַֽל־הַמִּשְׁכָּן֙ יוֹמָ֔ם
וְאֵ֕שׁ
תִּהְיֶ֥ה לַ֖יְלָה בּ֑וֹ
לְעֵינֵ֥י כָל־בֵּֽית־יִשְׂרָאֵ֖ל בְּכָל־מַסְעֵיהֶֽם׃

◃ וּבְהֵעָלֹ֤ות עלה ni יִסְע֖וּ נסע q
יֵעָלֶ֖ה עלה ni יִסְע֔וּ נסע q
הֵעָלֹתֽוֹ עלה ni תִּהְיֶ֥ה היה q

◃ מַסְעֵיהֶֽם מַסַּע

4.8

The Cloud Covers the Tabernacle

NUMBERS 9:15–23 **במדבר ט׃טו-כג**

the Israelites, YHWH

טו וּבְיוֹם֙ הָקִ֣ים אֶת־הַמִּשְׁכָּ֔ן
כִּסָּ֤ה הֶעָנָן֙ אֶת־הַמִּשְׁכָּ֔ן
לְאֹ֖הֶל הָעֵדֻ֑ת
וּבָעֶ֜רֶב יִהְיֶ֧ה עַֽל־הַמִּשְׁכָּ֛ן כְּמַרְאֵה־אֵ֖שׁ
עַד־בֹּֽקֶר׃

טז כֵּ֚ן יִהְיֶ֣ה תָמִ֔יד
הֶעָנָ֖ן יְכַסֶּ֑נּוּ
וּמַרְאֵה־אֵ֖שׁ לָֽיְלָה׃

▹ הָקִ֣ים קום hi כִּסָּ֤ה כסה pi
יִהְיֶ֧ה / יִהְיֶ֣ה היה q
יְכַסֶּ֑נּוּ כסה pi

יז וּלְפִ֞י הֵעָלֹ֤ת הֶֽעָנָן֙ מֵעַ֣ל הָאֹ֔הֶל

וְאַֽחֲרֵי־כֵ֔ן

יִסְע֖וּ בְּנֵ֣י יִשְׂרָאֵ֑ל

וּבִמְק֗וֹם אֲשֶׁ֤ר יִשְׁכָּן־שָׁם֙ הֶֽעָנָ֔ן

שָׁ֥ם יַחֲנ֖וּ בְּנֵ֥י יִשְׂרָאֵֽל׃

יח עַל־פִּ֣י יְהוָ֗ה יִסְעוּ֙ בְּנֵ֣י יִשְׂרָאֵ֔ל

וְעַל־פִּ֥י יְהוָ֖ה יַחֲנ֑וּ

כָּל־יְמֵ֗י אֲשֶׁ֨ר יִשְׁכֹּ֧ן הֶעָנָ֛ן עַל־הַמִּשְׁכָּ֖ן יַחֲנֽוּ׃

יט וּבְהַאֲרִ֧יךְ הֶעָנָ֛ן עַל־הַמִּשְׁכָּ֖ן יָמִ֣ים רַבִּ֑ים

וְשָׁמְר֧וּ בְנֵי־יִשְׂרָאֵ֛ל אֶת־מִשְׁמֶ֥רֶת יְהוָ֖ה
וְלֹ֥א יִסָּֽעוּ׃

◃ הֵעָלֹת עלה ni יִסְע֖וּ / יִסְעוּ֙ נסע q
יִשְׁכָּן־ שכן q יַחֲנ֖וּ / יַחֲנ֑וּ / יַחֲנֽוּ חנה q
יִשְׁכֹּ֧ן שכן q וּבְהַאֲרִ֧יךְ ארך hi
וְשָׁמְר֧וּ שמר q יִסָּֽעוּ נסע q

כ וְיֵ֞שׁ אֲשֶׁ֨ר יִהְיֶ֧ה הֶעָנָ֛ן יָמִ֥ים מִסְפָּ֖ר עַל־הַמִּשְׁכָּ֑ן

עַל־פִּ֤י יְהוָה֙ יַחֲנ֔וּ

וְעַל־פִּ֥י יְהוָ֖ה יִסָּֽעוּ׃

◃ יִהְיֶ֧ה היה q יַחֲנ֔וּ חנה q יִסָּֽעוּ נסע q

◃ פִּ֣י / פִּ֥י פֶּה

כא וְיֵ֞שׁ אֲשֶׁר־יִהְיֶ֤ה הֶֽעָנָן֙ מֵעֶ֣רֶב עַד־בֹּ֔קֶר
וְנַעֲלָ֧ה הֶעָנָ֛ן בַּבֹּ֖קֶר וְנָסָ֑עוּ
א֚וֹ יוֹמָ֣ם וָלַ֔יְלָה
וְנַעֲלָ֥ה הֶעָנָ֖ן וְנָסָֽעוּ׃

◃ יִהְיֶה היה q וְנַעֲלָה / וְנַעֲלָה עלה ni
וְנָסָעוּ / וְנָסָעוּ נסע q

כב אֽוֹ־יֹמַ֜יִם אוֹ־חֹ֣דֶשׁ אוֹ־יָמִ֗ים
בְּהַאֲרִ֨יךְ הֶֽעָנָ֤ן עַל־הַמִּשְׁכָּן֙ לִשְׁכֹּ֣ן עָלָ֔יו
יַחֲנ֥וּ בְנֵי־יִשְׂרָאֵ֖ל וְלֹ֣א יִסָּ֑עוּ
וּבְהֵעָלֹת֖וֹ יִסָּֽעוּ׃
כג עַל־פִּ֤י יְהוָה֙ יַחֲנ֔וּ
וְעַל־פִּ֥י יְהוָ֖ה יִסָּ֑עוּ
אֶת־מִשְׁמֶ֤רֶת יְהוָה֙ שָׁמָ֔רוּ
עַל־פִּ֥י יְהוָ֖ה בְּיַד־מֹשֶֽׁה׃ פ

◃ בְּהַאֲרִיךְ ארך hi לִשְׁכֹּן שׁכן q
יַחֲנוּ / יַחֲנוּ חנה q יִסָּעוּ / יִסָּעוּ נסע q
וּבְהֵעָלֹתוֹ עלה ni שָׁמָרוּ שׁמר q

◃ יֹמַיִם יום פִּי / פִּי פֶּה

Israel in the Wilderness

5.1

Miriam and Aaron Complain against Moses

NUMBERS 12:1–16	במדבר יב:א–טז

Miriam, Aaron, Moses, YHWH

א וַתְּדַבֵּ֨ר מִרְיָ֤ם וְאַהֲרֹן֙ בְּמֹשֶׁ֔ה
עַל־אֹד֛וֹת הָאִשָּׁ֥ה הַכֻּשִׁ֖ית אֲשֶׁ֣ר לָקָ֑ח
כִּֽי־אִשָּׁ֥ה כֻשִׁ֖ית לָקָֽח׃
ב וַיֹּאמְר֗וּ הֲרַ֤ק אַךְ־בְּמֹשֶׁה֙ דִּבֶּ֣ר יְהוָֹ֔ה
הֲלֹ֖א גַּם־בָּ֣נוּ דִבֵּ֑ר
וַיִּשְׁמַ֖ע יְהוָֽה׃

◃ וַתְּדַבֵּ֨ר דבר pi לָקָ֑ח / לָקָֽח לקח q
וַיֹּאמְר֗וּ אמר q דִּבֶּ֣ר דבר pi
דִבֵּ֑ר דבר pi וַיִּשְׁמַ֖ע שמע q

◃ מִרְיָ֤ם מִרְיָם PN וְאַהֲרֹן֙ אַהֲרֹן PN
הַכֻּשִׁ֖ית כּוּשִׁי GENT כֻשִׁ֖ית כּוּשִׁי GENT

ג וְהָאִ֥ישׁ מֹשֶׁ֖ה ענו עָנָ֣יו מְאֹ֑ד
מִכֹּל֙ הָֽאָדָ֔ם
אֲשֶׁ֖ר עַל־פְּנֵ֥י הָֽאֲדָמָֽה׃ ס

◁ עָנָיו עָנָו

ד וַיֹּ֨אמֶר יְהוָ֜ה פִּתְאֹ֗ם
אֶל־מֹשֶׁ֤ה וְאֶֽל־אַהֲרֹן֙ וְאֶל־מִרְיָ֔ם
צְא֖וּ שְׁלָשְׁתְּכֶ֑ם אֶל־אֹ֣הֶל מוֹעֵ֑ד
וַיֵּצְא֖וּ שְׁלָשְׁתָּֽם׃
ה וַיֵּ֤רֶד יְהוָה֙ בְּעַמּ֣וּד עָנָ֔ן
וַֽיַּעֲמֹ֖ד פֶּ֣תַח הָאֹ֑הֶל
וַיִּקְרָא֙ אַהֲרֹ֣ן וּמִרְיָ֔ם
וַיֵּצְא֖וּ שְׁנֵיהֶֽם׃

◁ צְאוּ יצא q וַיֵּצְאוּ יצא q וַיֵּרֶד ירד q
וַיַּעֲמֹד עמד q וַיִּקְרָא קרא q

◁ אַהֲרֹן / אַהֲרֹן אַהֲרֹן PN מִרְיָם מִרְיָם PN
שְׁלָשְׁתְּכֶם שָׁלֹשׁ שְׁלָשְׁתָּם שָׁלֹשׁ וּמִרְיָם מִרְיָם PN

ו וַיֹּ֖אמֶר שִׁמְעוּ־נָ֣א דְבָרָ֑י
אִם־יִֽהְיֶה֙ נְבִ֣יאֲכֶ֔ם
יְהוָ֗ה בַּמַּרְאָה֙ אֵלָ֣יו אֶתְוַדָּ֔ע
בַּחֲל֖וֹם אֲדַבֶּר־בּֽוֹ׃

ז לֹא־כֵ֖ן עַבְדִּ֣י מֹשֶׁ֑ה
בְּכָל־בֵּיתִ֖י נֶאֱמָ֥ן הֽוּא׃
ח פֶּ֣ה אֶל־פֶּ֞ה אֲדַבֶּר־בּ֗וֹ וּמַרְאֶה֙ וְלֹ֣א בְחִידֹ֔ת
וּתְמֻנַ֥ת יְהוָ֖ה יַבִּ֑יט
וּמַדּ֙וּעַ֙ לֹ֣א יְרֵאתֶ֔ם
לְדַבֵּ֖ר בְּעַבְדִּ֥י בְמֹשֶֽׁה׃
ט וַיִּֽחַר אַ֧ף יְהוָ֛ה בָּ֖ם וַיֵּלַֽךְ׃

◃ שִׁמְעוּ־ שמע q יִֽהְיֶה֙ היה q
אֶתְוַדָּ֔ע ידע hith אֲדַבֶּר־ דבר pi
נֶאֱמָ֥ן אמן ni יַבִּ֑יט נבט hi
יְרֵאתֶ֔ם ירא q לְדַבֵּ֖ר דבר pi
וַיִּֽחַר חרה q וַיֵּלַֽךְ הלך q

◃ בַּמַּרְאָה֙ מַרְאָה בְחִידֹ֔ת חִידָה
וּתְמֻנַ֥ת תְּמוּנָה

י וְהֶעָנָ֗ן סָ֚ר מֵעַ֣ל הָאֹ֔הֶל
וְהִנֵּ֥ה מִרְיָ֖ם מְצֹרַ֣עַת כַּשָּׁ֑לֶג
וַיִּ֧פֶן אַהֲרֹ֛ן אֶל־מִרְיָ֖ם וְהִנֵּ֥ה מְצֹרָֽעַת׃
יא וַיֹּ֥אמֶר אַהֲרֹ֖ן אֶל־מֹשֶׁ֑ה
בִּ֣י אֲדֹנִ֔י
אַל־נָ֨א תָשֵׁ֤ת עָלֵ֙ינוּ֙ חַטָּ֔את
אֲשֶׁ֥ר נוֹאַ֖לְנוּ וַאֲשֶׁ֥ר חָטָֽאנוּ׃

יב אַל־נָ֥א תְהִ֖י כַּמֵּ֑ת
אֲשֶׁ֤ר בְּצֵאתוֹ֙ מֵרֶ֣חֶם אִמּ֔וֹ
וַיֵּאָכֵ֖ל חֲצִ֥י בְשָׂרֽוֹ׃

◃ סָ֣ר סור q מְצֹרַ֫עַת צרע pu
וַיִּ֫פֶן פנה q מְצֹרָ֫עַת צרע pu
תָּשֵׁ֫ת שית q נוֹאַ֫לְנוּ יאל ni
חָטָ֫אנוּ חטא q תְהִי היה q
כַּמֵּת מות q בְּצֵאתוֹ֙ יצא q
וַיֵּאָכֵל אכל ni

◃ מִרְיָם מִרְיָם PN אַהֲרֹן / אַהֲרֹן אַהֲרֹן PN בְּשָׂרוֹ בָּשָׂר

יג וַיִּצְעַ֣ק מֹשֶׁ֔ה
אֶל־יְהוָ֖ה לֵאמֹ֑ר
אֵ֕ל
נָ֛א רְפָ֥א נָ֖א לָֽהּ׃ פ

◃ וַיִּצְעַק צעק q לֵאמֹר אמר q רְפָא רפא q
◃ אֵ֕ל אֵל

יד וַיֹּ֨אמֶר יְהוָ֜ה אֶל־מֹשֶׁ֗ה וְאָבִ֙יהָ֙ יָרֹ֤ק יָרַק֙ בְּפָנֶ֔יהָ
הֲלֹ֥א תִכָּלֵ֖ם שִׁבְעַ֣ת יָמִ֑ים
תִּסָּגֵ֞ר שִׁבְעַ֤ת יָמִים֙ מִח֣וּץ לַֽמַּחֲנֶ֔ה
וְאַחַ֖ר תֵּאָסֵֽף׃

טו וַתִּסָּגֵ֥ר מִרְיָ֛ם מִח֥וּץ לַֽמַּחֲנֶ֖ה שִׁבְעַ֣ת יָמִ֑ים
וְהָעָם֙ לֹ֣א נָסַ֔ע
עַד־הֵאָסֵ֖ף מִרְיָֽם׃

◃ יָרֹ֫ק ירק q יָרֹק֙ ירק q
תִּכָּלֵ֖ם כלם ni תִּסָּגֵ֞ר סגר ni
תֵּאָסֵ֖ף אסף ni וַתִּסָּגֵ֥ר סגר ni
נָסָ֔ע נסע q הֵאָסֵ֖ף אסף ni

◃ מִרְיָ֛ם / מִרְיָֽם מִרְיָם PN

טז וְאַחַ֛ר נָסְע֥וּ הָעָ֖ם מֵחֲצֵר֑וֹת
וַֽיַּחֲנ֖וּ בְּמִדְבַּ֥ר פָּארָֽן׃ פ

◃ נָסְע֥וּ נסע q וַֽיַּחֲנ֖וּ חנה q

◃ מֵחֲצֵר֑וֹת חֲצֵרוֹת GN
פָּארָֽן פָּארָן GN

5.2

Scouting the Land

NUMBERS 13:17–33	במדבר יג: יז–לג

Moses, **the Israelite spies**, Aaron, the Israelites, **Caleb**

יז וַיִּשְׁלַ֤ח אֹתָם֙ מֹשֶׁ֔ה
לָת֖וּר אֶת־אֶ֣רֶץ כְּנָ֑עַן
וַיֹּ֣אמֶר אֲלֵהֶ֗ם עֲל֥וּ זֶה֙ בַּנֶּ֔גֶב
וַעֲלִיתֶ֖ם אֶת־הָהָֽר׃
יח וּרְאִיתֶ֥ם אֶת־הָאָ֖רֶץ מַה־הִ֑וא
וְאֶת־הָעָם֙ הַיֹּשֵׁ֣ב עָלֶ֔יהָ
הֶחָזָ֥ק הוּא֙ הֲרָפֶ֔ה
הַמְעַ֥ט ה֖וּא אִם־רָֽב׃
יט וּמָ֣ה הָאָ֗רֶץ אֲשֶׁר־הוּא֙ יֹשֵׁ֣ב בָּ֔הּ
הֲטוֹבָ֥ה הִ֖וא אִם־רָעָ֑ה
וּמָ֣ה הֶעָרִ֗ים אֲשֶׁר־הוּא֙ יוֹשֵׁ֣ב בָּהֵ֔נָּה
הַבְּמַֽחֲנִ֖ים אִ֥ם בְּמִבְצָרִֽים׃

כ וּמָ֣ה הָאָ֗רֶץ הַשְּׁמֵנָ֨ה הִ֜וא אִם־רָזָ֗ה
הֲיֵֽשׁ־בָּ֥הּ עֵץ֙ אִם־אַ֔יִן
וְהִ֨תְחַזַּקְתֶּ֔ם
וּלְקַחְתֶּ֖ם מִפְּרִ֣י הָאָ֑רֶץ
וְהַ֨יָּמִ֔ים
יְמֵ֖י בִּכּוּרֵ֥י עֲנָבִֽים׃

◃ וַיִּשְׁלַ֣ח שׁלח q לָת֣וּר תור q עֲל֥וּ עלה q וַעֲלִיתֶ֖ם עלה q
וּרְאִיתֶ֥ם ראה q הַיֹּשֵׁ֣ב ישׁב q יֹשֵׁ֣ב ישׁב q יוֹשֵׁ֣ב ישׁב q
וְהִתְחַזַּקְתֶּ֔ם חזק hith וּלְקַחְתֶּ֖ם לקח q

◃ כְּנָ֫עַן כְּנַ֫עַן GN בַּנֶּ֫גֶב נֶ֫גֶב GN הִ֫וא / הִ֫וּא / הִ֫וא הִוא
הַבְּמַחֲנִ֫ים מַחֲנֶה הַשְּׁמֵנָ֫ה שָׁמֵן עֲנָבִים עֵנָב

כא וַֽיַּעֲל֖וּ וַיָּתֻ֣רוּ אֶת־הָאָ֑רֶץ
מִמִּדְבַּר־צִ֥ן עַד־רְחֹ֖ב לְבֹ֥א חֲמָֽת׃

כב וַיַּעֲל֣וּ בַנֶּגֶב֮ וַיָּבֹ֣א עַד־חֶבְרוֹן֒
וְשָׁ֤ם אֲחִימַן֙ שֵׁשַׁ֣י וְתַלְמַ֔י
יְלִידֵ֖י הָעֲנָ֑ק
וְחֶבְרוֹן֙ שֶׁ֤בַע שָׁנִים֙ נִבְנְתָ֔ה
לִפְנֵ֖י צֹ֥עַן מִצְרָֽיִם׃

◃ וַֽיַּעֲל֖וּ / וַיַּעֲל֣וּ עלה q וַיָּתֻ֣רוּ תור q וַיָּבֹ֣א בוא q נִבְנְתָ֔ה בנה ni

◃ צִ֥ן צִן GN רְחֹ֖ב רְחוֹב GN לְבֹ֥א חֲמָת לְבוֹא חֲמָת GN בַנֶּגֶב֮ נֶ֫גֶב GN
חֶבְרוֹן֒ חֶבְרוֹן GN אֲחִימַן֙ אֲחִימַן PN שֵׁשַׁ֣י שֵׁשַׁי PN וְתַלְמַ֔י תַּלְמַי PN
הָעֲנָ֑ק עֲנָק GENT וְחֶבְרוֹן֙ חֶבְרוֹן GN צֹ֥עַן צֹ֫עַן GN

כג וַיָּבֹ֜אוּ עַד־נַ֣חַל אֶשְׁכֹּ֗ל
וַיִּכְרְת֨וּ מִשָּׁ֤ם זְמוֹרָה֙ וְאֶשְׁכּ֤וֹל עֲנָבִים֙ אֶחָ֔ד
וַיִּשָּׂאֻ֥הוּ בַמּ֖וֹט בִּשְׁנָ֑יִם
וּמִן־הָרִמֹּנִ֖ים וּמִן־הַתְּאֵנִֽים׃
כד לַמָּק֣וֹם הַה֔וּא
קָרָ֖א נַ֣חַל אֶשְׁכּ֑וֹל
עַ֚ל אֹד֣וֹת הָֽאֶשְׁכּ֔וֹל
אֲשֶׁר־כָּרְת֥וּ מִשָּׁ֖ם בְּנֵ֥י יִשְׂרָאֵֽל׃

◁ וַיָּבֹ֜אוּ בוא q וַיִּכְרְת֨וּ כרת q וַיִּשָּׂאֻ֥הוּ נשא q
קָרָ֖א קרא q כָּרְת֥וּ כרת q

◁ נַ֣חַל אֶשְׁכֹּ֗ל נַחַל אֶשְׁכּוֹל GN
נַ֣חַל אֶשְׁכּ֑וֹל נַחַל אֶשְׁכּוֹל GN

כה וַיָּשֻׁ֖בוּ מִתּ֣וּר הָאָ֑רֶץ
מִקֵּ֖ץ אַרְבָּעִ֥ים יֽוֹם׃
כו וַיֵּלְכ֡וּ וַיָּבֹאוּ֩ אֶל־מֹשֶׁ֨ה וְאֶֽל־אַהֲרֹ֜ן וְאֶל־כָּל־עֲדַ֧ת
בְּנֵֽי־יִשְׂרָאֵ֛ל אֶל־מִדְבַּ֥ר פָּארָ֖ן קָדֵ֑שָׁה
וַיָּשִׁ֨יבוּ אוֹתָ֤ם דָּבָר֙ וְאֶת־כָּל־הָ֣עֵדָ֔ה
וַיַּרְא֖וּם אֶת־פְּרִ֥י הָאָֽרֶץ׃

◁ וַיָּשֻׁ֖בוּ שׁוב q מִתּ֣וּר תור q וַיֵּלְכ֡וּ הלך q
וַיָּבֹאוּ֩ בוא q וַיָּשִׁ֨יבוּ שׁוב hi וַיַּרְא֖וּם ראה hi

◁ אַהֲרֹ֜ן אַהֲרֹן PN פָּארָ֖ן פָּארָן GN קָדֵ֑שָׁה קָדֵשׁ GN

כז וַיְסַפְּרוּ־לוֹ וַיֹּאמְרוּ
בָּאנוּ
אֶל־הָאָרֶץ אֲשֶׁר שְׁלַחְתָּנוּ
וְגַם זָבַת חָלָב וּדְבַשׁ הִוא וְזֶה־פִּרְיָהּ׃
כח אֶפֶס כִּי־עַז הָעָם
הַיֹּשֵׁב בָּאָרֶץ
וְהֶעָרִים בְּצֻרוֹת גְּדֹלֹת מְאֹד
וְגַם־יְלִדֵי הָעֲנָק רָאִינוּ שָׁם׃
כט עֲמָלֵק יוֹשֵׁב בְּאֶרֶץ הַנֶּגֶב
וְהַחִתִּי וְהַיְבוּסִי וְהָאֱמֹרִי יוֹשֵׁב בָּהָר
וְהַכְּנַעֲנִי יֹשֵׁב עַל־הַיָּם
וְעַל יַד הַיַּרְדֵּן׃

◃ וַיְסַפְּרוּ־ ספר pi וַיֹּאמְרוּ אמר q בָּאנוּ בוא q
שְׁלַחְתָּנוּ שלח q זָבַת זוב q הַיֹּשֵׁב ישב q בְּצֻרוֹת בצר q
רָאִינוּ ראה q יוֹשֵׁב / יוֹשֵׁב ישב q יֹשֵׁב ישב q

◃ הִוא הִוא הָעֲנָק עֲנָק GENT עֲמָלֵק עֲמָלֵק הַנֶּגֶב נֶגֶב GN
וְהַחִתִּי חִתִּי GENT וְהַיְבוּסִי יְבוּסִי GENT וְהָאֱמֹרִי אֱמֹרִי GENT
וְהַכְּנַעֲנִי כְּנַעֲנִי GENT הַיַּרְדֵּן יַרְדֵּן GN

ל וַיַּהַס כָּלֵב אֶת־הָעָם אֶל־מֹשֶׁה
וַיֹּאמֶר עָלֹה נַעֲלֶה וְיָרַשְׁנוּ אֹתָהּ
כִּי־יָכוֹל נוּכַל לָהּ׃

◁ וַיַּ֧הַס הסה hi עָלֹ֤ה עלה q נַעֲלֶה֙ עלה q
וְיָרַ֣שְׁנוּ ירש q יָכ֖וֹל יכל q נוּכַ֖ל יכל q

◁ כָּלֵ֛ב כָּלֵב PN

לא וְהָאֲנָשִׁ֗ים אֲשֶׁר־עָל֤וּ עִמּוֹ֙ אָֽמְר֔וּ
לֹ֥א נוּכַ֖ל לַעֲל֣וֹת אֶל־הָעָ֑ם
כִּֽי־חָזָ֥ק ה֖וּא מִמֶּֽנּוּ׃
לב וַיֹּצִ֜יאוּ דִּבַּ֤ת הָאָ֙רֶץ֙ אֲשֶׁ֣ר תָּר֣וּ אֹתָ֔הּ
אֶל־בְּנֵ֥י יִשְׂרָאֵ֖ל לֵאמֹ֑ר
הָאָ֡רֶץ אֲשֶׁר֩ עָבַ֨רְנוּ בָ֜הּ לָת֣וּר אֹתָ֗הּ
אֶ֣רֶץ אֹכֶ֤לֶת יוֹשְׁבֶ֙יהָ֙ הִ֔וא
וְכָל־הָעָ֛ם אֲשֶׁר־רָאִ֥ינוּ בְתוֹכָ֖הּ אַנְשֵׁ֥י מִדּֽוֹת׃
לג וְשָׁ֣ם רָאִ֗ינוּ אֶת־הַנְּפִילִ֛ים בְּנֵ֥י עֲנָ֖ק מִן־הַנְּפִלִ֑ים
וַנְּהִ֤י בְעֵינֵ֙ינוּ֙ כַּֽחֲגָבִ֔ים
וְכֵ֥ן הָיִ֖ינוּ בְּעֵינֵיהֶֽם׃

◁ עָל֤וּ עלה q אָֽמְר֔וּ אמר q נוּכַ֖ל יכל q לַעֲל֣וֹת עלה q
וַיֹּצִ֜יאוּ יצא hi תָּר֣וּ תור q לֵאמֹ֑ר אמר q עָבַ֨רְנוּ עבר q
לָת֣וּר תור q אֹכֶ֤לֶת אכל q יוֹשְׁבֶ֙יהָ֙ ישב q
רָאִ֥ינוּ / רָאִ֗ינוּ ראה q וַנְּהִ֤י היה q הָיִ֖ינוּ היה q

◁ מִמֶּ֫נּוּ מִן הִ֔וא הוּא בְתוֹכָ֖הּ תָּ֫וֶךְ
הַנְּפִילִ֛ים נְפִלִים GENT עֲנָ֖ק עֲנָק GENT
הַנְּפִלִ֑ים נְפִלִים GENT כַּֽחֲגָבִ֔ים חָגָב

5.3

The Budding of Aaron's Staff

NUMBERS 17:16–28 [1–13] | **במדבר יז: טז–כח**

YHWH, Moses, **the Israelites**, the Israelite leaders

טז וַיְדַבֵּ֥ר יְהוָ֖ה אֶל־מֹשֶׁ֥ה לֵּאמֹֽר׃

יז דַּבֵּ֣ר ׀ אֶל־בְּנֵ֣י יִשְׂרָאֵ֗ל
וְקַ֣ח מֵאִתָּ֡ם מַטֶּ֣ה מַטֶּה֩ לְבֵ֨ית אָ֜ב
מֵאֵ֤ת כָּל־נְשִׂיאֵהֶם֙ לְבֵ֣ית אֲבֹתָ֔ם
שְׁנֵ֥ים עָשָׂ֖ר מַטּ֑וֹת
אִ֣ישׁ אֶת־שְׁמ֔וֹ
תִּכְתֹּ֖ב עַל־מַטֵּֽהוּ׃

יח וְאֵת֙ שֵׁ֣ם אַהֲרֹ֔ן
תִּכְתֹּ֖ב עַל־מַטֵּ֣ה לֵוִ֑י
כִּ֚י מַטֶּ֣ה אֶחָ֔ד
לְרֹ֖אשׁ בֵּ֥ית אֲבוֹתָֽם׃

◁ וַיְדַבֵּר דבר pi לֵאמֹר אמר q דַּבֵּר| דבר pi
וְקַח לקח q תִּכְתֹּב כתב q
◁ אַהֲרֹן אַהֲרֹן PN לֵוִי לֵוִי PN

יט   וְהִנַּחְתָּ֖ם בְּאֹ֣הֶל מוֹעֵ֑ד

לִפְנֵי֙ הָ֣עֵד֔וּת

אֲשֶׁ֛ר אִוָּעֵ֥ד לָכֶ֖ם שָֽׁמָּה׃

כ   וְהָיָ֗ה הָאִ֛ישׁ אֲשֶׁ֥ר אֶבְחַר־בּ֖וֹ מַטֵּ֣הוּ יִפְרָ֑ח

וַהֲשִׁכֹּתִ֣י מֵֽעָלַ֗י אֶת־תְּלֻנּוֹת֙ בְּנֵ֣י יִשְׂרָאֵ֔ל

אֲשֶׁ֛ר הֵ֥ם מַלִּינִ֖ם עֲלֵיכֶֽם׃

◁   וְהִנַּחְתָּ֖ם נוח hi   אִוָּעֵ֥ד יעד ni
וְהָיָ֗ה היה q   אֶבְחַר־ בחר q
יִפְרָ֑ח פרח q   וַהֲשִׁכֹּתִ֣י שכך hi
מַלִּינִ֖ם לון hi

כא   וַיְדַבֵּ֤ר מֹשֶׁה֙ אֶל־בְּנֵ֣י יִשְׂרָאֵ֔ל

וַיִּתְּנ֣וּ אֵלָ֣יו ׀ כָּל־נְשִׂיאֵיהֶ֗ם מַטֶּ֞ה לְנָשִׂ֤יא אֶחָד֙

מַטֶּ֞ה לְנָשִׂ֤יא אֶחָד֙ לְבֵ֣ית אֲבֹתָ֔ם

שְׁנֵ֥ים עָשָׂ֖ר מַטּ֑וֹת

וּמַטֵּ֥ה אַהֲרֹ֖ן בְּת֥וֹךְ מַטּוֹתָֽם׃

כב   וַיַּנַּ֧ח מֹשֶׁ֛ה אֶת־הַמַּטֹּ֖ת לִפְנֵ֣י יְהוָ֑ה

בְּאֹ֖הֶל הָעֵדֻֽת׃

◁   וַיְדַבֵּ֤ר דבר pi   וַיִּתְּנ֣וּ נתן q
וַיַּנַּ֧ח נוח hi

◁   אַהֲרֹ֖ן אַהֲרֹ֖ן PN

כג וַיְהִ֣י מִֽמָּחֳרָ֗ת וַיָּבֹ֤א מֹשֶׁה֙ אֶל־אֹ֣הֶל הָעֵד֔וּת
וְהִנֵּ֛ה פָּרַ֥ח מַטֵּֽה־אַהֲרֹ֖ן לְבֵ֣ית לֵוִ֑י
וַיֹּ֤צֵא פֶ֙רַח֙ וַיָּ֣צֵֽץ צִ֔יץ
וַיִּגְמֹ֖ל שְׁקֵדִֽים׃

כד וַיֹּצֵ֨א מֹשֶׁ֤ה אֶת־כָּל־הַמַּטֹּת֙ מִלִּפְנֵ֣י יְהוָ֔ה
אֶל־כָּל־בְּנֵ֖י יִשְׂרָאֵ֑ל
וַיִּרְא֥וּ וַיִּקְח֖וּ אִ֥ישׁ מַטֵּֽהוּ׃ ס

◃ וַיְהִ֣י היה q וַיָּבֹ֤א בוא q
פָּרַ֥ח פרח q וַיֹּ֤צֵא / וַיֹּצֵ֨א יצא hi
וַיָּ֣צֵֽץ צוץ hi וַיִּגְמֹ֖ל גמל q
וַיִּרְא֥וּ ראה q וַיִּקְח֖וּ לקח q

◃ אַהֲרֹ֖ן אַהֲרֹן PN לֵוִ֑י לֵוִי PN

כה וַיֹּ֨אמֶר יְהוָ֜ה אֶל־מֹשֶׁ֗ה
הָשֵׁ֞ב אֶת־מַטֵּ֤ה אַהֲרֹן֙ לִפְנֵ֣י הָעֵד֔וּת
לְמִשְׁמֶ֥רֶת לְא֖וֹת לִבְנֵי־מֶ֑רִי
וּתְכַ֧ל תְּלוּנֹּתָ֛ם מֵעָלַ֖י וְלֹ֥א יָמֻֽתוּ׃

כו וַיַּ֖עַשׂ מֹשֶׁ֑ה
כַּאֲשֶׁ֨ר צִוָּ֧ה יְהוָ֛ה אֹת֖וֹ כֵּ֥ן עָשָֽׂה׃ ס

◃ הָשֵׁ֞ב שׁוב hi וּתְכַ֧ל כלה pi יָמֻֽתוּ מות q
וַיַּ֖עַשׂ עשׂה q צִוָּ֧ה צוה pi עָשָֽׂה עשׂה q

◃ אַהֲרֹן֙ אַהֲרֹן PN

כז   וַיֹּאמְרוּ֙ בְּנֵ֣י יִשְׂרָאֵ֔ל

אֶל־מֹשֶׁ֖ה לֵאמֹ֑ר

הֵ֥ן גָּוַ֛עְנוּ אָבַ֖דְנוּ כֻּלָּ֥נוּ אָבָֽדְנוּ׃

כח   כֹּ֣ל הַקָּרֵ֧ב ׀ הַקָּרֵ֛ב אֶל־מִשְׁכַּ֥ן יְהוָ֖ה יָמ֑וּת

הַאִ֥ם תַּ֖מְנוּ לִגְוֺֽעַ׃

ס

◁ וַיֹּאמְרוּ֙ אמר q לֵאמֹ֑ר אמר q גָּוַ֛עְנוּ גוע q

אָבַ֖דְנוּ אבד q אָבָֽדְנוּ אבד q

הַקָּרֵ֧ב ׀ הַקָּרֵ֛ב קרב q יָמ֑וּת מות q

תַּ֖מְנוּ תמם q לִגְוֺֽעַ גוע q

5.4

Water from the Rock

NUMBERS 20:1–13 | **במדבר כ:א–יג**

the Israelites, Miriam, **Moses**, **Aaron**, **YHWH**

א וַיָּבֹ֣אוּ בְנֵֽי־יִשְׂרָאֵ֩ל כָּל־הָעֵדָ֨ה מִדְבַּר־צִ֜ן
בַּחֹ֣דֶשׁ הָרִאשׁ֔וֹן
וַיֵּ֥שֶׁב הָעָ֖ם בְּקָדֵ֑שׁ
וַתָּ֤מָת שָׁם֙ מִרְיָ֔ם
וַתִּקָּבֵ֖ר שָֽׁם׃

◃ וַיָּבֹאוּ בוא q וַיֵּשֶׁב ישב q וַתָּמָת מות q וַתִּקָּבֵר קבר ni
◃ צִן צִן GN בְּקָדֵשׁ קָדֵשׁ GN מִרְיָם מִרְיָם PN

ב וְלֹא־הָ֥יָה מַ֖יִם לָעֵדָ֑ה
וַיִּקָּ֣הֲל֔וּ
עַל־מֹשֶׁ֖ה וְעַֽל־אַהֲרֹֽן׃
ג וַיָּ֥רֶב הָעָ֖ם עִם־מֹשֶׁ֑ה
וַיֹּאמְר֣וּ לֵאמֹ֔ר
וְל֥וּ גָוַ֛עְנוּ בִּגְוַ֥ע אַחֵ֖ינוּ לִפְנֵ֥י יְהוָֽה׃

ד וְלָמָ֤ה הֲבֵאתֶם֙ אֶת־קְהַ֣ל יְהוָ֔ה
אֶל־הַמִּדְבָּ֖ר הַזֶּ֑ה
לָמ֣וּת שָׁ֔ם
אֲנַ֖חְנוּ וּבְעִירֵֽנוּ׃
ה וְלָמָ֤ה הֶֽעֱלִיתֻ֙נוּ֙ מִמִּצְרַ֔יִם
לְהָבִ֣יא אֹתָ֔נוּ
אֶל־הַמָּק֥וֹם הָרָ֖ע הַזֶּ֑ה
לֹ֣א ׀ מְק֣וֹם זֶ֗רַע וּתְאֵנָה֙ וְגֶ֣פֶן וְרִמּ֔וֹן
וּמַ֥יִם אַ֖יִן לִשְׁתּֽוֹת׃

◃ הָיָה היה q וַיִּקָּהֲלוּ קהל ni וַיָּרֶב ריב q
וַיֹּאמְרוּ אמר q לֵאמֹר אמר q גָוַעְנוּ גוע q
בִּגְוַע גוע q הֲבֵאתֶם בוא hi לָמוּת מות q
הֶעֱלִיתֻנוּ עלה hi לְהָבִיא בוא hi
לִשְׁתּוֹת שתה q

◃ אַהֲרֹן אַהֲרֹן PN וּבְעִירֵנוּ בְּעִיר

ו וַיָּבֹא֩ מֹשֶׁ֨ה וְאַהֲרֹ֜ן מִפְּנֵ֣י הַקָּהָ֗ל
אֶל־פֶּ֙תַח֙ אֹ֣הֶל מוֹעֵ֔ד
וַֽיִּפְּל֖וּ עַל־פְּנֵיהֶ֑ם
פ וַיֵּרָ֥א כְבוֹד־יְהוָ֖ה אֲלֵיהֶֽם׃

◃ וַיָּבֹא בוא q וַיִּפְּלוּ נפל q וַיֵּרָא ראה ni

◃ וְאַהֲרֹן אַהֲרֹן PN

ז וַיְדַבֵּ֥ר יְהוָ֖ה אֶל־מֹשֶׁ֥ה לֵּאמֹֽר׃

ח קַ֣ח אֶת־הַמַּטֶּ֗ה
וְהַקְהֵ֤ל אֶת־הָֽעֵדָה֙ אַתָּה֙ וְאַהֲרֹ֣ן אָחִ֔יךָ
וְדִבַּרְתֶּ֧ם אֶל־הַסֶּ֛לַע לְעֵינֵיהֶ֖ם וְנָתַ֣ן מֵימָ֑יו
וְהוֹצֵאתָ֨ לָהֶ֥ם מַ֙יִם֙ מִן־הַסֶּ֔לַע
וְהִשְׁקִיתָ֥ אֶת־הָעֵדָ֖ה וְאֶת־בְּעִירָֽם׃

◃ וַיְדַבֵּר דבר pi לֵאמֹר אמר q
קַח לקח q וְהַקְהֵל קהל hi
וְדִבַּרְתֶּם דבר pi וְנָתַן נתן q
וְהוֹצֵאתָ יצא hi וְהִשְׁקִיתָ שׁקה hi

◃ וְאַהֲרֹן אַהֲרֹן PN מֵימָיו מַיִם בְּעִירָם בְּעִיר

ט וַיִּקַּ֥ח מֹשֶׁ֛ה אֶת־הַמַּטֶּ֖ה מִלִּפְנֵ֣י יְהוָ֑ה
כַּאֲשֶׁ֖ר צִוָּֽהוּ׃

י וַיַּקְהִ֜לוּ מֹשֶׁ֧ה וְאַהֲרֹ֛ן אֶת־הַקָּהָ֖ל אֶל־פְּנֵ֣י הַסָּ֑לַע
וַיֹּ֣אמֶר לָהֶ֗ם שִׁמְעוּ־נָא֙ הַמֹּרִ֔ים
הֲמִן־הַסֶּ֣לַע הַזֶּ֔ה
נוֹצִ֥יא לָכֶ֖ם מָֽיִם׃

יא וַיָּ֨רֶם מֹשֶׁ֜ה אֶת־יָד֗וֹ
וַיַּ֧ךְ אֶת־הַסֶּ֛לַע בְּמַטֵּ֖הוּ פַּעֲמָ֑יִם
וַיֵּצְאוּ֙ מַ֣יִם רַבִּ֔ים
וַתֵּ֥שְׁתְּ הָעֵדָ֖ה וּבְעִירָֽם׃ ס

⊳ וַיִּקַּח לקח q צֻוֵּהוּ צוה pi

וַיַּקְהִ֖לוּ קהל hi שִׁמְעוּ־ שמע q

הַמֹּרִ֔ים מרה q נוֹצִ֣יא יצא hi

וַיָּ֨רֶם רום hi וַיַּ֧ךְ נכה hi וַיֵּצְאוּ֙ יצא q

וַתֵּ֣שְׁתְּ שתה q

⊳ וְאַהֲרֹ֖ן אַהֲרֹן PN מֹשֶׁה מֹשֶׁה וּבְעִירָ֑ם בְּעִיר

יב   וַיֹּ֣אמֶר יְהוָה֮ אֶל־מֹשֶׁ֣ה וְאֶֽל־אַהֲרֹן֒

יַ֚עַן לֹא־הֶאֱמַנְתֶּ֣ם בִּ֔י

לְהַ֨קְדִּישֵׁ֔נִי

לְעֵינֵ֖י בְּנֵ֣י יִשְׂרָאֵ֑ל

לָכֵ֗ן לֹ֤א תָבִ֨יאוּ֙ אֶת־הַקָּהָ֣ל הַזֶּ֔ה

אֶל־הָאָ֖רֶץ אֲשֶׁר־נָתַ֥תִּי לָהֶֽם׃

⊳ הֶאֱמַנְתֶּ֣ם אמן hi לְהַ֨קְדִּישֵׁ֔נִי קדש hi

תָבִ֨יאוּ֙ בוא hi נָתַ֥תִּי נתן q

⊳ אַהֲרֹן֒ אַהֲרֹן PN

יג   הֵ֚מָּה מֵ֣י מְרִיבָ֔ה

אֲשֶׁר־רָב֥וּ בְנֵֽי־יִשְׂרָאֵ֖ל אֶת־יְהוָ֑ה

וַיִּקָּדֵ֖שׁ בָּֽם׃

ס

⊳ רָב֥וּ ריב q וַיִּקָּדֵ֖שׁ קדש ni

⊳ מְרִיבָ֔ה מְרִיבָה GN

5.5

Serpents in the Wilderness

NUMBERS 21:4–9	במדבר כא:ד-ט

the Israelites, God/YHWH, Moses

ד וַיִּסְע֞וּ מֵהֹ֤ר הָהָר֙ דֶּ֣רֶךְ יַם־ס֔וּף
לִסְבֹ֖ב אֶת־אֶ֣רֶץ אֱד֑וֹם
וַתִּקְצַ֥ר נֶֽפֶשׁ־הָעָ֖ם בַּדָּֽרֶךְ׃

ה וַיְדַבֵּ֣ר הָעָ֗ם בֵּֽאלֹהִים֮ וּבְמֹשֶׁה֒
לָמָ֤ה הֶֽעֱלִיתֻ֙נוּ֙ מִמִּצְרַ֔יִם
לָמ֖וּת בַּמִּדְבָּ֑ר
כִּ֣י אֵ֥ין לֶ֙חֶם֙ וְאֵ֣ין מַ֔יִם
וְנַפְשֵׁ֣נוּ קָ֔צָה
בַּלֶּ֖חֶם הַקְּלֹקֵֽל׃

◁ וַיִּסְע֞וּ נסע q לִסְבֹ֖ב סבב q וַתִּקְצַ֥ר קצר q
וַיְדַבֵּ֣ר דבר pi הֶֽעֱלִיתֻ֙נוּ֙ עלה hi לָמ֖וּת מות q
קָ֔צָה קוץ q

◁ מֵהֹ֤ר הֹר GN יַם־ס֔וּף יַם־סוּף GN
אֱד֑וֹם אֱדוֹם GN הַקְּלֹקֵֽל קְלֹקֵל

ו וַיְשַׁלַּ֨ח יְהוָ֜ה בָּעָ֗ם אֵ֚ת הַנְּחָשִׁ֣ים הַשְּׂרָפִ֔ים
וַיְנַשְּׁכ֖וּ אֶת־הָעָ֑ם
וַיָּ֥מָת עַם־רָ֖ב מִיִּשְׂרָאֵֽל׃

◁ וַיְשַׁלַּ֨ח שׁלח pi וַיְנַשְּׁכ֖וּ נשׁך pi וַיָּ֥מָת מות q

ז וַיָּבֹא֩ הָעָ֨ם אֶל־מֹשֶׁ֜ה וַיֹּאמְר֣וּ חָטָ֗אנוּ
כִּֽי־דִבַּ֤רְנוּ בַֽיהוָה֙ וָבָ֔ךְ
הִתְפַּלֵּל֙ אֶל־יְהוָ֔ה
וְיָסֵ֥ר מֵעָלֵ֖ינוּ אֶת־הַנָּחָ֑שׁ
וַיִּתְפַּלֵּ֥ל מֹשֶׁ֖ה בְּעַ֥ד הָעָֽם׃
ח וַיֹּ֨אמֶר יְהוָ֜ה אֶל־מֹשֶׁ֗ה עֲשֵׂ֤ה לְךָ֙ שָׂרָ֔ף
וְשִׂ֥ים אֹת֖וֹ עַל־נֵ֑ס
וְהָיָה֙ כָּל־הַנָּשׁ֔וּךְ
וְרָאָ֥ה אֹת֖וֹ וָחָֽי׃
ט וַיַּ֤עַשׂ מֹשֶׁה֙ נְחַ֣שׁ נְח֔שֶׁת
וַיְשִׂמֵ֖הוּ עַל־הַנֵּ֑ס
וְהָיָ֗ה אִם־נָשַׁ֤ךְ הַנָּחָשׁ֙ אֶת־אִ֔ישׁ
וְהִבִּ֛יט אֶל־נְחַ֥שׁ הַנְּחֹ֖שֶׁת וָחָֽי׃

◁ וַיָּבֹא֩ בוא q וַיֹּאמְר֣וּ אמר q חָטָ֗אנוּ חטא q דִבַּ֤רְנוּ דבר pi
הִתְפַּלֵּל֙ פלל hith וְיָסֵ֥ר סור hi וַיִּתְפַּלֵּ֥ל פלל hith עֲשֵׂ֤ה עשׂה q
וְשִׂ֥ים שׂים q וְהָיָה֙/וְהָיָ֗ה היה q הַנָּשׁ֔וּךְ נשׁך q וְרָאָ֥ה ראה q
וָחָֽי חיה q וַיַּ֤עַשׂ עשׂה q וַיְשִׂמֵ֖הוּ שׂים q נָשַׁ֤ךְ נשׁך q וְהִבִּ֛יט נבט hi

5.6

Balaam and His Donkey

NUMBERS 22:21–35	במדבר כב:כא-לה

Balaam, **Balaam's donkey**, the Moabite officials, God/YHWH, **an angel of YHWH**, Balaam's two servants

כא וַיָּ֤קָם בִּלְעָם֙ בַּבֹּ֔קֶר
וַֽיַּחֲבֹ֖שׁ אֶת־אֲתֹנ֑וֹ
וַיֵּ֖לֶךְ עִם־שָׂרֵ֥י מוֹאָֽב׃

כב וַיִּֽחַר־אַ֣ף אֱלֹהִים֮ כִּֽי־הוֹלֵ֣ךְ הוּא֒
וַיִּתְיַצֵּ֞ב מַלְאַ֧ךְ יְהוָ֛ה בַּדֶּ֖רֶךְ לְשָׂטָ֣ן ל֑וֹ
וְהוּא֙ רֹכֵ֣ב עַל־אֲתֹנ֔וֹ
וּשְׁנֵ֥י נְעָרָ֖יו עִמּֽוֹ׃

◃ וַיָּ֤קָם קום q וַֽיַּחֲבֹ֖שׁ חבש q
וַיֵּ֖לֶךְ הלך q וַיִּֽחַר־ חרה q
הוֹלֵ֣ךְ הלך q וַיִּתְיַצֵּ֞ב יצב hith
רֹכֵ֣ב רכב q

◃ בִּלְעָם֙ בִּלְעָם PN
אֲתֹנ֑וֹ / אֲתֹנ֔וֹ אָתוֹן
מוֹאָֽב מוֹאָב GN

כג וַתֵּ֨רֶא הָאָת֜וֹן אֶת־מַלְאַ֣ךְ יְהוָ֗ה נִצָּ֤ב בַּדֶּ֙רֶךְ֙
וְחַרְבּ֤וֹ שְׁלוּפָה֙ בְּיָד֔וֹ
וַתֵּ֤ט הָֽאָתוֹן֙ מִן־הַדֶּ֔רֶךְ
וַתֵּ֖לֶךְ בַּשָּׂדֶ֑ה
וַיַּ֤ךְ בִּלְעָם֙ אֶת־הָ֣אָת֔וֹן
לְהַטֹּתָ֖הּ הַדָּֽרֶךְ׃

◁ וַתֵּ֨רֶא ראה q נִצָּ֤ב נצב ni
שְׁלוּפָה֙ שלף q וַתֵּ֤ט נטה q
וַתֵּ֖לֶךְ הלך q וַיַּ֤ךְ נכה hi
לְהַטֹּתָ֖הּ נטה hi

◁ בִּלְעָם֙ בִּלְעָם PN

כד וַיַּֽעֲמֹד֙ מַלְאַ֣ךְ יְהוָ֔ה
בְּמִשְׁע֖וֹל הַכְּרָמִ֑ים
גָּדֵ֥ר מִזֶּ֖ה וְגָדֵ֥ר מִזֶּֽה׃
כה וַתֵּ֨רֶא הָאָת֜וֹן אֶת־מַלְאַ֣ךְ יְהוָ֗ה וַתִּלָּחֵץ֙ אֶל־הַקִּ֔יר
וַתִּלְחַ֛ץ אֶת־רֶ֥גֶל בִּלְעָ֖ם אֶל־הַקִּ֑יר
וַיֹּ֖סֶף לְהַכֹּתָֽהּ׃

◁ וַיַּֽעֲמֹד֙ עמד q וַתֵּ֨רֶא ראה q
וַתִּלָּחֵץ֙ לחץ ni וַתִּלְחַ֛ץ לחץ q
וַיֹּ֖סֶף יסף hi לְהַכֹּתָֽהּ נכה hi

◁ בִּלְעָ֖ם בִּלְעָם PN

כו וַיּ֥וֹסֶף מַלְאַךְ־יְהוָ֖ה עֲב֑וֹר
וַֽיַּעֲמֹד֙ בְּמָק֣וֹם צָ֔ר
אֲשֶׁ֛ר אֵֽין־דֶּ֥רֶךְ לִנְט֖וֹת יָמִ֥ין וּשְׂמֹֽאול׃
כז וַתֵּ֤רֶא הָֽאָתוֹן֙ אֶת־מַלְאַ֣ךְ יְהוָ֔ה
וַתִּרְבַּ֖ץ תַּ֣חַת בִּלְעָ֑ם
וַיִּֽחַר־אַ֣ף בִּלְעָ֔ם
וַיַּ֥ךְ אֶת־הָאָת֖וֹן בַּמַּקֵּֽל׃

▹ וַיּ֥וֹסֶף יסף hi עֲב֑וֹר עבר q
וַֽיַּעֲמֹד֙ עמד q לִנְט֖וֹת נטה q
וַתֵּ֤רֶא ראה q וַתִּרְבַּ֖ץ רבץ q
וַיִּֽחַר־ חרה q וַיַּ֥ךְ נכה hi

▹ בִּלְעָ֑ם / בִּלְעָ֔ם בִּלְעָם PN

כח וַיִּפְתַּ֥ח יְהוָ֖ה אֶת־פִּ֣י הָאָת֑וֹן
וַתֹּ֤אמֶר לְבִלְעָם֙ מֶה־עָשִׂ֣יתִֽי לְךָ֔
כִּ֣י הִכִּיתַ֔נִי
זֶ֖ה שָׁלֹ֥שׁ רְגָלִֽים׃
כט וַיֹּ֤אמֶר בִּלְעָם֙ לָֽאָת֔וֹן
כִּ֥י הִתְעַלַּ֖לְתְּ בִּ֑י
ל֤וּ יֶשׁ־חֶ֙רֶב֙ בְּיָדִ֔י
כִּ֥י עַתָּ֖ה הֲרַגְתִּֽיךְ׃

ל וַתֹּ֨אמֶר הָאָת֜וֹן אֶל־בִּלְעָ֗ם
הֲלוֹא֩ אָנֹכִ֨י אֲתֹֽנְךָ֜ אֲשֶׁר־רָכַ֣בְתָּ עָלַ֗י
מֵעֽוֹדְךָ֙ עַד־הַיּ֣וֹם הַזֶּ֔ה
הַהַסְכֵּ֣ן הִסְכַּ֔נְתִּי
לַעֲשׂ֥וֹת לְךָ֖ כֹּ֑ה
וַיֹּ֖אמֶר לֹֽא׃

◁ וַיִּפְתַּח פתח q וַתֹּ֫אמֶר / וַתֹּ֨אמֶר אמר q
עָשִׂ֫יתִי עשׂה q הִכִּיתַ֫נִי נכה hi
הִתְעַלַּ֫לְתְּ עלל hith הֲרַגְתִּ֫יךְ הרג q
רָכַ֣בְתָּ רכב q הַהַסְכֵּ֣ן סכן hi
הִסְכַּ֔נְתִּי סכן hi לַעֲשׂ֥וֹת עשׂה q

◁ לְבִלְעָם֒ בִּלְעָם PN בִּלְעָ֗ם / בִּלְעָם בִּלְעָם PN
אֲתֹנְךָ֜ אָתוֹן

לא וַיְגַ֣ל יְהוָה֮ אֶת־עֵינֵ֣י בִלְעָם֒
וַיַּ֞רְא אֶת־מַלְאַ֤ךְ יְהוָה֙ נִצָּ֣ב בַּדֶּ֔רֶךְ
וְחַרְבּ֥וֹ שְׁלֻפָ֖ה בְּיָד֑וֹ
וַיִּקֹּ֥ד וַיִּשְׁתַּ֖חוּ לְאַפָּֽיו׃
לב וַיֹּ֤אמֶר אֵלָיו֙ מַלְאַ֣ךְ יְהוָ֔ה
עַל־מָ֗ה הִכִּ֙יתָ֙ אֶת־אֲתֹ֣נְךָ֔
זֶ֖ה שָׁל֣וֹשׁ רְגָלִ֑ים
הִנֵּ֤ה אָנֹכִי֙ יָצָ֣אתִי לְשָׂטָ֔ן
כִּֽי־יָרַ֥ט הַדֶּ֖רֶךְ לְנֶגְדִּֽי׃

לג וַתִּרְאַ֫נִי הָֽאָתוֹן
וַתֵּ֣ט לְפָנַ֔י
זֶ֖ה שָׁלֹ֣שׁ רְגָלִ֑ים
אוּלַי֙ נָטְתָ֣ה מִפָּנַ֔י
כִּ֤י עַתָּה֙ גַּם־אֹתְכָ֣ה הָרַ֔גְתִּי וְאוֹתָ֖הּ הֶחֱיֵֽיתִי׃

▷ וַיְגַל גלה pi וַיַּרְא ראה q נִצָּב נצב ni שְׁלֻפָה שלף q
וַיִּקֹּד קדד q וַיִּשְׁתַּחוּ חוה hišt הִכִּיתָ נכה hi יָצָאתִי יצא q
יָרַט ירט q וַתִּרְאַנִי ראה q וַתֵּט נטה q נָטְתָה נטה q
הָרַגְתִּי הרג q הֶחֱיֵיתִי חיה hi

▷ בִּלְעָם בִּלְעָם PN אֲתֹנְךָ אָתוֹן אֹתְכָה אֵת / אֶת־

לד וַיֹּ֨אמֶר בִּלְעָ֜ם אֶל־מַלְאַ֤ךְ יְהוָה֙ חָטָ֔אתִי
כִּ֚י לֹ֣א יָדַ֔עְתִּי
כִּ֥י אַתָּ֛ה נִצָּ֥ב לִקְרָאתִ֖י בַּדָּ֑רֶךְ
וְעַתָּ֛ה אִם־רַ֥ע בְּעֵינֶ֖יךָ אָשׁ֥וּבָה לִּֽי׃

לה וַיֹּ֩אמֶר֩ מַלְאַ֨ךְ יְהוָ֜ה אֶל־בִּלְעָ֗ם לֵ֚ךְ עִם־הָ֣אֲנָשִׁ֔ים
וְאֶ֗פֶס אֶת־הַדָּבָ֛ר אֲשֶׁר־אֲדַבֵּ֥ר אֵלֶ֖יךָ
אֹת֣וֹ תְדַבֵּ֑ר
וַיֵּ֥לֶךְ בִּלְעָ֖ם עִם־שָׂרֵ֥י בָלָֽק׃

▷ חָטָאתִי חטא q יָדַעְתִּי ידע q נִצָּב נצב ni
לִקְרָאתִי קרא q אָשׁוּבָה שׁוב q לֵךְ הלך q
אֲדַבֵּר דבר pi תְדַבֵּר דבר pi וַיֵּלֶךְ הלך q

▷ בִּלְעָם / בִּלְעָם / בִּלְעָם בִּלְעָם PN בָלָק בָּלָק PN

5.7

The Daughters of Zelophehad

NUMBERS 27:1–11	במדבר כז:א–יא

Zelophehad's daughters (Mahlah, Noah, Hoglah, Milkah, Tirzah),
Moses, Eleazar, the Israelite leaders, the Israelites, **YHWH**

א וַתִּקְרַ֜בְנָה בְּנ֣וֹת צְלָפְחָ֗ד
בֶּן־חֵ֤פֶר בֶּן־גִּלְעָד֙ בֶּן־מָכִ֣יר בֶּן־מְנַשֶּׁ֔ה
לְמִשְׁפְּחֹ֖ת מְנַשֶּׁ֣ה בֶן־יוֹסֵ֑ף
וְאֵ֙לֶּה֙ שְׁמ֣וֹת בְּנֹתָ֔יו
מַחְלָ֣ה נֹעָ֔ה
וְחָגְלָ֥ה וּמִלְכָּ֖ה וְתִרְצָֽה׃

◃ וַתִּקְרַ֜בְנָה קרב q

◃ צְלָפְחָ֗ד צְלָפְחָד PN חֵ֤פֶר חֵפֶר PN
גִּלְעָד֙ גִּלְעָד PN מָכִ֣יר מָכִיר PN
מְנַשֶּׁ֔ה / מְנַשֶּׁ֣ה מְנַשֶּׁה PN יוֹסֵ֑ף יוֹסֵף PN
מַחְלָ֣ה מַחְלָה PN נֹעָ֔ה נֹעָה PN
וְחָגְלָ֥ה חָגְלָה PN וּמִלְכָּ֖ה מִלְכָּה PN
וְתִרְצָֽה תִּרְצָה PN

ב וַתַּעֲמֹ֜דְנָה לִפְנֵ֣י מֹשֶׁ֗ה וְלִפְנֵי֙ אֶלְעָזָ֣ר הַכֹּהֵ֔ן
וְלִפְנֵ֥י הַנְּשִׂיאִ֖ם וְכָל־הָעֵדָ֑ה
פֶּ֥תַח אֹֽהֶל־מוֹעֵ֖ד לֵאמֹֽר׃
ג אָבִ֘ינוּ֮ מֵ֣ת בַּמִּדְבָּר֒
וְה֨וּא לֹא־הָיָ֜ה בְּת֣וֹךְ הָעֵדָ֗ה
הַנּוֹעָדִ֛ים עַל־יְהוָ֖ה בַּעֲדַת־קֹ֑רַח
כִּֽי־בְחֶטְא֣וֹ מֵ֔ת
וּבָנִ֖ים לֹא־הָ֥יוּ לֽוֹ׃
ד לָ֣מָּה יִגָּרַ֤ע שֵׁם־אָבִ֙ינוּ֙ מִתּ֣וֹךְ מִשְׁפַּחְתּ֔וֹ
כִּ֛י אֵ֥ין ל֖וֹ בֵּ֑ן
תְּנָה־לָּ֣נוּ אֲחֻזָּ֔ה
בְּת֖וֹךְ אֲחֵ֥י אָבִֽינוּ׃

◃ וַתַּעֲמֹ֜דְנָה עמד q לֵאמֹר אמר q מֵ֣ת /מֵ֔ת מות q
הָיָ֜ה היה q הַנּוֹעָדִ֛ים יעד ni הָ֥יוּ היה q
יִגָּרַ֤ע גרע ni תְּנָה־ נתן q

◃ אֶלְעָזָ֣ר אֶלְעָזָר PN הַנְּשִׂיאִ֖ם נָשִׂיא
קֹ֑רַח קֹ֫רַח PN בְחֶטְא֣וֹ חֵטְא

ה וַיַּקְרֵ֥ב מֹשֶׁ֛ה אֶת־מִשְׁפָּטָ֖ן לִפְנֵ֥י יְהוָֽה׃ ס

◃ וַיַּקְרֵ֥ב קרב hi

◃ מִשְׁפָּטָ֖ן מִשְׁפָּט

ו וַיֹּ֥אמֶר יְהוָ֖ה אֶל־מֹשֶׁ֥ה לֵּאמֹֽר׃

ז כֵּ֗ן בְּנ֣וֹת צְלָפְחָד֮ דֹּבְרֹת֒
נָתֹ֨ן תִּתֵּ֤ן לָהֶם֙ אֲחֻזַּ֣ת נַחֲלָ֔ה
בְּת֖וֹךְ אֲחֵ֣י אֲבִיהֶ֑ם
וְהַעֲבַרְתָּ֛ אֶת־נַחֲלַ֥ת אֲבִיהֶ֖ן לָהֶֽן׃

◁ לֵאמֹ֑ר אמר q דֹּבְרֹת֒ דבר q נָתֹ֨ן נתן q תִּתֵּ֤ן נתן q וְהַעֲבַרְתָּ֛ עבר hi
◁ צְלָפְחָד֮ צְלָפְחָד PN

ח וְאֶל־בְּנֵ֥י יִשְׂרָאֵ֖ל תְּדַבֵּ֣ר לֵאמֹ֑ר
אִ֣ישׁ כִּֽי־יָמ֗וּת וּבֵן֙ אֵ֣ין ל֔וֹ
וְהַעֲבַרְתֶּ֥ם אֶת־נַחֲלָת֖וֹ לְבִתּֽוֹ׃
ט וְאִם־אֵ֥ין ל֖וֹ בַּ֑ת
וּנְתַתֶּ֥ם אֶת־נַחֲלָת֖וֹ לְאֶחָֽיו׃
י וְאִם־אֵ֥ין ל֖וֹ אַחִ֑ים
וּנְתַתֶּ֥ם אֶת־נַחֲלָת֖וֹ לַאֲחֵ֥י אָבִֽיו׃
יא וְאִם־אֵ֣ין אַחִים֮ לְאָבִיו֒
וּנְתַתֶּ֣ם אֶת־נַחֲלָת֗וֹ
לִשְׁאֵר֞וֹ הַקָּרֹ֥ב אֵלָ֛יו מִמִּשְׁפַּחְתּ֖וֹ וְיָרַ֣שׁ אֹתָ֑הּ
וְֽהָיְתָ֞ה לִבְנֵ֤י יִשְׂרָאֵל֙ לְחֻקַּ֣ת מִשְׁפָּ֔ט
כַּאֲשֶׁ֛ר צִוָּ֥ה יְהוָ֖ה אֶת־מֹשֶֽׁה׃ ס

◁ תְּדַבֵּ֣ר דבר pi לֵאמֹ֑ר אמר q יָמ֗וּת מות q וְהַעֲבַרְתֶּ֥ם עבר hi
וּנְתַתֶּ֥ם / וּנְתַתֶּ֣ם נתן q וְיָרַ֣שׁ ירש q וְֽהָיְתָ֞ה היה q צִוָּ֥ה צוה pi
◁ לִשְׁאֵר֞וֹ שְׁאֵר

5.8

The Death of Moses

DEUTERONOMY 34:1–12 **דברים לד:א-יב**

Moses, **YHWH**, the Israelites, Joshua

א וַיַּ֨עַל מֹשֶׁ֜ה מֵעַרְבֹ֤ת מוֹאָב֙ אֶל־הַ֣ר נְב֔וֹ
רֹ֚אשׁ הַפִּסְגָּ֔ה
אֲשֶׁ֖ר עַל־פְּנֵ֣י יְרֵח֑וֹ
וַיַּרְאֵ֨הוּ יְהוָ֧ה אֶת־כָּל־הָאָ֛רֶץ אֶת־הַגִּלְעָ֖ד עַד־דָּֽן׃
ב וְאֵת֙ כָּל־נַפְתָּלִ֔י
וְאֶת־אֶ֥רֶץ אֶפְרַ֖יִם וּמְנַשֶּׁ֑ה
וְאֵת֙ כָּל־אֶ֣רֶץ יְהוּדָ֔ה
עַ֖ד הַיָּ֥ם הָאַחֲרֽוֹן׃
ג וְאֶת־הַנֶּ֗גֶב וְֽאֶת־הַכִּכָּ֞ר בִּקְעַ֧ת יְרֵח֛וֹ
עִ֥יר הַתְּמָרִ֖ים עַד־צֹֽעַר׃

◃ וַיַּ֫עַל עלה q וַיַּרְאֵהוּ ראה hi

◃ מוֹאָב֙ מוֹאָב GN נְב֔וֹ נְבוֹ GN הַפִּסְגָּה פִּסְגָּה GN יְרֵחוֹ / יְרֵחֹו יְרֵחוֹ GN
הַגִּלְעָד גִּלְעָד GN דָּן דָּן GN נַפְתָּלִי נַפְתָּלִי GN אֶפְרַיִם אֶפְרַיִם GN
וּמְנַשֶּׁה מְנַשֶּׁה GN יְהוּדָה יְהוּדָה GN הַנֶּגֶב נֶגֶב GN צֹעַר צֹעַר GN

ד וַיֹּ֨אמֶר יְהוָ֜ה אֵלָ֗יו
זֹ֣את הָאָ֡רֶץ אֲשֶׁ֣ר נִשְׁבַּ֡עְתִּי
לְאַבְרָהָ֞ם לְיִצְחָ֤ק וּֽלְיַעֲקֹב֙ לֵאמֹ֔ר
לְזַרְעֲךָ֖ אֶתְּנֶ֑נָּה
הֶרְאִיתִ֣יךָ בְעֵינֶ֔יךָ
וְשָׁ֖מָּה לֹ֥א תַעֲבֹֽר׃

◁ נִשְׁבַּ֡עְתִּי שׁבע ni לֵאמֹ֔ר אמר q אֶתְּנֶ֑נָּה נתן q
הֶרְאִיתִ֣יךָ ראה hi תַעֲבֹֽר עבר q

◁ לְאַבְרָהָ֞ם אַבְרָהָם PN לְיִצְחָ֤ק יִצְחָק PN
וּֽלְיַעֲקֹב֙ יַעֲקֹב PN

ה וַיָּ֣מָת שָׁ֗ם מֹשֶׁ֛ה עֶֽבֶד־יְהוָ֖ה בְּאֶ֣רֶץ מוֹאָ֑ב
עַל־פִּ֖י יְהוָֽה׃

ו וַיִּקְבֹּ֨ר אֹת֤וֹ בַגַּי֙ בְּאֶ֣רֶץ מוֹאָ֔ב
מ֖וּל בֵּ֣ית פְּע֑וֹר
וְלֹא־יָדַ֥ע אִישׁ֙ אֶת־קְבֻ֣רָת֔וֹ
עַ֖ד הַיּ֥וֹם הַזֶּֽה׃

ז וּמֹשֶׁ֗ה בֶּן־מֵאָ֧ה וְעֶשְׂרִ֛ים שָׁנָ֖ה בְּמֹת֑וֹ
לֹא־כָהֲתָ֥ה עֵינ֖וֹ וְלֹא־נָ֥ס לֵחֹֽה׃

◁ וַיָּ֣מָת מות q וַיִּקְבֹּ֨ר קבר q יָדַ֥ע ידע q
בְּמֹת֑וֹ מות q כָהֲתָ֥ה כהה q נָ֥ס נוס q

◁ מוֹאָ֑ב / מוֹאָ֔ב מוֹאָב GN בַגַּי֙ גַּיְא
בֵּ֣ית פְּע֑וֹר בֵּית פְּעוֹר GN לֵחֹֽה לֵחַ

ח וַיִּבְכּוּ֩ בְנֵ֨י יִשְׂרָאֵ֧ל אֶת־מֹשֶׁ֛ה בְּעַרְבֹ֥ת מוֹאָ֖ב
שְׁלֹשִׁ֣ים י֑וֹם
וַיִּתְּמ֔וּ
יְמֵ֥י בְכִ֖י אֵ֥בֶל מֹשֶֽׁה׃

◃ וַיִּבְכּוּ בכה q וַיִּתְּמוּ תמם q

◃ מוֹאָב מוֹאָב GN

ט וִיהוֹשֻׁ֣עַ בִּן־נ֗וּן מָלֵא֙ ר֣וּחַ חָכְמָ֔ה
כִּֽי־סָמַ֥ךְ מֹשֶׁ֛ה אֶת־יָדָ֖יו עָלָ֑יו
וַיִּשְׁמְע֨וּ אֵלָ֤יו בְּנֵֽי־יִשְׂרָאֵל֙ וַֽיַּעֲשׂ֔וּ
כַּאֲשֶׁ֛ר צִוָּ֥ה יְהוָ֖ה אֶת־מֹשֶֽׁה׃

◃ מָלֵא מלא q סָמַךְ סמך q וַיִּשְׁמְעוּ שׁמע q
וַיַּעֲשׂוּ עשׂה q צִוָּה צוה pi

◃ וִיהוֹשֻׁעַ יְהוֹשֻׁעַ PN נוּן נוּן PN

י וְלֹא־קָ֨ם נָבִ֥יא ע֛וֹד בְּיִשְׂרָאֵ֖ל כְּמֹשֶׁ֑ה
אֲשֶׁר֙ יְדָע֣וֹ יְהוָ֔ה
פָּנִ֖ים אֶל־פָּנִֽים׃

יא לְכָל־הָ֨אֹתוֹת וְהַמּוֹפְתִ֗ים אֲשֶׁ֤ר שְׁלָחוֹ֙ יְהוָ֔ה
לַעֲשׂ֖וֹת בְּאֶ֣רֶץ מִצְרָ֑יִם
לְפַרְעֹ֥ה וּלְכָל־עֲבָדָ֖יו וּלְכָל־אַרְצֽוֹ׃

יב וּלְכֹל֙ הַיָּ֣ד הַחֲזָקָ֔ה
וּלְכֹ֛ל הַמּוֹרָ֖א הַגָּד֑וֹל
אֲשֶׁר֙ עָשָׂ֣ה מֹשֶׁ֔ה
לְעֵינֵ֖י כׇּל־יִשְׂרָאֵֽל׃

◁ קָ֫ם קום q יְדָעוֹ ידע q שִׁלְּחוֹ֙ שלח q
לַעֲשׂ֫וֹת עשׂה q עָשָׂ֣ה עשׂה q

◁ הָ֫אֹתֹ֫ות אות וְהַמּוֹפְתִים מופת
לְפַרְעֹ֫ה פַּרְעֹה PN

Glossary of Verbs

Words that occur fewer than 50 times in the Hebrew Bible are marked in bold.

א	
אבד	(Q) die
אבק	**(Ni) wrestle**
אהב	(Q) love
אור	**(Hi) give light**
אחז	(Q) take hold; (Ni) be stuck
איב	(Q) be hostile to
אכל	(Q) eat; (Ni, Pu) be consumed; (Hi) feed
אלם	**(Pi) bind**
אמן	(Ni) be faithful; (Hi) trust, believe
אמץ	**(Q) be strong**
אמר	(Q) say; (Ni) be said, called
אסף	(Ni) be gathered, brought in
אסר	(Q) harness
אפה	**(Q) bake**
אפק	**(Hith) restrain oneself**
ארך	**(Hi) continue long**
ארר	(Q) curse

ב	
באש	**(Q, Hi) stink**
בדל	**(Hi) divide, separate**
בהל	**(Ni) be dismayed, terrified**
בוא	(Q) go, come, enter; (Hi) bring
בוך	**(Ni) be confused**
בוש	(Polel) delay (in shame); (Hithpolel) be ashamed
בזה	**(Q) despise**
בחר	(Q) choose
בכה	(Q) weep
בלה	**(Q) become worn out**
בלל	**(Q) confuse**
בנה	(Q) build, make; (Ni) be built (up)
בער	(Q) burn
בצר	**(Q) cut off, enclose; (Ni) be withheld**
בקע	(Q) divide; (Ni) be divided, opened; (Pi) cut

ברא (Q) create; (Ni) be created

ברח (Q) flee

ברך (Ni) be blessed; (Pi) bless; (Hith) be blessed, bless oneself

בשל **(Pi) boil**

בתר **(Q) cut; (Pi) cut in two**

ג

גאל (Q) redeem

גבל **(Hi) set bounds**

גבר **(Q) prevail**

גדל (Q) grow

גוע **(Q) perish**

גור (Q) sojourn

גלה (Pi) reveal, uncover

גמל **(Q) deal out, ripen, produce**

גנב **(Q) steal**

גער **(Q) rebuke**

גרע **(Ni) be taken away**

גרשׁ **(Pi) drive out**

ד

דבק (Q) cleave, cling, hold fast

דבר (Q, Pi) speak

דין **(Q) judge**

דקק **(Q) be fine, pulverized**

דרשׁ (Q) seek, inquire, exact, avenge

דשׁא **(Hi) bring forth (vegetation)**

ה

היה (Q) be(come), come to pass

הלך (Q) walk, go; (Hi) cause to go, drive; (Hith) walk about, walk back and forth

המם **(Q) confuse**

הסה **(Hi) hush, silence**

הפך (Ni) be changed; (Hith) turn this way and that

הרג (Q) kill

הרה **(Q) conceive, become pregnant**

הרס **(Q) break through**

ז

זבח (Q) sacrifice

זוב **(Q) flow**

זיד **(Hi) boil**

זכר (Q) remember

זמם **(Q) plan, decide, devise**

זקן **(Q) be old**

זרה **(Q) scatter**

זרח **(Q) rise, come forth**

זרע (Q) bear seed; (Hi) produce seed

זרק **(Q) sprinkle**

חרת (Q) be engraved

חשׂך (Q) withhold

חשב (Q) count, credit, reckon, intend

ט

טחן **(Q) grind**

י

יאל **(Ni) act foolishly**

יבשׁ (Q) be dry, dried up

ידע (Q) know; (Ni) be known; (Hi) make known; (Hith) make oneself known

יהב **(Q) give, come**

יחל **(Ni) wait**

יטב (Hi) do good

יכל (Q) be able, prevail

ילד (Q) bear (children), bring forth; (Hi) beget, father

ינק **(Hi) nurse**

יסף (Q, Hi) do again

יעד **(Ni) meet at an appointed time, band together**

יצא (Q) go out, come out; (Hi) bring out, lead out, send out, produce

יצב **(Hith) stand, take one's stand**

יצק (Q) cast, pour

יצר **(Q) make, fashion**

ח

חבא **(Ni, Hith) hide oneself**

חבשׁ **(Q) saddle**

חדל (Q) cease

חוה (Hišt) bow down, worship

חזה (Q) see

חזק (Pi) harden, make rigid; (Hith) take courage

חטא (Q) sin, go wrong

חיה (Q) live; (Pi) keep alive; (Hi) let live

חלה (Pi) entreat, implore

חלל (Hi) begin

חלם **(Q) dream**

חמד **(Q) desire, covet; (Ni) be desirable**

חמל **(Q) have compassion**

חמם **(Q) become warm**

חמר **(Q) smear**

חמשׁ **(Q) be in battle array**

חנה (Q) encamp

חנן (Q) be gracious

חסף **(Pualal) be scale-like**

חסר **(Q) diminish; (Hi) be lacking**

חרב **(Q) be dry**

חרד **(Q) tremble**

חרה (Q) burn, be(come) hot, be(come) angry

חרשׁ (Hi) keep silent

כרת (Q) cut; (Ni) be cut off

כתב (Q) write

ל

לבן **(Q) make bricks**

לבשׁ (Q) wear; (Hi) clothe

לון **(Ni, Hi) murmur**

לושׁ **(Q) knead**

לחם (Ni) fight

לחץ **(Q) oppress, press, squeeze; (Ni) squeeze oneself**

לין (Q) spend the night

לעט **(Hi) swallow**

לקח (Q) take; (Q pass, Pu) be taken

לקט **(Q) gather**

מ

מאן **(Pi) refuse**

מדד (Q) measure

מהר (Pi) hurry

מושׁ **(Q) depart**

מות (Q) die; (Hi) kill

מחה **(Q) wipe out, blot out; (Ni) be wiped out, blotted out**

מטר **(Hi) send rain**

מכר (Q) sell

מלא (Q) be full, fill

יקע **(Q) disclocate**

יקץ **(Q) wake up, be awake**

ירא (Q) fear, be afraid; (Ni) inspire awe

ירד (Q) go down, come down

ירה (Hi) direct

ירט **(Q) be reckless**

ירק **(Q) spit**

ירשׁ (Q) inherit, take possession of

ישׁב (Q) sit, dwell, remain, stay, settle; (Ni) be inhabited

ישׁן **(Q) sleep**

ישׁע (Hi) deliver

יתר (Ni) be left over; (Hi) hold over

כ

כבד (Ni) be honored; (Pi) honor

כבשׁ **(Q) subdue**

כהה **(Q) be dim, grow dim**

כול **(Pilpel) support, sustain**

כון (Hi) prepare

כחשׁ **(Pi) deceive**

כלא **(Ni) be restrained**

כלה (Pi) finish; (Pu) be finished

כלם **(Ni) be put to shame**

כסה (Pi) cover; (Pu) be covered

כפר (Pi) make atonement

נטע (Q) plant

נכה (Hi) strike (down), smite

נסה **(Pi) test, try**

נסע (Q) set out, move, journey

נער **(Pi) shake off**

נפח **(Q) blow, breathe**

נפל (Q) fall; (Hi) cause to fall

נצב (Ni) stand;
(Ho) be stationed

נצל (Ni) be delivered;
(Hi) deliver

נקה **(Pi) hold innocent**

נקם **(Ho) be avenged**

נשׂא (Q) lift, bear, forgive

נשׂג (Hi) reach, overtake

נשׁא **(Hi) deceive**

נשׁב **(Hi) drive away**

נשׁך **(Q, Pi) bite**

נשׁל **(Q) take off**

נתן (Q) give, put; (Ni) be given

ס

סבב (Q) be around, go around;
(Hi) lead around

סגר (Q) close in, close up;
(Ni) be shut

סור (Q) turn aside;
(Hi) remove, take away

סכך **(Q) overshadow;
(Hi) screen**

מלך (Q) reign, become king

מסס **(Ni) melt**

מעט **(Hi) decrease**

מצא (Q) find

מרה **(Q) be rebellious**

משׁל (Q) rule

נ

נאף **(Q) commit adultery**

נבט (Hi) look (at)

נגד (Hi) tell; (Ho) be told

נגע (Q) touch; (Hi) reach

נגף **(Q) strike**

נגשׂ **(Q) oppress**

נגשׁ (Q, Ni) draw near;
(Hi) bring near

נדר **(Q) vow**

נהג **(Q) lead, drive, tend;
(Pi) drive away**

נוד **(Q) wander**

נוח (Q) rest;
(Hi) give rest to, place, set

נוס (Q) flee

נוע **(Q) be a fugitive, tremble**

נחה **(Q, Hi) lead, guide**

נחל (Q) inherit

נחם (Ni) change one's mind;
(Pi) comfort, console

נטה (Q) stretch out, turn aside;
(Hi) cause to turn

סכן **(Hi) be in the habit**

סכר **(Ni) be closed**

סמך **(Q) rest, lay**

סעד **(Q) strengthen, refresh**

ספר (Q) count; (Ni) be numbered; (Pi) recount

סקל **(Q) stone**

סתר (Ni) be hidden; (Hi) hide

ע

עבד (Q) work, serve;
(Hi) enslave;
(Ho) be led to serve, allow oneself to worship

עבר (Q) pass, pass by, go over;
(Hi) cause to pass (over), send over, send through

עדף **(Q) remain;**
(Hi) have extra

עוד **(Hi) warn**

עוף **(Polel) fly**

עזב (Q) leave

עלה (Q) go up; (Ni) be lifted up;
(Hi) bring up, send up, offer

עלל **(Hith) make sport of**

עמד (Q) stand

ענה (Q) answer;
(Pi) oppress, afflict;
(Hith) humble oneself

ענן **(Pi) bring clouds**

עצב **(Ni) be grieved**

עצר **(Q) prevent**

עקד **(Q) bind**

ערך (Q) arrange

עשׂה (Q) do, make; (Ni) be done

עשׂר **(Pi) give a tenth, tithe**

עשׁן **(Q) smoke**

עתר **(Q) entreat;**
(Ni) grant a plea

פ

פגע **(Q) meet, encounter**

פוץ (Q) be scattered;
(Hi) scatter

פלא (Ni) be beyond one's power

פלה **(Ni) be distinct**

פלל (Hith) pray

פנה (Q) turn, approach

פצה **(Q) open**

פקד (Q) visit

פקח **(Ni) be opened**

פרד **(Ni) separate**

פרה **(Q) be fruitful**

פרח **(Q) bud, sprout**

פרע **(Q) be unrestrained**

פרץ **(Q) break out**

פרק **(Pi) take off; (Hith) take off from oneself**

פרשׂ (Q) spread out

פתח (Q) open; (Ni) be opened

קלל (Q) subside, be despised; (Pi) curse

קנא **(Pi) be jealous**

קנה (Q) get, acquire

קצף **(Q) be angry**

קצר **(Q) be short**

קרא (Q) call, read; (Ni) be called

קרא (Q) encounter, be opposite

קרב (Q) come near; (Hi) bring near, draw near

קרן **(Q) send out rays**

ר

ראה (Q) see; (Ni) appear; (Hi) show

רבה (Q) increase, multiply (intrans.); (Hi) increase, multiply (trans.)

רבץ **(Q) lie down**

רדה **(Q) rule**

רדף (Q) pursue

רוח **(Hi) smell**

רום (Q) be exalted, rise high; (Hi) lift up, lift high

רוץ (Q) run

רחם **(Pi) have compassion**

רחף **(Pi) hover**

רחץ (Q) wash, bathe

ריב (Q) quarrel, contend

רכב (Q) ride

צ

צוה (Pi) command; (Pu) be commanded

צוץ **(Hi) blossom**

צור **(Q) form**

צחק **(Q) laugh; (Pi) carouse**

צלע **(Q) limp**

צמא **(Q) be thirsty**

צמח **(Q) sprout, grow; (Hi) make sprout, make grow**

צעק (Q) cry out

צפה (Pi) overlay

צפן **(Q, Hi) hide**

צרע **(Pu) be leprous**

ק

קבר (Q) bury; (Ni) be buried

קדד **(Q) bow down**

קדשׁ (Ni) be consecrated; (Pi) keep holy, make holy; (Hi) sanctify; (Hith) consecrate oneself

קהל **(Ni) gather, assemble; (Hi) summon an assembly**

קוה **(Ni) be gathered**

קום (Q) arise, rise (up); (Hi) raise up, establish; (Ho) be raised up

קוץ **(Q) loathe, abhor**

קטר (Hi) send up in smoke

רמם **(Q) be wormy**

רמשׂ **(Q) creep**

רעה (Q) shepherd, tend

רפא (Q) heal

רצח **(Q) murder**

רצץ **(Hithpoel) struggle together**

שׂ

שׂבע (Q) be satisfied

שׂטם **(Q) bear a grudge**

שׂים (Q) set, make, put, lay, place

שׂכך **(Q) cover**

שׂכל (Hi) make one wise

שׂנא (Q) hate

שׂרה **(Q) persevere**

שׂרף (Q) burn

שׁ

שׁאל (Q) ask

שׁאר (Ni) remain

שׁבע (Ni) swear, take an oath; (Hi) make (someone) swear

שׁבר (Pi) shatter

שׁבת (Q) cease, rest

שׁוב (Q) return, turn back, recede; (Hi) bring back, pay back

שׁוף **(Q) bruise**

שׁחט (Q) slay

שׁחת (Pi) destroy, act corruptly

שׁית (Q) put, set

שׁכב (Q) lie down

שׁכך **(Q) abate; (Hi) cause to cease**

שׁכם (Hi) rise early

שׁכן (Q) rest, settle, dwell; (Hi) place

שׁלח (Q) send, reach out; (Pi) let go, release, send out

שׁלך (Hi) throw

שׁלף **(Q) draw out**

שׁלשׁ **(Pu) be three years old**

שׁמע (Q) listen, hear

שׁמר (Q) keep, guard

שׁעה **(Q) regard**

שׁען **(Ni) rest oneself**

שׁפט (Q) judge

שׁפך (Q) shed; (Ni) be shed

שׁקה (Hi) water, cause to drink, provide drink for

שׁקף **(Hi) look down**

שׁרץ **(Q) teem**

שׁרת (Pi) attend, serve

שׁתה (Q) drink

ת

תור **(Q) spy out**

תמם (Q) come to an end, be complete

תפר **(Q) sew together**

Glossary of Non-Verbs

Words that occur fewer than 50 times in the Hebrew Bible are marked in bold.

א

אָב *father, ancestor*
אֵ֫בֶל ***mourning***
אֶ֫בֶן *stone*
אַגָּן ***basin***
אֵד ***stream***
אָדוֹן *lord*
אֹדוֹת ***cause***
אָדָם *humankind*
אָדֹם ***red***
אֲדָמָה *ground*
אַדְמוֹנִי ***red***
אֶ֫דֶן *base*
אַדֶּ֫רֶת ***cloak***
אֹ֫הֶל *tent*
אוֹ *or, if*
אוּלַי ***perhaps***
אוּלָם ***but, however***
אוֹפַן ***wheel***
אוֹר *light*
אוֹת *sign*
אֹ֫זֶן *ear, hearing*
אָח *brother*
אֶחָד *one*
אָחוֹר ***back***
אָחוֹת *sister*
אֲחֻזָּה *possession, property*
אַחַר *after, behind*
אַחֵר *another*
אַחֲרוֹן *western*
אַחֲרֵי *behind, after*
אֵי ***where?***
אֵיבָה ***enmity***
אַיֵּה ***where?***
אֵיךְ *how?*
אַ֫יִל *ram*
אֵימָה ***terror***
אַ֫יִן *nothing, (there is) not*
אֵיפָה ***ephah***
אִישׁ *man, husband*
אֵיתָן ***steady flow***
אַךְ *only, indeed*

אֹ֫כֶל ***food***
אָכְלָה ***food***
אָכֵן ***surely, truly***
אַל *not*
אֶל *to, toward*
אֵל *God, god*
אֵ֫לֶּה *these*
אֱלֹהִים *God, gods, divine beings*
אֵלוֹן ***terebinth, tall tree***
אֲלֻמָּה ***sheaf***
אֶ֫לֶף *thousand*
אִם *if, whether*
אֵם *mother*
אַמָּה *cubit*
אָמָה *female servant*
אָמְנָם ***indeed***
אָן ***when, to where?***
אָנָּא ***ah, now!***
אֲנַ֫חְנוּ *we*
אֲנִי *I*
אָנֹכִי *I*
אַף *indeed*
אַף *nostril, nose, anger*
אֵפוֹא ***then***
אֶ֫פֶס ***only***
אָצִיל ***noble, chief***
אֲרֻבָּה ***window***
אַרְבַּע *four*
אַרְבָּעִים *forty*
אֲרוֹן *ark*
אֹ֫רַח *way*
אֹ֫רֶךְ *length*
אֶ֫רֶץ *earth, land*
אֵשׁ *fire*
אִשָּׁה *woman, wife*
אֶשְׁכּוֹל ***cluster***
אַשְׁמוּרָה ***watch***
אֲשֶׁר *that, which, who*
אֵת / אֶת־ *(direct object marker)*
אֵת / אֶת־ *with*
אַתָּה *you (ms)*
אָתוֹן ***donkey***
אַתֶּם *you (mp)*

ב

בְּ *in, among, with, against*
בְּאֵר ***well***
בֶּ֫גֶד ***clothing***
בַּד ***pole***
בְּדֹ֫לַח ***bdellium***
בֹּ֫הוּ ***emptiness***
בְּהֵמָה *cattle, animal*
בֶּ֫טֶן *womb*
בֵּין *between*
בַּ֫יִת *house*
בְּכוֹר *firstbor*
בִּכּוּרִים ***firstfruits***
בְּכִי ***weeping***
בְּכֹרָה ***birthright***
בְּלִי *not, without*

בִּלְתִּי *not, lest*

בֵּן *son, child*

בַּעֲבוּר ***on account of***

בַּ֫עַד *behind, on behalf of*

בְּעִיר ***livestock***

בַּ֫עַל *owner*

בִּקְעָה ***valley***

בָּקָר *herd*

בֹּ֫קֶר *morning*

בְּרִיחַ ***bar***

בְּרִית *covenant*

בְּרָכָה *blessing*

בָּרָק ***lightning***

בָּשָׂר *flesh, meat*

בַּת *daughter*

בֶּ֫תֶר ***piece, half***

ג

גָּבֹהַּ ***high***

גְּבוּרָה *strength, victory*

גְּבִירָה ***mistress***

גָּדוֹל *great*

גָּדֵר ***wall***

גּוֹזָל ***young (bird)***

גּוֹי *nation, people*

גֶּ֫זֶר ***part***

גָּחוֹן ***belly***

גַּיְא ***valley***

גִּיד ***sinew***

גֻּלְגֹּ֫לֶת ***head***

גַּם *also, even, yet*

גֹּ֫מֶא ***papyrus***

גַּן ***garden***

גֶּ֫פֶן *vine*

גֵּר *sojourner*

גֶּ֫שֶׁם ***rain***

ד

דִּבָּה ***bad report***

דָּבָר *word, matter, thing*

דְּבַשׁ *honey*

דָּג ***fish***

דָּגָה ***fish***

דּוֹר *generation*

דָּם *blood, (pl.) bloodshed*

דְּמוּת ***likeness***

דַּ֫עַת *knowledge*

דַּק ***fine***

דַּרְדַּר ***thistles***

דֶּ֫רֶךְ *road, way*

דֶּ֫שֶׁא ***grass***

ה

הֲ *(interrogative particle)*

הוּא *he, it, that*

הִוא *she, it, that*

הֲלֹם ***here, to this place***

הֵם *they (m)*

הֵ֫מָּה *they (m)*

הֵן *look, behold!*

הִנֵּה *look, behold!*

הֵ֫נָּה *(to) here*

חָזָק *strong*
חָזֵק ***strong***
חֵטְא ***sin***
חֲטָאָה ***sin***
חַטָּאת *sin*
חַי *living*
חִידָה ***riddle, enigma***
חַיָּה *wild animal, living being*
חַיִּים *life*
חַ֫יִל *army*
חֵיק ***bosom***
חָכְמָה *wisdom*
חָלָב ***milk***
חֵ֫לֶב *fat*
חֲלוֹם *dream*
חַלּוֹן ***window***
חֲלוּשָׁה ***weakness, defeat***
חֹם ***heat***
חֶמְאָה ***curds***
חֲמִישִׁי ***fifth***
חֲמוֹר *donkey*
חָמָס *wrong*
חֵמָר ***bitumen***
חֹ֫מֶר ***mortar***
חָמֵשׁ *five*
חֲמִשִּׁים *fifty*
חֵן *favor*
חֶ֫סֶד *faithfulness, kindness, mercy*
חֲצִי *half*

הֵ֫נָּה *them (f)*
הַר *mountain*
הָרָה ***pregnant***
הֵרוֹן ***childbearing***

ז

זֹאת *this (f)*
זֶ֫בַח *sacrifice*
זֶה *this (m), here*
זָהָב *gold*
זַ֫יִת ***olive***
זָכָר *male*
זֵ֫כֶר ***memorial***
זְמוֹרָה ***branch***
זֵעָה ***sweat***
זֶ֫פֶת ***pitch***
זָקֵן *elder*
זְקֻנִים ***old age***
זֵר ***border***
זְרוֹעַ *arm, shoulder, strength*
זֶ֫רַע *seed(time), descendant(s)*

ח

חַג *feast, festival*
חָגָב ***grasshopper***
חֲגוֹרָה ***loin-covering***
חֹ֫דֶשׁ *month*
חוֹל ***sand***
חוֹמָה *wall*
חוּץ *outside*

חָצֵר *enclosure, courtyard*
חֻקָּה *statute*
חֶ֫רֶב *sword*
חָרָבָה ***dry ground***
חָרוֹן ***(burning of) anger***
חֶ֫רֶט ***engraving tool***
חָרִישׁ ***plowing***
חֹ֫רֶף ***harvest time, autumn***
חֹ֫שֶׁךְ *darkness*
חֲשֵׁכָה ***darkness***
חַת ***dread***
חֹתֵן ***father-in-law***

ט

טַבַּ֫עַת ***ring***
טָהוֹר *clean, pure*
טֹ֫הַר ***purity***
טוֹב *good*
טוֹבָה *good things, benefit*
טוּב ***goodness***
טַל ***dew***
טַ֫עַם ***taste***
טַף ***children***
טֶ֫רֶם *not yet*
טָרָף ***fresh-plucked***

י

יַבָּשָׁה ***dry ground, dry land***
יָד *hand, strength, power, side*
יוֹם *day*
יוֹמָם *by day*
יוֹנָה ***dove***
יַחְדָּו *together*
יָחִיד ***only one***
יֶ֫לֶד *child*
יָלִיד ***descendant***
יָם *sea, west*
יָמִין *right (hand)*
יַ֫עַן *because*
יֵ֫צֶר ***inclination***
יְקוּם ***substance, existence***
יָרֵא *reverent, fearful*
יִרְאָה ***fear***
יָרֵחַ ***moon***
יֶ֫רַח ***month***
יָרֵךְ ***thigh, side***
יֶ֫רֶק ***green***
יֵשׁ *there is/are*
יְשׁוּעָה *salvation, deliverance*

כ

כַּאֲשֶׁר *as, just as*
כָּבֵד *dense*
כְּבֵדֻת ***heaviness***
כָּבוֹד *glory*
כִּבְשָׁן ***smelting furnace***
כֹּה *there, so, thus*
כֹּהֵן *priest*
כּוֹכָב ***star***
כֹּחַ *strength*

כִּי *because, for, though, when, that*

כִּיּוֹר ***basin***

כִּכָּר ***district, area, plain***

כֹּל *all, every*

כֵּן *thus, so, right, correct*

כָּנָף *wing*

כַּף *hand, sole, socket*

כְּפוֹר ***frost***

כַּפֹּרֶת ***atonement cover***

כְּרוּב *cherub*

כֶּרֶם *vineyard*

כֻּתֹּנֶת ***coat, tunic***

ל

לְ *to, for, of*

לֹא *no, not*

לְאֹם ***people***

לֵב *heart, self*

לֵבָב *heart*

לְבַד *alone*

לַבָּה ***flame***

לָבָן ***white***

לְבֵנָה ***brick, stone***

לַהַט ***flame***

לוּ ***if, would that***

לוּחַ ***tablet***

לֵחַ ***freshness, vigor***

לֶחֶם *bread, food*

לַחַץ ***oppression***

לַיְלָה *night*

לָכֵן *therefore*

לָמָּה *why?*

לְמַעַן *so that*

לַפִּיד ***torch***

לִפְנֵי *before, in front of*

מ

מְאֹד *very, much, greatly*

מֵאָה *hundred*

מְאוּמָה ***anything***

מָאוֹר ***light***

מַאֲכָל ***food***

מַאֲכֶלֶת ***knife***

מַבּוּל ***flood***

מִבְצָר ***fortification***

מִגְדָּל ***tower***

מָגוֹר ***sojourning***

מָגֵן *shield, protector*

מִדְבָּר *wilderness, desert*

מִדָּה *stature, size*

מַדּוּעַ *why?*

מָה *why? what? what*

מוֹט ***pole***

מוּל ***in front of***

מוֹעֵד *meeting, assembly, season, appointed time*

מוֹפֵת ***wonder***

מוֹרָא ***fear, awe-inspiring spectacle***

מוֹרָשָׁה ***possession***

מָוֶת *death*

מִסְפָּר *number*
מַעֲבָר ***ford***
מֵעֶה ***womb, inner parts***
מְעַט *little, few*
מַעְיָן ***fountain, spring***
מַ֫עַל *above*
מַעֲשֶׂה *work*
מִפְּנֵי *from the presence of, from before, on account of*
מַצֵּבָה ***pillar, monument***
מִצְוָה *commandment*
מִקְוֶה ***collection***
מָקוֹם *place*
מַקֵּל ***staff***
מִקְנֶה *livestock*
מִקְשָׁה ***hammered work***
מַרְאָה ***vision***
מַרְאֶה *appearance*
מְרַאֲשׁוֹת ***where the head is***
מְרִי ***rebellion***
מֶרְכָּבָה ***chariot***
מִשְׁכָּן *tabernacle*
מִשְׁמֶ֫רֶת *injunction*
מִשְׁנֶה ***double***
מִשְׁעוֹל ***narrow path***
מִשְׁפָּחָה *family, clan*
מִשְׁפָּט *case*
מִשְׁכָּן *tabernacle*
מֶ֫שֶׁק ***possessions***

מִזְבֵּחַ *altar*
מַחֲזֶה ***vision***
מִחְיָה ***preservation of life***
מְחֹלָה ***dancing***
מַחֲנֶה *camp, army*
מָחָר *tomorrow*
מָחֳרָת ***tomorrow***
מַטֶּה *staff*
מִי *who? who(ever)*
מַיִם *water, waters*
מִין ***kind, species***
מַכְאֹב ***pain, suffering***
מִכְסֶה ***covering***
מִכְתָּב ***writing***
מְלֹא ***fullness***
מַלְאָךְ *angel, messenger*
מְלָאכָה *work*
מִלְחָמָה *battle, war*
מֶ֫לֶךְ *king*
מֶמְשָׁלָה ***governing***
מָן ***what?, manna***
מִן *from, out of*
מָנוֹחַ ***resting place***
מְנוֹרָה ***lampstand***
מִנְחָה *gift, offering*
מַסְוֶה ***veil***
מָסָךְ ***screen***
מַסֵּכָה ***molten metal***
מַסַּע ***journey***

נ

נָא *(particle of entreaty), please*

נְאֻם *utterance, declaration*

נְאָקָה ***groaning***

נָבִיא *prophet*

נֶ֫גֶב *south, Negev*

נֶ֫גֶד *in the sight of, corresponding to*

נֶ֫דֶר *vow*

נָהָר *river*

נָזִיד ***stew***

נֶ֫זֶם ***ring***

נַ֫חַל *stream, wadi*

נַחֲלָה *inheritance*

נַ֫חְנוּ ***we***

נָחָשׁ ***serpent, snake***

נְחֹ֫שֶׁת *bronze*

נִיחוֹחַ ***pleasing, soothing***

נֹ֫כַח ***on behalf of, opposite***

נֵס ***standard, signal***

נְעוּרִים ***youth***

נַ֫עַל ***sandal***

נַ֫עַר *boy, servant, young man*

נַעֲרָה *girl, young woman*

נֶ֫פֶשׁ *being, life, throat*

נְקֵבָה ***female***

נְקָרָה ***crevice***

נֵר ***lamp***

נָשִׂיא *leader, chief*

נָשֶׁה ***nerve in the thigh***

נְשָׁמָה ***breath***

ס

סְאָה ***measure***

סָבִיב *around*

סְבַךְ ***thicket***

סִבְלָה ***burden***

סוּף ***reeds***

סוּס *horse*

סִיר ***pot***

סֻלָּם ***ladder (?), staircase (?), ziggurat (?), access road (?)***

סֹ֫לֶת *fine flour*

סֶ֫לַע *rock*

סַם ***spice***

סְנֶה ***bush***

סַפִּיר ***lapis-lazuli, sapphire***

סֵ֫פֶר *scroll, book*

ע

עֶ֫בֶד *servant*

עֲבֹדָה *work, labor, service, slavery*

עֲבוּר *on account of*

עֵ֫בֶר *side*

עֻגָה ***cake***

עֵ֫גֶל ***calf***

עֶגְלָה ***heifer***

עַד *until, as far as*

עָנָו **humble**
עֳנִי **affliction**
עָנָן *cloud*
עָפָר *dust*
עֵץ *tree, wood*
עֶ֫צֶב **pain**
עִצָּבוֹן **pain, toil**
עֶ֫צֶם *bone, substance, the very one*
עָקֵב **heel**
עֵ֫קֶב **because**
עָקָר **barren**
עֶ֫רֶב *evening*
עֹרֵב **raven**
עֲרָבָה *plain*
עָרוֹם **naked**
עָרוּם **crafty**
עֲרִירִי **childless**
עֵ֫רֶךְ **arrangement**
עָרֵל **uncircumcised**
עֹ֫רֶף **(back of the) neck**
עֲרָפֶל **gloom, deep darkness**
עֵ֫שֶׂב **green plant**
עֲשִׂירִי **tenth**
עֶ֫שֶׂר *ten*
עֶשְׂרִים *twenty*
עָשָׁן **smoke**
עָשֵׁן **smoking**
עֵת *time*
עַתָּה *now*

עֵד *witness, testimony*
עֵדָה *assembly, congregation*
עֵדוּת *witness, testimony*
עֶדְנָה **pleasure**
עֲדָשָׁה **lentil**
עוֹד *again, still, more, yet*
עוֹלָם *always, forever*
עָוֺן *iniquity, guilt, punishment*
עוֹף *bird*
עוֹר *skin*
עַז **strong**
עֵז *she goat*
עֵ֫זֶר **helper**
עַ֫יִט **birds of prey**
עַ֫יִן *eye, spring*
עָיֵף **faint, weary**
עִיר *city, town*
עֵירֹם **naked**
עַל *on, over, by, close to*
עָלֶה **leaf**
עֹלָה *burnt offering*
עֲלָטָה **thick darkness**
עַלְמָה **girl**
עַם *people, nation*
עִם *with*
עִמָּד **with**
עַמּוּד *pillar, column*
עֹ֫מֶר **omer**
עֵנָב **grape**

פ

פֶּ֫גֶר ***corpse***

פֶּה *mouth, command*

פֹּה *here*

פְּלֵיטָה ***survivor***

פֶּן *lest, so that . . . not*

פָּנֶה *face, surface*

פַּס ***color (?), length (?)***

פֶּ֫סֶל ***graven image***

פַּ֫עַם *time, occurrence*

פַּר *bull*

פֶּ֫רֶא ***wild donkey***

פֶּ֫רַח ***bud***

פְּרִי *fruit*

פָּרֹ֫כֶת ***curtain***

פָּרָשׁ *horseman*

פֶּ֫שַׁע *transgression*

פַּת ***bit, morsel***

פִּתְאֹם ***suddenly***

פֶּ֫תַח *entrance, door*

צ

צֹאן *sheep (and goats), flock*

צָבָא *army, host*

צַדִּיק *righteous*

צְדָקָה *righteousness*

צוּר *rock*

צַ֫יִד ***hunting, game***

צִיץ ***blossom***

צֶ֫לֶם ***image***

צֵלָע ***side***

צָמָא ***thirst***

צִנְצֶ֫נֶת ***jar***

צָעִיר ***young***

צְעָקָה ***cry***

צָפוֹן *north*

צִפּוֹר ***bird***

צַפִּיחִת ***wafer***

צַר ***narrow***

ק

קְבוּרָה ***grave***

קֶ֫בֶר *grave*

קָדִים *east (wind)*

קֶ֫דֶם *before, east*

קֵ֫דֶם ***eastward***

קִדְמָה ***in front of***

קֹ֫דֶשׁ *holiness*

קָהָל *assembly, congregation*

קוֹל *sound, voice*

קוֹמָה ***height***

קוֹץ ***thorn(s)***

קָטֹן *small(er), less(er)*

קְטֹ֫רֶת *odor of smoke, incense*

קַ֫יִץ ***summer***

קִיר *wall*

קְלֹקֵל ***contemptible, worthless***

קֶ֫מַח ***flour***

קַנָּא ***jealous***

קֵץ *end (of a period of time)*

קָצָה ***end***
קָצֶה *edge, border*
קָצִיר *harvest*
קֹ֫צֶר ***shortness***
קֹר ***cold***
קֶ֫רֶב *inward part, midst*
קָרוֹב *near, kinsman*
קֶ֫רֶן *horn*
קֶ֫רֶשׁ *board*
קָשֶׁה ***hard, severe***
קֶ֫שֶׁת *bow*

ר

רֳאִי ***vision, sight***
רֹאשׁ *head, top, headstream*
רִאשׁוֹן *first, former*
רֵאשִׁית *beginning*
רַב *great, many*
רֹב *greatness, multitude*
רִבֵּעַ ***fourth***
רְבִיעִי *fourth*
רֶ֫גֶל *foot, time*
רוּחַ *wind, breath, spirit*
רָזֶה ***barren***
רָחָב ***broad***
רֹ֫חַב *width*
רָחוֹק *far off, afar*
רֶ֫חֶם ***womb***
רַךְ ***tender***
רְכוּשׁ ***possessions***
רִיב *quarrel*
רֵיחַ *smell, aroma*
רֶ֫כֶב *chariot*
רִמָּה ***maggot***
רִמּוֹן ***pomegranate***
רֶ֫מֶשׂ ***creeping things***
רַע *bad, evil*
רֵעַ *companion, friend, neighbor*
רֵעַ ***shouting***
רָעָב *hunger, famine*
רָעָה *evil, wickedness*
רָפֶה ***weak***
רַק *only*
רָקִיעַ ***firmament, vault***

שׂ

שְׂאֵת ***uplift***
שֹׂ֫בַע ***satiety, abundance***
שָׂדֶה *field*
שֶׂה ***lamb***
שָׂטָן ***adversary***
שֵׂיבָה ***gray hair, old age***
שִׂיחַ ***shrub***
שָׂכָר ***reward***
שְׂלָו ***quail***
שְׂמֹאל *left*
שֵׂעָר ***hair***
שָׂפָה *language, lip, bank (of river), shore (of sea)*
שַׂר *prince, leader, official*
שָׂרָף ***fiery serpent***

שְׂרֵפָה ***burning***

ש

שְׁאֵר ***relation***
שְׁאֵרִית *remnant*
שֵׁ֫בֶט *tribe*
שְׁבִיעִי *seventh*
שֶׁ֫בַע *seven*
שִׁבְעִים *seventy*
שַׁבָּת *Sabbath*
שַׁבָּתוֹן ***Sabbath observance***
שַׁדַּי ***Almighty***
שֹׁ֫הַם ***onyx***
שָׁוְא *emptiness, vanity, deceit*
שׁוֹפָר *ram's horn*
שׁוֹר *bull, ox*
שַׁ֫חַר ***dawn***
שִׁטָּה ***acacia tree***
שִׁכְבָה ***layer***
שֶׁ֫לֶג ***snow***
שָׁלוֹם *peace, well-being*
שֻׁלְחָן *table*
שָׁלִישׁ ***officer***
שְׁלִישִׁי *third*
שָׁלֵם ***full***
שֶׁ֫לֶם *peace offering*
שָׁלֹשׁ *three*
שְׁלִשׁ ***third***
שְׁלֹשִׁים *thirty*
שָׁם *there*
שֵׁם *name*
שָׁמַ֫יִם *sky, heavens*
שָׁמֵן ***fertile***
שֶׁ֫מֶן *fat, oil*
שְׁמֹנֶה *eight*
שִׁמְצָה ***derision, mockery***
שֶׁ֫מֶשׁ *sun*
שָׁנָה *year*
שֵׁנָה ***sleep***
שֵׁנִי *second*
שְׁנַ֫יִם *two*
שַׁ֫עַר *gate, entrance*
שִׁפְחָה *female servant*
שֶׁ֫פֶט ***judgment, (pl) acts of judgment***
שָׁקֵד ***almond***
שֶׁ֫קֶר *lie, deceit*
שֶׁ֫רֶץ ***swarming things***
שֵׁשׁ *six*
שִׁשִּׁי ***sixth***

ת

תַּאֲוָה ***desire***
תְּאֵנָה ***fig, fig tree***
תֵּבָה ***ark, vessel***
תֹּ֫הוּ ***formlessness***
תְּהוֹם ***deep***
תּוֹאָם ***twin***
תָּ֫וֶךְ *midst, middle*
תּוֹלֵדָה ***generation***
תּוֹלֵעָה ***worm***

תָּם ***wholesome, complete***
תְּמוּנָה ***image***
תָּמִיד *continually*
תָּמָר ***date palm***
תַּנּוּר ***furnace, oven***
תַּנִּין ***sea creature***
תַּרְדֵּמָה ***deep sleep***
תְּשׁוּקָה ***desire***

תּוֹר ***turtledove***
תּוֹרָה *law, teaching, instruction*
תַּ֫חַת *below, under, at the foot of, in place of*
תַּחְתִּי ***the lowest part***
תְּלֻנָּה ***murmuring, grumbling***

ABOUT THE AUTHORS

Jonathan G. Kline (PhD, Harvard University) is the author or co-author of numerous books, including *A Hebrew Reader for the Psalms, A Proverb a Day in Biblical Hebrew*, and the six books in the Two Minutes a Day Biblical Language Series. He serves as senior editor at Hendrickson Publishers and teaches courses at Harvard on Hebrew, Ugaritic, and other Northwest Semitic languages.

Karen DeCrescenzo Lavery (PhD, Harvard University) is co-author of *Keep Up Your Biblical Latin in Two Minutes a Day*. She serves as an editor at Hendrickson Publishers and has taught at Boston College, Saint Mary's College of California, and Endicott College.